D1923862

Barbara Ehrenreich · Angst vor dem Absturz

Barbara Ehrenreich

# Angst vor dem Absturz

## Das Dilemma der Mittelklasse

*Aus dem Amerikanischen*
*von Wolfgang Heuss*

*Nachwort von*
*Lothar Böhnisch und*
*Klaus Blanc*

Verlag Antje Kunstmann

*Für Gary – der nicht abläßt vom altmodischen Kampf gegen die Klassenunterschiede*

# Inhalt

*Einleitung*

# Die Klasse in der Mitte

In diesem Buch geht es um die Mittelklasse, genauer gesagt um die neue Mittelklasse und den Weg, den sie – geistig, politisch und moralisch – von den sechziger bis zu den achtziger Jahren zurückgelegt hat. Läßt man diese drei Jahrzehnte Revue passieren, kommt man anscheinend nicht darum herum, eine Geschichte zu erzählen, die mit Optimismus und großherziger Gesinnung anfängt und in Zynismus und zunehmendem Egoismus endet. Im weitesten Sinne ist Thema dieses Buches die Abkehr der neuen Mittelklasse von progressiven linken Vorstellungen und das Aufkommen einer kälteren, selbstsüchtigeren Sichtweise, gepaart mit feindseligen Reaktionen auf die Hoffnungen und Ziele der vom Schicksal Benachteiligten.

Wer die Thematisierung einer einzigen Klasse unnötig eng findet, sei darauf hingewiesen, daß die meisten derartigen Bücher, und zwar gerade die, die große Thesen über Wesen und Kultur Amerikas entwickeln, sich ausschließlich mit eben dieser Klasse befassen. Mit schöner Regelmäßigkeit bekommen wir zu hören, »die Amerikaner« würden immer egozentrischer, materialistischer, rückgratloser usw. Gemeint ist aber nur eine Untergruppe von Amerikanern, nämlich Angehörige der neue Mittelklasse – Juristen, Manager, Sozialarbeiter z. B. – nicht aber Maschinenschlosser oder Verkäuferinnen. Normalerweise wird diese Einschränkung gar nicht erwähnt. Denn in unserer Kultur gilt die akademisch gebildete, überwiegend weiße Mittelklasse – ein farblos-neutraler Durchschnitt – als gesellschaftliche Norm, von der jede andere Gruppe letzten Endes nur eine Art Abweichung darstellt.

Nehmen wir eines der vielgelesenen, bedeutenden soziologischen Werke der letzten drei Jahrzehnte, *Die einsame Masse*. In diesem geistreichen und vielschichtigen Buch wollte David Riesman eine tiefgreifende Veränderung des amerikanischen Charakters nachweisen – gewissermaßen den Niedergang der inneren Disziplin und des Willens. Bei der Lektüre merkt der Leser erst nach einiger Zeit, daß Millionen Amerikaner – die Angehörigen der Arbeiterklasse nämlich – von diesem Charakterwandel gar nicht betroffen bzw. »immun« dagegen sind, wie der Verfasser sich ausdrückt. Zwar scheint niemand diese Auslassung seltsam gefunden zu haben, aber Riesmans Masse war zweifellos weit einsamer, als sie es hätte sein müssen.

Viele andere bekannte und wichtige Bücher über Lebensgefühl und Charakter der Amerikaner entpuppen sich bei näherem Hinsehen als Mosaiksteinchen der immer dicker werdenden Biographie der Mittelklasse. In *Der Weiblichkeitswahn* – einem Buch, dessen Bedeutung für die Renaissance des Feminismus unbestreitbar bleibt – ging es nicht um *die* Frauen, sondern um Frauen, die auf dem College gewesen waren, Ärzte, leitende Angestellte oder Psychiater geheiratet hatten und in einem schönen Haus am Stadtrand wohnten. In *The Greening of America* wurde nur der Bewußtseinswandel der Angestellten und ihrer studierenden Kinder dargestellt; die Arbeiterklasse war wieder einmal »immun«, oder vielmehr war bei ihr in diesem Fall Hopfen und Malz verloren. In *Habits of the Heart,* einer Chronik des Verfalls moralischer Empfindungen und des Gemeinsinns, geht es auch wieder, wie die Autoren offen einräumen, um die Herzensgewohnheiten der Mittelklasse.

Diese Bücher spiegeln jedoch nur die generelle Tendenz, die Mittelklasse als eine universelle Klasse zu sehen, die stets so dargestellt wird, als stehe sie für jedermann. Im Fernsehen wird normalerweise nur ein enges Spektrum des Lebens und der Meinungen in Amerika gezeigt. Die Experten, die die Talkshows fest im Griff haben, sind bis auf den letzten Mann und die gelegentliche Frau alle Angehörige dieser relativ privilegierten Gruppe; satt und gebildet üben sie Berufe aus, in denen man sich körperlich schonen kann, als Journalist z. B. oder als Professor. Wenn auf der Mattscheibe jemand in Arbeitskleidung erscheint, rechnen wir mit einer Beschwerde oder mit einer Information von allenfalls örtlich begrenztem anekdotischem Interesse. Bei Fragen von allgemeinem Interesse oder nationaler Bedeutung werden Kellnerinnen, Gabelstaplerfahrer und Installateure nicht nach ihrer Meinung gefragt.

Die zeitgenössische Prosa hat – mit Ausnahmen – einen ähnlich engen Horizont. In einem typischen »seriösen« Roman jüngeren Datums geht es um die Beziehungen und das Seelenleben von Menschen, die in großen Häusern wohnen und mindestens einen Angestellten haben, der sich um den ganzen Alltagskram kümmert, der für die Handlung keine Rolle spielt. E. L. Doctorow hat einmal festgestellt, daß ein neuer Roman, bei dem Arme oder Arbeiter im Mittelpunkt stehen, normalerweise als »politisch motiviert« eingestuft wird, was heißen soll, daß es sich nicht um Kunst handeln kann.

Dadurch, daß die Mittelklasse in unserer Kultur allgegenwärtig ist, macht sie es dem Schriftsteller anscheinend leicht. Er braucht nicht in unerquickliche Gegenden zu fahren oder lange Gespräche zu führen, um herauszufinden, was die Mittelklasse bewegt. Er muß keine Fachleute wie Soziologen oder Ethnologen zu Rate ziehen, um herauszufinden, wie Angehörige dieser Klasse ihren Alltag regeln. Ihr Lebensstil und ihr Geschmack, ihre Gewohnheiten und Einstellungen sind allgegenwärtig und unübersehbar.

Doch genau diese Allgegenwart der neuen Mittelklasse macht es so außerordentlich schwierig, über sie als *selbständige Klasse* zu schreiben – eine Klasse, die eben nicht jedermann repräsentiert, sondern selbst eindeutig eine Minderheit ist. Wie will man einen Standpunkt »außerhalb« gewinnen, wo doch ihre Denkweise auch in unseren Köpfen herrscht? Selbst diejenigen von uns, die aus einem ganz anderen sozialen Milieu stammen, tun sich oft schwer, Ansichten der Mittelklasse von dem zu unterscheiden, was wir unserer Meinung nach denken *sollten.* Für Autoren, die schon aufgrund gemeinsamer Vorlieben und Denkweisen der neuen Mittelklasse angehören – und für welchen freien Schriftsteller gälte das nicht? – ist es fast ein Ding der Unmöglichkeit.

Schon die Bezeichnung wirft Probleme auf. Die Tatsache, daß

diese Klasse keinen verbindlichen Namen hat, ist bereits ein Indiz für ihren Status als mitgedachte Norm und vermeintlich neutrale Warte. *Mittelklasse* ist wenig befriedigend, denn im normalen Sprachgebrauch bezeichnet das Wort alle, die nicht extrem reich oder äußerst arm sind. Die Intellektuellen sprechen gern von *Neuer Klasse,* aber da bei diesem Begriff die »alten« Klassen – Bourgeoisie und Proletariat – mitzudenken sind, konnte er sich nicht durchsetzen. *Die Intelligenz,* was man gelegentlich noch hört, ist viel zu eng und m. E. unangemessen schmeichelhaft. *Akademiker- und Managerklasse* beschreibt den Status am genauesten, aber *neue Mittelklasse* – der Begriff, den ich verwende – ist genau genug. Weil das Wort aber etwas umständlich ist, werde ich gelegentlich auch einfach *Mittelklasse* sagen.

Alles, was es so schwierig macht, über diese Klasse zu sprechen, macht es auch dringend erforderlich, die Diskussion über sie zu eröffnen. Diese namenlose, in unserer Kultur einerseits kaschierte, andererseits prominente und tonangebende Klasse spielt bei dem Versuch, »Amerika« zu definieren – Stimmung, politische Richtung und Ethos des Landes –, eine überwältigende Rolle. Wenn wir uns selbst klar sehen wollen, müssen wir versuchen, einen Schritt zurückzutreten und die Mittelklasse als eine Klasse unter anderen zu erkennen, als Klasse mit ganz spezifischen Vorstellungen und Ängsten. Lange genug waren wir es zufrieden, Amerika mit den Augen dieser Klasse – und oft auch als ihr Ebenbild – zu sehen.

Mein persönliches Interesse an der neuen Mittelklasse erklärt sich dadurch, daß ich seit langem über »Ideen« schreibe – über Vorstellungen der Durchschnittsamerikaner, wie man sie tagtäglich in den Medien oder in der Kultur insgesamt antrifft. *Schlechte* Ideen haben mich schon viel Zeit gekostet – Vorstellungen, die eines Tages auf dem Müllhaufen der Geistesgeschichte landen werden wie z. B. das gigantische Thesengerüst, das historisch die Ungleichheit von Mann und Frau getragen hat. Irgendwann muß man einfach fragen bzw. sich die Frage gefallen lassen, *wessen* Gedanken das eigentlich waren, warum sie auftauchten und die Form annahmen, die sie haben.

Jede ehrliche Antwort muß mit dem Hinweis beginnen, daß die meisten Ideen, die später kulturelles Gemeingut werden, ursprünglich auf relativ schmaler Basis entstehen. Solche Ideen werden innerhalb einer Art Elite entwickelt, von anständig bezahlten Gebildeten nämlich, die soziologisch und verwandtschaftlich wenigstens mit der mittleren Ebene der Wirtschaft verbunden sind – kurzum, von Angehörigen der neuen Mittelklasse.

Diese Antwort *erklärt* natürlich noch keine einzige Idee oder Überzeugung. Man darf sich die neue Mittelklasse ja nicht als Kabbala oder auch nur als besonders homogene Menge vorstellen. Ideen gehören einfach zum Geschäft, zumindest bei den artikulierteren Angehörigen dieser Klasse, den Journalisten, Professoren, Schriftstellern und Kommentatoren. Diese Leute werden dafür bezahlt, daß sie Ideen in Umlauf bringen und die verbale Verpackung liefern, welche Vorgänge plausibel erscheinen läßt bzw. Arrangements rechtfertigt, die sonst womöglich in Frage gestellt würden. Manchmal werden Angehörige dieser Klasse sogar dafür bezahlt, daß sie eben solche Fragen stellen.

Dennoch kann es erhellend sein, wenn man Ideen bis in das soziale Milieu zurückverfolgt, dem sie entstammen. Viele unserer traditionellen Vorstellungen über Mann und Frau beispielsweise wurden von Ärzten und Psychiatern artikuliert – männlichen Angehörigen einer Klasse also (wieder ist es die neue Mittelklasse), in der es unter wirtschaftlichen Gesichtspunkten normalerweise nicht nötig war, daß die Frau zum Arbeiten aus dem Haus ging. Auch das heute so oft erörterte Dilemma der Frau, die Kinder aufziehen und gleichzeitig im Beruf Erfolg haben will, enthält ja unausgesprochene klassenspezifische Annahmen, nämlich daß es für Frauen nicht einfach einen Arbeitsplatz gibt, sondern eine berufliche Laufbahn, und daß sie die Mittel haben, diese Laufbahn aufzugeben, ohne dadurch ihre Kinder zur Not zu verdammen.

Zur vorliegenden Untersuchung brachte mich das Nachdenken über eine andere Art von Ungleichheit, von der sowohl Männer als auch Frauen betroffen sind – die ökonomische Ungleichheit der Klassen. Während sich die Vorstellungen über Geschlecht, ja sogar

Rasse, wenn auch zögernd, in Richtung einer größeren Toleranz und Integration zubewegt haben, bleiben die Vorstellungen über die Klassen im Morast der Vorurteile und der Mythologien stecken. Selbst »aufgeklärte« Menschen, die vielleicht bei einer rassistischen Bemerkung zusammenzucken, werden ohne weiteres charakterbedingte Mängel einer nicht näher definierten »Unterschicht« auflisten. Sie kommen dabei unweigerlich immer wieder auf Ignoranz, Promiskuität und Faulheit. Wenn sie die weiße oder »ethnische« Arbeiterschicht karikieren, haben sie kaum noch Hemmungen: deren Geschmack ist »kitschig«, ihre Gewohnheiten ungesund und ihre Ansichten hoffnungslos intolerant und engstirnig.

Diese Klischeevorstellungen können allen möglichen Schaden anrichten, nicht zuletzt, weil sie darauf schließen lassen, daß man nichts ändern könne. Bemühungen, den Armen zu helfen, würden ihre Hilflosigkeit und kindliche Abhängigkeit nur vergrößern; und die Arbeiterklasse wäre solchen Bemühungen gegenüber, wie man ja sattsam weiß, sowieso feindselig gestimmt.

Die Aussichten, ökonomische Ungleichheit zu mildern, waren schon einmal weitaus besser. In den sechziger Jahren war Gleichheit, zumindest Chancengleichheit, ein angesehenes gesellschaftliches Ziel. Präsidenten setzten sich dafür ein, führende Intellektuelle machten es zur eigenen Sache. Heute hören wir dieses Wort kaum noch. In den sechziger Jahren bekannte man sich stolz dazu, links zu sein – und meinte damit das Ziel, eine egalitärere Gesellschaft zu schaffen. Heute ist dieser Begriff zu einer Beleidigung verkommen und wird scheinheilig das »L-Wort« genannt. In den frühen Sechzigern fragte man ständig, wie man im »Kampf gegen die Armut« am besten weiterkommen könnte; heutzutage würde man ein solches Unternehmen wahrscheinlich als unangebracht und möglicherweise sogar nachteilig für die Armen ansehen.

Es ist ja nicht so, daß die Probleme verschwunden sind oder unser Engagement nicht mehr rechtfertigen würden. Ein viel zu großer Teil der amerikanischen Bevölkerung lebt immer noch in Armut. Wenn wir die kaltschnäuzige Armutsdefinition der Regierung durch eine realistischere Schätzung ersetzen, sind es 20 %.

Weitere Millionen – Angehörige der Arbeiterklasse, die in Amerika die Mehrheit bildet – verrichten immer noch stumpfsinnige, monotone Arbeiten und schätzen sich glücklich, überhaupt Arbeit zu haben. Die Kluft zwischen den Besitzenden und den Besitzlosen – nicht nur zwischen Reichen und Armen, sondern auch zwischen Mittelklasse und Arbeiterklasse – ist heute größer als jemals seit dem Ende des Zweiten Weltkriegs; die Einkommensverteilung in Amerika ist mittlerweile fast so extrem wie in Indien.[1]

Wenn in Wirklichkeit nichts besser geworden ist, dann müssen sich die Vorstellungen aus anderen Gründen geändert haben. Entweder kümmern wir uns einfach weniger, oder wir finden die, die nichts haben, unseres Mitgefühls nicht so recht würdig. Aber warum?

Ich hatte zunächst nichts weiter vor, als die in den letzten drei Jahrzehnten gängigen Theorien über die »unteren« Klassen – die Armen und die Arbeiterklasse – zu untersuchen. In der amerikanischen Kultur hatte man die unteren Klassen in den fünfziger Jahren so vollständig aus den Augen verloren, daß sie regelrecht »wiederentdeckt« werden mußten. Die Entdeckung der Armut kam in den frühen sechziger Jahren, die genauso dramatische, wenn auch weniger im Gedächtnis verbliebene Entdeckung der Arbeiterklasse am Ende desselben Jahrzehnts. Um jedes dieser Ereignisse wurde ein großer Wirbel gemacht – Titelgeschichten, Sondersendungen im Fernsehen, wissenschaftliche Analysen und sogar Hollywood-Filme – und ich rechnete damit, daß ich beim Sichten dieses Materials vielleicht einige Einsichten in unsere Einstellung den Ärmeren gegenüber gewinnen und auch herausfinden könnte, warum mir diese Ansichten so verbittert vorkommen.

Aber bei dieser Untersuchung war, mehr als bei jeder anderen, die ich durchgeführt hatte, die Frage unausweichlich: »*Wessen* Theorien sind es eigentlich?« Wenn die Armen und die Arbeiterklasse erst entdeckt werden mußten, wer hatte sie denn dann aus den Augen verloren? Und welches *wir* ist bei Aussagen über *unsere* Ansichten gemeint? Nach und nach und mit anfänglich leichter Besorgnis wurde mir klar, daß *unsere* Theorien nicht dargestellt oder auch nur verstanden werden können, ohne dieses schwer zu fassende *wir* zu klären und die Mittelklasse als Akteur in der Geschichte vorzustellen. Was war im Leben dieser Klasse passiert, daß sie sich von der Linken abwendete?

Zur Erklärung verweist man gern auf Ereignisse, die außerhalb dieser Schicht stattfanden. Die Spatzen pfeifen es von den Dächern, daß die steigende Kriminalität in den sechziger Jahren zu einer Desillusionierung hinsichtlich der schwarzen Armen und der allgemein Benachteiligten überhaupt führte. Die Linke wurde, um einen konservativen Aphorismus abzuwandeln, Opfer des Straßenraubs. Als nächstes kam der »Gegenschlag der Arbeiter«, der angeblich zeigte, daß die meisten Amerikaner – oder wenigstens die »breite Masse« der Weißen – sowieso erzkonservativ waren. Schließlich kam es in den siebziger Jahren zur Rezession, die den letzten übriggebliebenen Linken der Mittelklasse ihr eigenes materielles Interesse bewußt machte. Sie zogen sich in ihre Karrieren und ihr Privatleben zurück in dem sicheren Glauben, daß die Armen ihrer Hilfe sowieso nicht wert seien.

In dieser üblichen Darstellung steckt mehr als ein Körnchen Wahrheit. Das Problem ist nur, daß sie das Element des Bewußtseins – des Nachdenkens und der Interpretation – ausläßt. Ereignisse brechen ja nicht einfach über einen herein und rufen dann reflexartige Reaktionen hervor; sie erreichen uns schon vielfach beurteilt und interpretiert. Manchmal bleibt dabei von dem »Ereignis« selbst kaum etwas übrig; es stellt nur noch ein Phantasiegebilde dar. Wir werden z. B. sehen, daß der »Gegenschlag der Arbeiter«, der in der gängigen Interpretation der amerikanischen Politik eine so bedeutende Rolle spielt, kaum eine klare Bewegung oder ein klares Ereignis war. Der Begriff bezeichnet vielmehr eine höchst einseitige und selektive Interpretation der Stimmung der amerikanischen Arbeiterklasse zu einem bestimmten Zeitpunkt. Ähnliche Fragen könnte man zu der Reaktion auf Gewalt oder auf die wirtschaftliche Flaute stellen. Warum gewinnt eine bestimmte Interpretation so großen Einfluß? Warum sieht man die Dinge nur auf die eine Art und nicht auf die andere?

Wenn uns die äußeren Ereignisse nicht aufklären, müssen wir uns dem »Innenleben« der Mittelklasse zuwenden. Mein anscheinend einfaches Vorhaben, Theorien über Klasse und Ungleichheit zu untersuchen, mußte also zu einem schwierigeren Projekt ausgeweitet werden. Ich mußte versuchen, die Abkehr von der Linken als eine Episode im Leben der Mittelklasse, als Meinungsänderung und Verschiebung des Bewußtseins zu verstehen. Die wichtigste Veränderung, die, wie mir allmählich klar wurde, besonders eng mit dem Niedergang der Linken in Zusammenhang zu stehen scheint, liegt in der Auffassung der Mittelklasse *von sich selbst:* von der naiven Vorstellung der fünfziger Jahre, daß die Mittelklasse ganz Amerika darstellt und jeden miteinschließt, zu der wachsenden Erkenntnis, daß sie auch nur eine Klasse unter vielen ist und eine isolierte und privilegierte noch dazu.

Die Entdeckung der Armut und der Arbeiterklasse trug natürlich erheblich zu dieser Selbsterkenntnis bei, ebenso wie etwas anderes, womit ich anfangs nicht gerechnet hatte: die Studentenbewegung der sechziger Jahre, deren Einfluß auf die Ansichten der Mittelklasse ebenfalls zu untersuchen sein wird. Alle diese Entdeckungen und Ereignisse zusammen überzeugten eine einflußreiche Minderheit der neuen Mittelklasse, daß ihre Klasse in der Tat etwas Besonderes ist, eine Elite in der Mehrheit der »gewöhnlichen« Leute. Genau dieses neuaufkommende Elitebewußtsein führte dazu, daß die Mittelklasse, oder bedeutende Teile davon, ins rechte Lager überwechselten.

Nach gängiger, oder sollte ich in diesem Fall lieber sagen, nach konservativer Meinung sieht die Sache genau umgekehrt aus. Wie oft hören wir, linksliberale Ansichten seien typisches Gedankengut einer Elite, der von Republikanern von Spiro Agnew bis George Bush beschimpften sogenannten linken Elite. Andererseits heißt es oft, der Konservativismus – in wirtschaftlichen wie auch in sozialen Fragen – sei dem Durchschnittsbürger, dem »Herrn Müller«, angeboren.

Eliten sind aber, historisch gesehen und aus offensichtlichen Gründen, selten die Vorkämpfer für Gleichheit und soziale Gerechtigkeit. Angehörige einer gesellschaftlichen Elite nehmen sich vielleicht in ihrer Jugend der Sache der Unterdrückten an; einzelne handeln vielleicht wirklich nach ihrem Gewissen und geben sich mit Wohltätigkeitsaktionen nicht zufrieden. Aber im großen und ganzen wird eine statusbewußte Elite ihren Status auch verteidigen, selbst wenn das bedeutet, proklamierte Werte wie Demokratie und Fairness – außer bei Sonntagsreden – aufzugeben.

In der Tat wird die Vorstellung, die neue Mittelklasse sei eine einflußreiche Elite, am deutlichsten bei denen spürbar, die am weitesten von linken Idealen entfernt sind oder sich von ihnen am weitesten entfernt haben. Die Elitevorstellung ist ein zentraler Gedanke der heutigen Rechten, von den »Neokonservativen« bis zu den Neuen Rechten. Sie ist, allerdings auf eine seltsam unaufrichtige Weise, fast zur entscheidenden fixen Idee der Rechten geworden.

Dieses Buch handelt also vom *Klassenbewußtsein* der neuen Mittelklasse und von der Entwicklung dieses Bewußtseins in den letzten drei Jahrzehnten. Wir werden verfolgen, wie in der Mittelklasse die Erkenntnis wächst, sie sei eine Klasse unter vielen, bis hin zu der Meinung, sie sei eine Elite *über* den anderen Klassen. Durchweg werden wir uns damit beschäftigen, wie dieses aufkeimende Selbstverständnis dazu geführt hat, eine politische Einstellung anzunehmen und zu rechtfertigen, die zu einer Elite paßt – eine konservative Einstellung nämlich, bei der man letztendlich der Mehrheit gegenüber, die nicht zur Elite zählt, gleichgültig ist. Schließlich untersuchen wir den Versuch einer wichtigen Minderheit der neuen Mittelklasse – kurz Yuppies genannt – so zu leben, als wären sie eine Elite, die Reichtum und Macht besitzt.

Alles in allem erzähle ich keine schöne Geschichte; sie ist wohl eher durch Vorurteile, Wirklichkeitsverlust und sogar tiefsitzenden Selbsthaß geprägt. Allein schon deshalb schulde ich dem Leser vorab einige Erklärungen – mehr vielleicht, als mir lieb ist. Erstens haben die Angehörigen einer Klasse selbstverständlich niemals alle ein und dieselbe Gesinnung. In diesem Buch werden wir uns an einen ganz bestimmten Gedankengang und eine ganz bestimmte Metaphorik halten, wie sie sich bei einer Reihe von Intellektuellen und Wissenschaftlern, Medienvertretern und Meinungsmachern ebenso finden wie in zahllosen Filmen, in Nachrichtenmagazinen und im Fernsehen. Auf andere in der Mittelklasse vertretene, von der gängigen Linie abweichende Meinungen, insbesondere wirklich linksorientierte, wird hier nicht näher eingegangen. Der Ehrlichkeit halber muß allerdings gesagt werden, daß die politische Linke in diesem Buch – wenn auch vielleicht nicht ganz adäquat – bereits durch meine Sicht der Dinge vertreten ist.

Zum zweiten sind Feststellungen über Bewußtsein und Wahrnehmungen natürlich nicht beweisbar. Hier waren Interpretieren und – womöglich voreiliges – Spekulieren einfach unumgänglich. Ich habe versucht, eine Vielzahl von Themengebieten miteinander zu verbinden – von den Ängsten der Mittelklasse vor dem Verlust von Wohlstand und Status beispielsweise bis hin zu ihren Ansichten über die Armut und über das Gemeinwohl. Ich habe auch versucht, verbreitete politische und moralische Vorstellungen der Mittelklasse im Kontext »banalerer« Angelegenheiten zu sehen, wie z. B. Lebensstil, Konsum, Kindererziehung und die Rolle der Frau. Und schließlich habe ich versucht, all das zu einer mehr oder weniger geschlossenen Geschichte zu verarbeiten. Dabei läuft man natürlich Gefahr, durch selektives Vorgehen und allzu schlüssiges Argumentieren ein Schema zu entdecken, welches die Geschichte in ihrer Unberechenbarkeit später womöglich widerlegen wird. Ich überlasse es behutsameren und wissenschaftlicher orientierten Kollegen, Korrekturen vorzunehmen, wo ich zu weit gegangen bin, und, wenn möglich, ein besseres Schema vorzuschlagen.

Bevor ich mit der Geschichte beginnen kann, muß die Hauptfigur vorgestellt werden: die neue Mittelklasse. Dazu gehören – nach einer mehr oder minder abstrakten Definition[2] – alle jene Leute, deren wirtschaftlicher und sozialer Status eher auf Bildung als auf Kapitalbesitz oder sonstigen Vermögenswerten basiert. Dies gilt für die meisten freien Berufe und für leitende Angestellte, die für ihre Position zumindest einen Collegeabschluß, immer häufiger aber auch einen Universitätsabschluß brauchen. Zur neuen Mittelklasse gehört aber nicht jeder, der in Schlips und Kragen zur Arbeit geht – das kann auch ein Unternehmer sein oder jemand, den man besser als »Arbeiter« einstuft. So grundverschiedene Leute gehören dazu wie Lehrer und Nachrichtensprecher, Ingenieure und Professoren, Regierungsbeamte und Abteilungsleiter (wenigstens bis zum mittleren Management), Wissenschaftler und Werbefachleute, Therapeuten und Vermögensverwalter, Architekten und – was nicht verschwiegen werden sollte – auch ich selbst.

Die beiden größten Untergruppen – Freiberufler und Manager – sind nicht ganz so verschieden, wie es manchmal scheint. Freiberufler haben normalerweise auch Verwaltungsaufgaben, die sie für das Management qualifizieren würden, und Manager können durchaus ausgebildete Fachleute sein. Freiberufler und Manager können ohne weiteres auch einmal die Rollen tauschen; häufig wohnen sie im gleichen Viertel, verkehren in denselben gesellschaftlichen Kreisen und heiraten untereinander.

Nach dieser Definition ist die neue Mittelklasse eindeutig eine Minderheit, die höchstens etwa 20 % der Bevölkerung ausmacht.[3] Am unteren Ende der Skala stehen schwer einzuordnende Berufe wie z. B. Lehrerin, ein Beruf, der natürlich eine Ausbildung voraussetzt, aber bei allen Ambitionen doch weder das Einkommen noch das Sozialprestige von Berufen erreicht, in denen schon immer die Männer dominiert haben. Sehr viel weniger Berufstätige finden sich am oberen Ende der Skala: leitende Angestellte, die nach Wohlstand, Entscheidungsbefugnis und Wertpapierportefeuille eindeutig in eine höhere Schicht gehören, in die Elite der Topmanager[4] – Amerikas herrschende Klasse.

Wem meine Definition der neuen Mittelklasse nicht präzise genug ist, dem kann ich (um nicht gleich obskure Argumente anzuführen) nur sagen, daß Klassendefinitionen an den Rändern notwendigerweise unscharf sind. Wer von Klassen spricht, verallgemeinert Aussagen über die Lebensweise und den Lebensunterhalt großer Gruppen von Menschen. Gerade weil es so viele Grenzfälle gibt und manche Leute die Klassengrenzen nach oben oder nach unten überschreiten, ist eine Bezeichnung wie Mittelklasse, auf eine bestimmte Einzelperson angewendet, womöglich wenig aussagekräftig. Doch immerhin erinnert uns der Begriff an das weite Feld der Ungleichheit und an die Tatsache, daß die Menschen sich hinsichtlich Sorglosigkeit, Status und selbstbestimmtem Leben auf mehreren sehr unterschiedlichen Ebenen befinden.

Wie aufschlußreich die Definition einer Klasse ist, hängt davon ab, wieviel die Menschen, die wir ihr zuordnen, miteinander gemeinsam haben. Haben sie genügend gleiche Erfahrungen gemacht, um zu einer einheitlichen Weltanschauung zu gelangen? Hier sind in aller Kürze einige Gemeinsamkeiten, welche die neue Mittelklasse charakterisieren[5] und diese breit gefächerte Gruppe zur Klasse machen:

*Beruf:* Im Gegensatz zu denen, die das Glück haben, zur Oberschicht zu gehören, müssen die Angehörigen der neuen Mittelklasse für ihren Lebensunterhalt arbeiten. Einige wenige sind selbständig, darunter viele Ärzte, Juristen, Therapeuten usw., doch im Lauf der Jahre ging die Entwicklung mehr und mehr dahin, daß Akademiker in großen Organisationen mit bürokratischer Struktur als Angestellte arbeiten – in einem Unternehmen z. B. oder im Krankenhaus oder in einer großen Anwaltssozietät. Meistens beziehen sie ein festes Gehalt; manchmal sind sie sogar in einer Gewerkschaft. Dennoch gibt es einen entscheidenden Unterschied zwischen diesen Angehörigen der neuen Mittelklasse und ihren lohnabhängigen Kollegen aus der Arbeiterklasse. Beide mögen heutzutage im Anzug (oder im Kostüm) ins Büro gehen, um dort »Kopfarbeit« zu leisten, doch Akademikern und Managern wird dabei sehr viel mehr Freiraum zugestanden. Eigeninitiative wird häufig geradezu erwartet; er oder sie muß oft die Arbeit anderer bestimmen, muß Strategien entwickeln und Anweisungen erteilen.

*Schlüsselerlebnisse:* Die Berufe der Akademiker und Manager erinnern in manchem an die Zünfte. Sie stehen im allgemeinen nur

Leuten offen, die eine langwierige Ausbildung hinter sich haben und entsprechende Qualifikationen vorweisen können. Die Lehrlings- und Gesellenjahre, die sich fast bis zur Lebensmitte hinziehen können, sind für den gesellschaftlichen Zusammenhalt der Mittelklasse entscheidend wichtig. Zukünftige Ehepartner und Freunde fürs Leben lernen sich als Studenten meist schon auf dem College oder auf der Universität kennen. Die lange Ausbildungszeit ist aber nicht einfach eine verlängerte sorglose Jugend, sie erfordert vielmehr die Art von Disziplin und Eigeninitiative, die in dieser Schicht für das Berufsleben als Erwachsener so grundlegend wichtig sind.

*Einkommen:* Angehörige der neuen Mittelklasse verdienen größtenteils »überdurchschnittlich«, wobei die Bandbreite allerdings von den 30.000 Dollar Jahresbrutto eines durchschnittlichen College-Professors bis hin zum sechsstelligen Einkommen eines Starprofessors in Harvard, Yale oder Princeton oder eines Anwalts in New York oder Chicago reicht. Normalerweise verdienen Ehepaare aus der Mittelschicht genug, um sich ein eigenes Haus in einer von ihresgleichen bewohnten Gegend leisten zu können und die Kinder aufs College zu schicken. Es reicht auch noch für bereichernde Erfahrungen wie Urlaubsreisen und eine Psychotherapie, Fitness-Studio und Ferienlager sowie für den Genuß von »Kultur« in verschiedenen Formen.

*Geschmack und Lebensstil:* Sämtliche obengenannten Merkmale verbinden die Angehörigen der neuen Mittelklasse hinsichtlich Lebensstil und Konsumgeschmack. Im allgemeinen bedient sich die Mittelklasse des Konsums, um ihren Status, vor allem in Abgrenzung zur Arbeiterklasse, zu festigen. Besonderen Wert legt man dabei auf »echte«, »natürliche« und oft auch importierte Produkte. Diese Vorlieben dienen als Erkennungszeichen, auch in der Freizeit, und gewährleisten, daß beispielsweise ein Anwalt nicht arglos in die Gesellschaft eines Angehörigen der Unterklasse gerät, eines Klempners oder Postangestellten, der gerade frei hat. Heirat innerhalb der

Gruppe ist bei den Angehörigen der Mittelklasse – wie auch in den anderen Gesellschaftsschichten – sehr wichtig. In dieser Hinsicht hat Amerika eine gewisse Ähnlichkeit mit einer Kastengesellschaft.

Die Frage, inwieweit diese Gemeinsamkeiten bei Einkommen, Beruf usw. zur Entwicklung eines gemeinsamen Bewußtseins bzw. eines Klassenbewußtseins führen, wird uns in den nachfolgenden Kapiteln intensiv beschäftigen. An dieser Stelle können wir aber schon versuchen, kurz die etwas »objektivere« Frage zu beantworten, ob denn die neue Mittelklasse *wirklich* eine Elite ist. Wenn sie es nämlich nicht ist, dokumentiert dieses Buch lediglich eine tragische Illusion, deren unnötige Folgen Egoismus und Isolation von der Mehrheit der Amerikaner sind.

In mancher Hinsicht *ist* die neue Mittelklasse natürlich eine Elite; ganz bestimmt ist sie es im Vergleich zu den Armen und der Arbeiterklasse. Der Unterschied ist nicht nur finanzieller Art; es geht auch um Autorität, Einfluß und Macht. Trotzdem ist die neue Mittelklasse nur eine *Mittel*klasse und rangiert deutlich unterhalb der Geld- und Machtelite. Ihr einziges »Kapital« sind Wissen und Können bzw. die Qualifikationen, die beides bescheinigen, und im Gegensatz zu echtem Kapital kann man Wissen und Können nicht horten für den Fall, daß einmal schlechte Zeiten kommen sollten. Man kann sie nicht über die Spanne eines Menschenlebens hinaus aufbewahren, und natürlich kann man sie auch nicht vererben. Das »Kapital« der Mittelklasse ist viel vergänglicher als Reichtum, und jeder einzelne Angehörige dieser Klasse muß es sich aufs neue mühsam erarbeiten. Keiner kommt darum herum, Selbstdisziplin zu üben und eigenständig und selbstverantwortlich zu arbeiten, genau wie seine Eltern.

Diese Elite – wenn es denn eine ist – ist also unsicher und zutiefst besorgt. Wie jede Klasse, die nicht im Geld schwimmt, lebt sie in ständiger Angst vor dem Schicksalsschlag, der zum gesellschaftlichen Abstieg führen könnte. Doch die Mittelklasse kennt noch eine weitere Angst – die Angst vor der inneren Schwäche, Angst davor, weich zu werden, Strebsamkeit, Disziplin und Willenskraft zu verlieren. Selbst der Wohlstand, so oft Ziel all dieses Strebens, kann zur Bedrohung werden, könnte er doch zu Hedonismus und Hemmungslosigkeit führen. Ob die Mittelklasse hinunterschaut in die Welt der Entbehrungen oder hinauf ins Reich des Überflusses, die Angst vor dem Absturz verläßt sie nie.

Also gibt es letzten Endes doch keine objektive Antwort auf die Frage, ob die Mittelklasse eine Elite ist oder doch etwas weniger Berauschendes – z. B. nur eine Erweiterung der Arbeiterklasse. Und daher gibt es auch keine simple Antwort auf die viel schwierigere Frage, ob sie »logischerweise« eher zu linken oder zu rechten politischen Ansichten neigt. Ist die Mittelklasse alles in allem großzügig oder selbstsüchtig? Verhätschelt oder benachteiligt? Engagiert sie sich für Gleichheit oder verteidigt sie ihre Privilegien? Das sind nicht einfach mögliche Antworten. Es sind Alternativen, zwischen denen man sich entscheiden muß.

*Kapitel 1*

# Überfluß, Angst und die Entdeckung der Armut

Die »Entdeckung der Armut« ähnelt der »Entdeckung« Amerikas. Fast fünfhundert Jahre früher stießen die Entdecker ebenfalls auf ein exotisches, längst vor ihrer Ankunft besiedeltes Territorium. Daß Armut genau wie Amerika überhaupt erst entdeckt werden mußte, verrät eigentlich mehr über die irrigen Vorstellungen in den Köpfen der jeweiligen Entdecker als über ihre Entdeckungen. Kolumbus' Entdeckung wirft ein Licht auf den Horizont der Europäer im 15. Jahrhundert. Da sie meinten, die Welt sei klein und habe genau die richtige Größe für den Gold- und Gewürzhandel, verschätzten sie sich um mindestens zwei Kontinente und ein Weltmeer.

Ähnlich wirft die Entdeckung der Armut ein Licht auf den seltsam beschränkten Blickwinkel der Mittelschichts-Amerikaner in der Mitte des 20. Jahrhunderts. Sie wähnten sich im endgültigen Stadium des materiellen Wohlstandes – ablesbar an ihren Autos, Fernsehern und dem Grillplatz im Garten – und glaubten, dies sei Amerika. Durchs Panoramafenster fiel ihr Blick auf eine endlose Kette von Eigenheimen. Amerika, davon waren sie fast überzeugt, war aus der Geschichte herausgetreten, und bei den wenigen noch zu erwartenden Veränderungen konnte es sich nur um vorhersehbare Segnungen des technischen Fortschritts handeln wie Automation und Raumfahrt, ein Heilmittel für Krebs oder noch besser klingende Hifi-Anlagen.

Von dieser Warte aus schienen die rauhen Kanten der Ungleichheit verschwunden, geglättet durch den Wohlstand, der die amerikanische Gesellschaft mittlerweile umschloß wie der Speckgürtel den Fünfzigjährigen. Vance Packard bemerkte 1959 trocken:

> Zahlreiche einflußreiche Leute versichern uns seither: Was für Gesellschaftsklassen wir auch je gehabt haben mögen, jetzt seien sie wirklich im Schwinden begriffen. …
> Vor einigen Monaten proklamierte eine große Publikumszeitschrift, die Vereinigten Staaten hätten nunmehr »die echteste klassenlose Gesellschaft der Geschichte« verwirklicht. Einige Wochen später begrüßte ein Verleger das Verschwinden des Klassensystems als das »größte Ereignis unseres Jahrhunderts«[6]

Bedauerlicherweise gab auch Packard dieses Thema, bei dem man um die Erörterung fortwährender Ungerechtigkeit nicht herumkommt, gleich wieder auf und wendete sich der vergnüglicheren Statusfrage zu, die sich z. B. an der Wahl des Sofas exemplifizieren läßt:

> »Die Unterklasse wählte ein Sofa mit Troddeln an den Armlehnen und Fransen um den unteren Rand, die oberen Stände zogen ein Sofa von einfacher, strenger, rechteckiger Form vor.«[7]

Doch ungeachtet der komplizierten Hierarchie der Geschmäcker, wie Packard und andere sie belegen, herrschte allgemein die Meinung, die amerikanische Gesellschaft sei mittlerweile eine einzige homogene Masse geworden. Fabrikarbeiter kauften sich, wie man hörte, schon Eigenheime in Levittown, und Gewerkschaftsbosse traten im gleichen grauen Manager-Flanell auf wie ihre Gegenspieler aus der Wirtschaft. Klar, »die Neger« waren im Kommen, aber doch nur, um in den gleichen Restaurants wie die Weißen zu sitzen und die gleichen guten Dinge zu konsumieren. Das sollte ihnen gegönnt sein. Wo man auch hinsah, Not und Ungerechtigkeit, die bei weniger glücklichen Völkern für Erregung und Unruhe sorgten, schienen in Amerika überwunden. Ändern würde sich voraussichtlich wenig, denn keine wichtige gesellschaftliche Gruppe drängte im eigenen Interesse auf Veränderung. Alles versammelte sich zufrieden in der allumfassenden Mittelklasse.

## Das Problem der Problemlosigkeit

Wenn es nichts mehr zu tun gab, nichts mehr herausforderte, die Utopien verwirklicht waren, war die Enttäuschung unweigerlich. Man belegte diese weitverbreitete These gern mit der hohen Selbstmordrate der Schweden, denen der Wohlfahrtstaat mit seinem allzu engmaschigen sozialen Netz unerträglich geworden sei. Jetzt sah es so aus, als sei auch Amerika mit dem letzten Menschheitsproblem konfrontiert – der Problemlosigkeit – und mit der tödlichen Langeweile. »Worüber sollen wir schreiben?«[8] lamentierte der Chefredakteur einer Collegezeitung 1957. »Alle Probleme sind gelöst. Es geht nur noch um technische Verbesserungen.«

»Die politischen Grundprobleme der industriellen Revolution sind gelöst,« verkündete Seymour Martin Lipset 1960.[9] Die namhaftesten amerikanischen Intellektuellen – selbst fast alle Angehörige der neuen Mittelklasse – sahen es ebenso. Es gab nichts mehr zu tun, jedenfalls nichts, das einen begeistern konnte. Als David Riesman und Nathan Glazer sich 1955 einen Überblick über die amerikanische Szene verschafft hatten, zerbrachen sie sich den Kopf über ein Thema, für das die Reformbegeisterten sich engagieren könnten. »Man könnte den Mindestlohn anheben«, meinten sie, oder »für eine staatliche Krankenversicherung kämpfen«, schlossen aber, den meisten Leuten sei dergleichen egal, weil es ihnen auch so gut gehe. »Freilich«, räumten sie ein, »es gibt noch unterprivilegierte Regionen, z. B. in den südlichen Alleghenies oder auf dem Lande in den Südstaaten.«[10] Das Problem der »Unterprivilegierten« war so marginal und geographisch so isoliert, es sollte quasiüber Nacht zu lösen sein. »Hier und da muß zwar noch die Armut beseitigt werden«, bemerkte Arthur Schlesinger jr., doch dann wäre man gleich wieder bei den irritierenden Problemen einer »Überflußwirtschaft«.[11]

So konnte es niemanden mehr aufregen, als Daniel Bell 1960 »das Ende der Ideologie« proklamierte. Vielleicht wußte auch niemand mehr, nicht einmal Bell, was Ideologie ist, denn bei Definitionsversuchen kam er immer wieder auf das Schlüsselwort Leidenschaft: »Die Ideologie bezieht ihre Kraft aus der Leidenschaft.«[12] Diese Leidenschaft, die in der Ideologie der Ungleichheit beheimatet ist, ist dazu nicht mehr vonnöten, wenn in der modernen Gesellschaft der Status des einzelnen durch das »Können« – durch ein neutrales Attribut also – bestimmt ist. »Was bedeutet Klasse denn noch?« fragt Bell: Nicht viel, wird der Leser, ermattet vom Spektakel der Erledigung der Ideologie durch den Autor, zugeben müssen.

Es blieb noch die Problemlosigkeit, die »Suche nach einem Anliegen«, wie Bell sagte. Die allerdings drängte, denn ohne eine Sache, für die die Jugend sich wenigstens vorübergehend engagieren konnte, drohte Amerika zu verweichlichen und zu verdummen. Schlesinger bezeichnete die Amerikaner der fünfziger Jahre als »träge, müde und ausgelaugt«.[13] Bell gab seinem Buch den entsprechenden Untertitel »Die *Erschöpfung* politischer Ideen in den fünfziger Jahren«. Amerika brauchte eine echte Herausforderung. Präsident Eisenhower setzte schließlich eine hochkarätige Kommission ein, mit dem Auftrag, »Ziele für die Amerikaner« ausfindig zu machen. Das Ergebnis war enttäuschend. »Das vorrangige Ziel der Vereinigten Staaten«, hieß es in dem 1960 vorgelegten Bericht, »ist der Schutz der Rechte des einzelnen und die Verbesserung seiner Chancen.«[14] Das glich auf bedrückende Weise dem »obersten Ziel« der amerikanischen Wirtschaft, das der Vorsitzende von Eisenhowers Wirtschaftsrat (Council of Economic Advisers) folgendermaßen definiert hatte: »Mehr Konsumgüter produzieren. Das ist das Ziel. Darum geht es bei unserer ganzen Arbeit: um die Produktion von Konsumgütern.«[15]

Kritische Stimmen bemerkten dazu, daß die Amerikaner ihren Individualismus schon jetzt durch die Entscheidung für eine bestimmte Inneneinrichtung und Tiefkühlkost ausdrückten; dieses Ziel konnte die Nation also nicht in einen kollektiven Begeisterungstaumel versetzen. Zwar hatte die Kommission auch ein paar echte Probleme entdeckt, z. B. die Beziehung zwischen den Rassen, doch dabei handelte es sich lediglich um »noch zu überwindende Hürden« auf dem Weg zur Vollkommenheit, die greifbar nahe zu liegen schien.[16]

Ein echtes Problem konnte selbst ein linker Intellektueller kaum finden. Schlesinger listete 1963 eine Reihe »konkreter Fragen« auf, die die Bildungsschicht aus der Ruhe bringen könnten. Aus heutiger Sicht ist seine Liste beneidenswert zahm: Atomkriegsgefahr und Epidemien, Umweltkatastrophen, Hunger, Obdachlosigkeit und Rassenhaß fehlen völlig, obwohl die meisten dieser Schrecken auch damals schon das Leben in Amerika überschatteten. Das einzige wirklich heiße Thema auf seiner Liste war die Gleichberechtigung der Schwarzen; genauso wichtig waren ihm aber nichtssagende Vorschläge wie »die Verbesserung unserer Massenmedien« und »die Anhebung des Niveaus unserer Massenkultur«.[17]

In einer Gesellschaft, die fast keine Probleme mehr zu haben glaubte, mußte zwangsläufig auch der Reformismus langweilen. In der Tat gab es im politischen Spektrum Amerikas damals kaum etwas, das die Bezeichnung »links« oder reformistisch verdient hätte. Die linken Liberalen engagierten sich damals wie heute auch wieder stärker als die, die rechts von ihnen standen, für Bürgerrechte und bürgerliche Freiheiten und waren auch eher bereit, zu deren Verteidigung nach dem Staat zu rufen. Stolz beriefen sie sich auf eine von Franklin Roosevelt und Harry Truman übernommene populistische Tradition. Wenn populistische Rhetorik gefragt war, eilten sie gegen die von Eisenhowers republikanischer Partei so unverhüllt vertretenen plutokratischen Interessen dem »kleinen Mann« zu Hilfe.

Außerstande, sich durch drängende Probleme zu definieren, wiesen die linken Liberalen in den späten fünfziger Jahren große Ähnlichkeit mit den rechten Konservativen auf. Beide sahen im Wirtschaftswachstum den Schlüssel zum Gedeihen des Landes und in militärischer Stärke den Garanten des Friedens – aber die linken Liberalen wollten von beidem mehr. »Wer noch schnelleres Wachstum wollte, war ein Linker, wer es gemächlicher wollte, ein Rechter«, konstatiert Alan Wolfe.[18] Reformvorhaben wie die Einführung einer allgemeinen Krankenversicherung hatten sich zwar nur die Linken an die Fahnen geheftet, doch letzten Endes bauten linke Demokraten genau wie rechte Republikaner auf endlos steigende Produktionsziffern als Säulen des Wohlstands und der Vollbeschäftigung. In der Außenpolitik waren die Linken »Adler« und beschimpften den politischen Gegner wegen mangelndem Schwung im Wettstreit mit dem Weltkommunismus. Eine aggressive, interventionsfreudige Außenpolitik und die zugehörige aufgeblähte Bürokratie »gehen im Grunde auf das Konto der Reformer«, wie Wolfe sagt.

Als Arthur Schlesinger jr., im Wahlkampf des Jahres 1960 nach den Unterschieden zwischen John F. Kennedy und Richard Nixon suchte, fand er keine überzeugenden Sachkonflikte. Beide waren durch ihr Verhalten während McCarthys Kreuzzug gegen den Kommunismus in Amerika kompromittiert; beide forderten auch jetzt einen schärfer antikommunistischen Kurs; beide hatten innenpolitisch nur verschwommene Ziele. Das Schlimmste, was Schlesinger Nixon nachsagen konnte, war nicht etwa, daß er weniger progressiv wäre, sondern daß er »außengeleitet« sei,[19] ein Konformist ohne Rückgrat, wie Riesman ihn in *Die einsame Masse* beschrieben hatte. Dieser Typus »hat keine inneren Ideale, gegen die er verstoßen könnte«; ihn treibt nur »der Wunsch nach Harmonie mit der Masse«, schrieb Schlesinger in *Kennedy or Nixon. Does It Make Any Difference?* Der Schluß lag nahe, diese Frage zu verneinen.

In *The Politics of Hope* heißt es: »Die Reformliberalen verfügen heute in Amerika über keinen mitreißenden Mythos. Es fehlt das Leidenschaftliche. Viele Illusionen hat man über Bord geworfen. Die Stimmung ist realistisch, bisweilen auch skeptisch. Die Ziele sind begrenzt.«[20] Die reformistischen Liberalen waren dem Status quo nicht weniger verpflichtet als die Rechten. Wenn es wirklich keine Probleme mehr gab, war dies ja durchaus angemessen. Es bedeutete aber, daß die Reformisten – zumindest die relativ zufriedenen Liberalen der Mittelklasse – einen »Mythos« finden mußten, um sich zu definieren.

## Die Soziologie und das Gespenst der Klasse

Ein Problem allerdings war unübersehbar: In der Boulevardpresse, im Kino und im öffentlichen Bewußtsein spielte in den fünfziger Jahren die Jugendkriminalität eine ebenso große Rolle wie das umgekehrte Problem, die Kindesmißhandlung, in den achtzigern. Gegenüber dem vorangegangenen Jahrzehnt war die Zahl der bekanntgewordenen Fälle zwar deutlich angestiegen, doch genau wie neuerdings bei der Kindesmißhandlung schoß die Besorgnis der Öffentlichkeit noch schneller in die Höhe als die Statistik und trug zweifellos zu deren Aufblähung bei. Rückblickend wundert es einen, daß man angesichts des jugendlichen Kriminellen – oder zumindest des im Kino ständig präsentierten Klischees – niemand bemerkte, daß es eben doch noch Klassen- und Rassenunterschiede gab. Denn dieser Typ gehörte bestimmt nicht zur Mittelklasse; mit seiner Entenschwanz-Frisur, seiner Lederjacke und seinem charakteristischen Slang sah er im Grunde kein bißchen anders aus als ganz normale, nicht kriminelle Jugendliche der Unterschicht. Mit seinem rüden Macho-Image setzte er sich bewußt von der adretten Erscheinung der Abiturienten ab.

Aber gerade weil es Kriminelle und eben Jugendliche waren, sah man keinen besonderen Grund über die Ungleichheit der Klassen zu reflektieren. Ihre Existenz war ja so leicht auch anders zu erklären. FBI-Chef J. Edgar Hoover schob die Jugendkriminalität auf den Mangel an qualifiziertem Religionsunterricht[21] und Bischof J. Fulton Sheen auf die »drei S« – Eltern, die »streicheln, saufen und sich streiten.« Aber auch die Fachleute waren sich weitgehend einig: der Nährboden der Jugendkriminalität waren kaputte Familien, wie es sie auch in den besten Vierteln gibt – geschiedene Eltern, berufstätige Mütter, unzuverlässige oder (wie in *Denn sie wissen nicht, was sie tun*) verweichlichte Väter. Für die Soziologen war der jugendliche Kriminelle nicht etwa ein potentiell auch unauffälliger Angehöriger einer unter Niedriglöhnen und ungelernter Arbeit leidenden Klasse, sondern ein »Asozialer«, der sich nicht ins Weltbild der Mittelklasse einfügte.

Die Jugendkriminalität machte die Klassenfrage sichtbar und bot sich gleichzeitig als bequeme Ablenkung von diesem Thema an. Mochte es andere Klassen geben, andere Lebensweisen als die der weißen Mittelschicht, so konnte man sie auch als »Abweichungen« von der Norm der weißen Mittelklasse interpretieren. Und da jugendliche Kriminelle schließlich Jugendliche waren, reduzierte das die potentielle Bedrohung durch die unteren Klassen, handelte es sich doch nur um Kinder. Die Vorstellung, die unteren Klassen seien im Vergleich zu den »besseren Leuten« wie Kinder, ist natürlich uralt und beruhigend.

Ein Amerikaner der Mittelschicht konnte also in der Mitte des 20. Jahrhunderts heranwachsen, ohne auch nur im entferntesten zu ahnen, daß Menschen zu einigen großen Gruppen gehören, und zwar unfreiwillig, die sich nach Einkommen, Chancen und Lebensweise unterscheiden. Anschauungsmaterial hätte es genug gegeben; es fehlte, jedenfalls bei der breiten Masse, schlicht und einfach ein Begriff. Dabei beschäftigte man sich in diesem Zeitalter offizieller Klassenlosigkeit gleichzeitig höchst intensiv mit den zahllosen Indizien, mittels derer man verschiedene Ebenen von Geschmack und Status unterscheiden konnte: Trank man Martini oder amerikanischen Whisky und Ginger Ale? Aß man Bœuf Stroganoff oder Hackfleisch und Makkaroni? Wohnte man abgeschottet in »Executive Manors« oder in einer namenlosen Sozialsiedlung?

An den staatlichen High Schools lernte man genau, auf welche Nuancen es bei der Unterscheidung der Schichten zu achten galt. Es gab »nette Jungs« und »Halbstarke«, »nette« Mädchen und »Flittchen«, letztere erkennbar an engen Röcken, Lippenstift und Zigaretten. Klar war auch, daß die »Halbstarken« und die »Flittchen« samt ihren weniger hübschen Geschlechtsgenossinnen später Werkkunde bzw. Steno belegen würden, die »netteren« des Jahrgangs aber Französisch und Biologie. Wer dem weiter nachging, konnte leicht feststellen, daß die meisten Väter der »netten« Schülerinnen und Schüler mit Schlips und Kragen zur Arbeit gingen, die der zukünftigen Kellnerinnen und Automechaniker aber im Blaumann und Flanellhemd. Natürlich konnte man das auch für Zufall halten. Einen

Kausalzusammenhang zwischen dem späteren Beruf eines Kindes, seiner Kleidung und dem Beruf des Vaters schien in der Mittelschicht jedenfalls niemand zu erkennen.

Konnte ein Kind aus der Mittelschicht nicht wenigstens im Soziologiekurs auf dem College etwas über Klassen erfahren? In der amerikanischen Soziologie spielte der Begriff der Klasse ja durchaus eine Rolle. In seriösen Untersuchungen war gezeigt worden, daß sich in Gemeinden mittlerer Größe bis zu fünf oder sechs Klassen nachweisen ließen; sie hießen »Klasse I«, »Klasse II« usw. Außerdem entsprach es einer ehrwürdigen Tradition, das – nahezu ausnahmslos »abweichende« – Verhalten der unteren Klassen wissenschaftlich zu untersuchen; ein beliebtes Beispiel waren Jugendbanden.

Das schon peinliche faszinierte Interesse der Soziologen an Ungleichheit bzw. »Schichtung«, wie der feinere Begriff lautete, macht den Antikommunismus der fünfziger Jahre deutlich. Die ungenierte Verwendung des Begriffs Klasse – in einem Ausdruck wie Klassenkampf z. B. – war jetzt verdächtig, war unamerikanisch, gehörte zum Erbe des linken Flügels, welches die führenden Intellektuellen nun schleunigst über Bord warfen. Klassenlosigkeit war Teil der offiziellen amerikanischen Ideologie geworden, und wer anders dachte, lief Gefahr, seine Dozenten-Stelle zu verlieren und keinen Verlag mehr zu finden. Es entbehrt nicht der Ironie, daß unser patriotisches Leugnen der Klassen eine der wenigen ideologischen Vorstellungen war, die wir mit kommunistischen Staaten gemeinsam hatten. Dort galt eine offene Erörterung von Klassen als Affront gegen den Kommunismus; in Amerika sah man darin eher einen – womöglich kommunistisch infizierten – Affront gegen die Demokratie.

Der Mythos der Klassenlosigkeit bedeutete für die amerikanische Soziologie ein Dilemma. Ungleichheit konnte man einerseits nicht leugnen, denn sie war ein Kernstück der Lehre, andererseits war es unmöglich oder zumindest unklug, das Thema frontal und entschieden anzugehen. In Soziologie-Lehrbüchern führte das zu einer grotesken Mischung aus intellektueller Unredlichkeit, Konfusion und Um-den-heißen-Brei-reden. Einmal hieß es, es gebe in Amerika keine Klassen, ein andermal, es gebe sie zwar, aber nur schemenhaft und keineswegs eindeutig, und dann wieder, es gebe sie zwar, aber das sei schließlich gar nicht so schlimm. Einige Lehrbücher schafften es, alle drei Varianten gleichzeitig zu vertreten.

Besonders verbreitet war das Argument, an die Stelle der Klassen seien die »Rollen« einzelner getreten. So kam Roger Brown in dem häufig zitierten Lehrbuch *Social Psychology* 1965 zu dem Schluß: »In funktioneller Hinsicht sind Klassen nicht real.«[22] Wieso? Weil »Rollen« die einzigen »realen gesellschaftlichen Kategorien« sind, Rollen wie z. B. männlich und weiblich, Ehemann und Ehefrau, Kind und Erwachsener, Arzt und Krankenschwester – eine Liste, die feministisch orientierten Lesern reichlich redundant vorkommen dürfte. Wenn der Beruf eine »Rolle« war, spiegelte die Tatsache, daß es Hausmeister und Bankdirektoren gibt, womöglich nichts weiter als die Berufswünsche der Betreffenden wider.

Die meisten Einführungen in die Soziologie zwischen 1950 und etwa 1965 waren jedoch ambivalenter, was die Existenz von Klassen angeht. In ihrem Lehrbuch *Sociology* aus dem Jahre 1964 führen William F. Ogburn und Meyer F. Nimkoff den Begriff Klasse in einem dogmatischen und zugleich geradezu metaphysischen Ton ein:

> Neben den Kategorien von Alter und Geschlecht, in denen der Einzelne plaziert wird, wird er bei seiner Geburt einer bestimmten gesellschaftlichen Klasse zugeordnet. Darunter verstehen wir eine von zwei oder mehr umfassenden Gruppen von einzelnen, die von den Mitgliedern der Gemeinschaft in einen gesellschaftlich überlegenen oder unterlegenen Rang eingestuft werden.[23]

Eine reichlich gewagte These. Nicht nur wird der einzelne ins männliche oder weibliche Geschlecht »plaziert«, er wird auch als überlegen oder unterlegen eingestuft. Warum eigentlich und von wem? Das Passiv verrät nichts und läßt den Studenten darüber rätseln, ob die Einstufung von derselben unsichtbaren Hand vorgenommen wird, die auch das Geschlecht zuweist. Kaum hat man dieses schreiende Unrecht verdaut, wird in Fettdruck versichert, daß

»im schnellen Wandel des Lebens in den Städten im heutigen Amerika die traditionellen gesellschaftlichen Klassen nicht existieren bzw. nur unvollständig entwickelt sind.« Blättert man um, so feiern die Klassen fröhliche Urständ, und die Autoren liefern einen Katalog aller bekannten Unterschiede zwischen den Klassen der amerikanischen Gesellschaft – upper, middle and lower class.

Eine andere Theorie räumte zwar ein, daß es früher vielleicht Klassen gegeben habe, doch hätten sich diese mittlerweile im warmen Bad des Wohlstands aufgelöst. Laut Arnold W. Greens *Sociology* »kommt der entscheidende Übergang zur ›klassenlosen Gesellschaft‹ nicht mit dem marxistischen Dogma, sondern wenn der kapitalistische Markt sich auf die große Zahl einstellt ... Wenn General Motors für jeden Geldbeutel Autos mit ähnlichem Design anbietet, zeigen sich gesellschaftliche Privilegien nur noch in Form minimaler Unterscheidungsmerkmale.«[24] Nach dieser Reduktion von Klasse auf die Optionen hinsichtlich des individuellen Kraftfahrzeugs packt den Autor aber doch der Zweifel, und alsbald verwirft er »den amerikanischen Mythos der Gleichheitsdoktrin.« Zwar sei »in den Vereinigten Staaten die Überzeugung weit verbreitet, daß die Klassengrenzen in Amerika nicht so scharf sind wie in England oder Europa«, doch der Student wird belehrt, »daß es in den Industrieländern keine signifikanten Unterschiede in der gesellschaftlichen Mobilität gibt«.

Doch bei aller Ambivalenz hinsichtlich der Existenz von Klassen – oder vielleicht auch Angst, als Anhänger einer »marxistischen« Ideologie zu gelten – waren die Soziologen nicht bereit, beim Kategorisieren der amerikanischen Gesellschaft auf das nützliche Instrument Klasse zu verzichten. Die meisten Lehrbücher vertuschten zunächst die Existenz der Klassen, nur um gleich anschließend die wichtigsten Klassen der amerikanischen Gesellschaft zu beschreiben, eine Beschreibung, die unweigerlich schmeichelhaft für die Mittelklasse ausfiel, der sich die Soziologen selbst zurechneten.

Als kennzeichnend für die »Unterschicht« – eine Kategorie, der noch bis zum Ende der sechziger Jahre unterschiedslos vom Landstreicher über den Gelegenheitsarbeiter aus dem Elendsviertel bis zum gewerkschaftlich organisierten Arbeiter so gut wie jeder angehörte – galten Disziplinlosigkeit und Mangel an Voraussicht. Die Schlimmsten »gehen geschickt jeder Arbeit, Verantwortung und den Folgen für morgen aus dem Wege. Ihr Leben besteht aus Trinken, kurzlebigem Hedonismus, sexueller Freizügigkeit, Gewalt und der Straße.«[25] »Das Überich (Gewissen)«, erfahren wir dagegen 1957 in dem Lehrbuch *Society and Culture,* »ist in der Mittelschicht im allgemeinen stärker ausgeprägt, denn dort findet man »mit sich identische Persönlichkeiten«, »weniger Straffälligkeit und offenen Konflikt mit der Gesellschaft«, »mehr Triebhemmung« und »weniger bewußte Unzufriedenheit«.[26]

Die betrübliche Tatsache, daß »die Unterschicht« womöglich tatsächlich Not litt, wurde allenfalls erwähnt, um das Sich-vorm-Arbeiten-Drücken zu belegen. Greens Lehrbuch enthält ein ganzseitiges Foto einer alten Bettlerin – die an einer belebten Straße Akkordeon spielt –, doch die Bildunterschrift beruhigt den Leser: »Eine atypische Konfrontation, die heutzutage so veraltet ist wie ein Stich von Hogarth.« Ein Soziologiestudent aus der Mittelklasse konnte alles in allem leicht zu dem Schluß kommen, das Hauptproblem eines Angehörigen der Unterklasse sei seine Dummheit. »Sein Horizont ist begrenzt«, weiß Green, »und damit auch seine Fähigkeit, die Welt um sich zu verstehen.« Außerdem »kennen sich die meisten Angehörigen dieser Klasse in Fragen des guten Geschmacks und in den feineren Dingen des Lebens nicht aus und wissen nicht, daß ein imposantes Möbelstück und ein auffälliges Automobil nicht unbedingt auch als das beste gelten.«[27]

Natürlich gab es in der Soziologie auch eine radikale Tradition, vertreten u.a. durch Alice und Robert Lynd, in der man begriff, daß Fragen des Geschmacks in Wirklichkeit klassenspezifisch sind und daß die Vorlieben der Mittelklasse keinen absoluten ästhetischen Maßstab setzten. Doch die meisten Einführungen in die Soziologie – und darüber kam ein durchschnittlicher Collegestudent normalerweise nicht hinaus – stellten eine durch den Geschmack, die Urteile und Vorurteile der Mittelklasse geprägte, in sich geschlossene Welt dar.

## Das Elend mit dem Überfluß

Der Überfluß, der eigentlich zum Verschwinden der Klassenunterschiede führen sollte, schien nun selbst zum Problem zu werden. Kurz bevor sie die Armut entdeckten, erkannten die ersten Kommentatoren aus der Mittelklasse den materiellen Überfluß in Amerika als erdrückend schwere Last, die sich lähmend auf das allgemeine Lebensgefühl legte. »Ständig wird erwartet, daß man konsumiert, aufnimmt und mitmacht – durch Augen, Ohren und Mund und per Post,«[28] schrieb der Essayist Herbert Gold nur halb im Scherz, »ein grausamer Druck auf Magen, Kreislauf und Seele, wie es ihn in der Geschichte bisher noch nie gab. Wir werden gnadenlos beglückt und ersticken in kulturellen und materiellen Genüssen.«

Anfang 1964 rief Präsident Johnson zum *War on Poverty* auf. Viele Intellektuelle befürchteten nicht etwa ein Scheitern dieses Kampfes, sondern vielmehr eine Ausweitung des Überflußproblems. Eric Goldman, Johnsons »Berater für Grundsatzfragen«, fragte eine Reihe von Intellektuellen, welche »generelle Richtung« die neue Regierung einschlagen sollte. Norman Podhoretz, Chefredakteur von *Commentary,* wünschte sich »eine geistige Revolution ..., um mit Überfluß und Automation fertig zu werden.«[29] Barbara Tuchman forderte eine Verlagerung der Schwerpunkte »vom Materiellen zum Moralischen.« Robert Heilbroner empörte sich darüber, daß man »unablässig aufgefordert wird, in dem Stil zu essen, zu rauchen, Auto zu fahren, sich zu kleiden und zu leben, den die ›Alltagsdramaturgen‹ der Fernsehwerbung anpreisen.« Richard Rovere prangerte »die Herstellung, den Vertrieb und den Verbrauch von Schund« an, von »Schrott in der Architektur und Landschaftsgestaltung, ... im Bildungswesen und im Denken.« Er warnte, der Sieg über die Armut würde womöglich nur »ödes Mittelmaß und Phantasielosigkeit auch noch in die Elendsregionen Amerikas tragen.« Wäre es am Ende menschenfreundlicher, am »natürlichen« Zustand der Armen gar nicht erst zu rütteln?

Der Überfluß war auch deshalb eine reizvolle Zielscheibe der Entrüstung, weil man so über Reichtum sprechen konnte, ohne über Klassen sprechen zu müssen. Hätte man den Reichtum an sich als Problem bezeichnet, hätte man auch sagen müssen, um *wessen* Reichtum es geht. Reichtum ist Eigentum, er gehört jemandem. Überfluß, nicht gebunden an bestimmte Personen oder Gruppen, lag in der amerikanischen Luft, wie ein dichter, betäubender Dunst, von dem man nicht wußte, wo er herkam und was man dagegen tun konnte. Diesen Überfluß konnte man angreifen, ohne den Eindruck zu erwecken, die Wertvorstellungen einer businessorientierten Gesellschaft wären in Gefahr.[30] Überfluß war ein politisch harmloses Ziel mit snobistischem Beigeschmack. »Heckflossen verurteilten die am schärfsten«, merkte der Historiker Stephan Thernstorm an, »deren eigenes spartanisches Fortbewegungsmittel ein Porsche war.«[31]

Aber der Widerwille gegen den Überfluß beschränkte sich keineswegs auf ein paar satte Intellektuelle auf der Suche nach einer sozialen Aufgabe bzw. – was oft auf dasselbe hinausläuft – nach einem Thema für einen Artikel. Gegen Ende der fünfziger Jahre häuften sich die Anzeichen, daß immer mehr Menschen, die inzwischen »alles hatten« – Haus und Zweitwagen, Kinder und Dutzende blitzblanker Haushaltsgeräte –, ängstlich und unzufrieden wurden. Angestellte lasen (oder lasen etwas über) William H. Whytes Buch *The Organization Man* und stellten den »erbarmungslosen Konkurrenzkampf« und Konformitätsdruck in der Wirtschaft in Frage, bei dem einem vorgeschrieben wurde, was man sich zu trinken bestellte (Martini, sehr trocken) und welchen Anzug man trug (grauer Flanell). Umfragen brachten zutage, daß Hausfrauen sich in ihren schön möblierten, voll elektrifizierten Bungalows langweilten und sich isoliert fühlten. In Pacific Palisades, einem herrlich gelegenen Vorort von Los Angeles, wo ich 1959 als Teenager lebte, webte eine Nachbarin plötzlich bunte Wandbehänge und hörte Folk. Eine andere, die sich als Erwachsene fast nur noch in Kochbücher und Sears-Versandhauskataloge vertieft hatte, las jetzt Thoreau.

Die einzigen, die aus ihrem Widerwillen gegen die Massenkultur heraus auch handelten, waren die Beatniks. Die meisten waren Männer, die ohne Abschluß vom College gegangen waren oder eine belanglose Arbeit aufgegegeben hatten; jetzt widmeten sie sich in einer schäbigen Wohnung der Lyrik, kultivierten Freundschaften und suchten ekstatische Erkenntnis. Die Beatniks waren die wahren Radikalen der fünfziger Jahre, nicht im üblichen politischen Sinn, sondern wegen ihrer grundsätzlichen Kritik am verzweifelten Materialismus der Amerikaner. Wahrscheinlich gab es in den billigen Wohngegenden von Manhattan, San Francisco und Los Angeles insgesamt nur etwa tausend echte Beatniks à la Kerouac, aber die Amerikaner waren von ihnen so fasziniert, als handle es sich um eine Massenbewegung. 1958 und 1959 stellten *Life, Time* und *Playboy* sie in Titelgeschichten vor. Es war unübersehbar, daß Amerika endlich Rebellen hatte, die sich der Forderung der Konsumgesellschaft zu widersetzen wagten, »daß man Produziertes verbrauchen soll und daher arbeiten muß, um überhaupt konsumieren zu dürfen, das ganze Zeug, das sie eigentlich gar nicht haben wollten, ... gefangen in einem System von Arbeit, Produktion, Verbrauch, Arbeit, Produktion, Verbrauch.«[32]

Die meisten Amerikaner der Mittelklasse drückten ihren Überdruß aber viel weniger artikuliert und bewußt aus; sie versuchten ihren Körper zu verändern. Der Überfluß – dieses Gewicht, das auf dem menschlichen Geist lastete und in der schieren Masse der Dinge Ausdruck fand, die eine Familie am Stadtrand mittlerweile für Komfort und Status einfach brauchte – zeigte sich auch im schieren Gewicht des Leibes. Der Historiker Hillel Schwartz hat festgestellt, daß sowohl die Zahl der Menschen, die meinten, sie hätten Übergewicht, als auch die Zahl derjenigen, die eine Diät machten, in den fünfziger Jahren rapide in die Höhe schoß. Zum großen Geschäft wurde Diätnahrung 1959, als die Firma Mead Johnson and Company den ersten großen Werbefeldzug für Metrecal startete. Das erste Programm für Gruppendiät, TOPS *(Take Off Pounds Sensibly)* hatte schon 1948 angefangen. 1960 kam *Overeaters Anonymous* dazu, 1961 *Weight Watchers*. Nicht alle verfielen dem Diätwahn, schon gar nicht diejenigen, für die Hungern nicht die Verheißung einer zukünftigen schlanken Linie war, sondern eine alltägliche Gefahr. Wer eine Diät machte, war damals genau wie heute gewöhnlich wohlhabend und gebildet.[33] Schwartz zitiert eine Untersuchung von Vance Packard aus dem Jahre 1962, derzufolge selbst Männer, die lediglich »füllig« waren, »in den größeren Chefetagen immer seltener« wurden.[34]

Angeblich ging es beim Diäthalten natürlich immer um Schönheit und Gesundheit. Niemand stellte in Frage, daß extrem Schlanke länger leben. Heute wissen wir, daß Abnehmen zwanghaft werden kann, wie die pathologischen Extreme Anorexie und Bulimie belegen (beide Störungen gab es auch schon in den fünfziger Jahren, nur waren sie noch nicht als »Krankheiten« erkannt). Die Frau, oder manchmal auch der Mann, der zum Frühstück eine halbe Grapefruit aß, mittags Quark und zum Abendessen Hähnchenbrust ohne Haut, wehrte sich – wahrscheinlich unbewußt – gegen eine Kultur, die selbst bei völliger Sättigung zum Konsum aufforderte. Diät halten bedeutete, die Kontrolle zu behalten und angesichts mächtiger Einflüsse von außen die eigene Würde zu wahren. Schwartz meint:

> Während der Weltwirtschaftskrise und im Kalten Krieg projizierten die Amerikaner ihre eigenen Ängste vor dem Überfluß, ihre Verunsicherung angesichts einer Welt, die so viel zu bieten und so wenig zu garantieren schien, auf die Dicken.[35]

In der verunsicherten Mittelklasse fragte man sich nicht nur ständig, wieviel man aß, sondern auch, was man aß. Die Angst vor Erkrankungen der Herzkranzgefäße – die man fälschlich für typische Krankheiten der Mittelklasse und insbesondere der Manager hielt – erreichte ihren Höhepunkt in den frühen sechziger Jahren. Als Risikofaktoren galten Rauchen, Streß und zu wenig Bewegung. Ehefrauen drohe die Witwenschaft, falls sie ihren Männern zum Abendessen zu viel gesättigte Fette verabreichten. In den Speisesälen der Vorstände waren fett- und kalorienarme Gerichte im Kommen. »Ungesättigtes« Speiseöl war der Hit. Als wäre der Überfluß zu einem einzigen Stoff geronnen, zu gesättigtem Fett, einem selbst bis zum Überdruß übersättigten Fett.

Zu all dem Ärger mit dem Überfluß kam z. B. auch noch die

Sorge mit dem Kommunismus. Einerseits schien der Überfluß die Sowjets endgültig widerlegt zu haben, wie Nixon Nikita Chruschtschow klar machte. *Life* bekräftigte die These oft und gern mit Bildern fülliger russischer Straßenkehrerinnen, die keinen Lippenstift trugen. Zu einem Leben ohne eigenes Auto, Tiefkühltruhe und bügelfreie Textilien verdammt, wirkten die Russen jämmerlich, praktisch wie Leibeigene. Andererseits war ihr Mangel an Konsumgütern auch beunruhigend. Waren die Amerikaner vielleicht durch den Überfluß schon gefährlich verweichlicht, während die Russen noch die Kraft besaßen, mit der täglichen Not fertigzuwerden? 1957 bestätigte der Sputnik den Verdacht, daß die Russen sich zielbewußt und diszipliniert nach vorne arbeiteten, während die Amerikaner »vollgefressen benommen herumtaumeln.«[36] »Rußland«, stellte Schlesinger 1960 streng fest, »gleicht seine geringere Jahresproduktion durch ein klareres Bewußtsein nationaler Ziele mehr als aus.«[37]

Auch hinsichtlich der Wertvorstellungen konnten wir mit den Russen nicht ernsthaft konkurrieren. Zwar huldigten sie einem »gottlosen Materialismus«, aber Amerika hatte, wie Schlesinger feststellte, auch nicht mehr zu bieten als einen »göttlichen Materialismus«. »Solange der Supermarkt unser Tempel und ein geträllerter Werbespot unsere Litanei ist«, hatte Adlai Stevenson gewarnt, »wird sich die Welt für Amerikas hehre Ziele und unsere Lebensweise wahrscheinlich nicht begeistern.«[38]

Zudem trug der Überfluß auch noch die Schuld an der Krise der Männlichkeit, welche die Amerikaner der Mittelklasse Ende der fünfziger Jahre erfaßte. »Die Konsumkultur, in der man die Angst vor der bedrohlichen Freizeit durch unentwegtes Konsumieren überwindet, vernichtet die Männlichkeit der Männer und die Weiblichkeit der Frauen«, klagte der Essayist Henry Gold.[39] Er belegte seine These mit Männern, die sich Kölnisch Wasser, und Frauen, die sich Herrenhemden kauften, doch derartige androgyne Ausrutscher waren nur die Spitze des Eisbergs. Für die Generation der Männer, die im Zweiten Weltkrieg als Soldaten gekämpft und sich als Arbeitersöhne hochgearbeitet hatten, stellte der Überfluß eine unerwartete Bedrohung ihrer Männlichkeit dar. Einkaufen gehörte schließlich zur traditionellen Domäne der Frau, und mit zunehmender Bedeutung des Konsums wuchs auch die Bedeutung der Frau. Der Mann verdiente zwar das Geld, aber im großen und ganzen bestimmte die Frau, wie es ausgegeben wurde. Die Werbung für teure Konsumgüter richtete sich an die Frauen. In ihren Häusern am Stadtrand, den Tempeln des Konsums, waren die Frauen die Priesterinnen und der Mann der Ministrant.

Nun hätte allerdings sicher niemand behauptet, Männlichkeitskrise und Kalter Krieg seien die Ursache des Konsumüberdrusses gewesen. Durch sinkende Gehälter hätten sich die Männer bestimmt in ihrer Männlichkeit weit stärker bedroht gefühlt als durch steigende. Und die Russen hätten nur um so bedrohlicher gewirkt, hätten sie nicht nur über Panzer und Satelliten, sondern auch noch über Grillherde und Hifi-Anlagen verfügt. Im Spiel war noch etwas anderes.

## Die Quellen der Angst

In der Frage, wann der Siegeszug der Konsumkultur in Amerika begann, sind die Historiker geteilter Meinung. Die einen sagen, es war in den zwanziger Jahren, als die Werbebranche wichtig wurde und die Amerikaner sich Radios kauften, um Reklame zu hören, und Autos, um zum Einkaufen zu fahren. Die anderen meinen, es war gegen Ende des 19. Jahrhunderts, als in den Großstädten die ersten Kaufhäuser auftauchten und eine Schicht reicher, müßiger Amerikanerinnen, die dort einkauften. Unstrittig ist, daß in den Jahren nach dem Zweiten Weltkrieg die Konsumkultur quantitativ allen anderen Formen der Kultur allmählich den Rang ablief. Das Netz der Highways wuchs und mit ihm der Trend, aus der Stadt wegzuziehen. Das Leben am Stadtrand erwies sich als aufwendiger als das frühere Leben in einer bescheidenen Stadtwohnung. Im Fernsehen erfuhr man, was man kaufen mußte. In der sinnentleerten Freizeit im Gefolge sinnentleerter Arbeit wurde Kaufen selbst zum Way of Life.

Für viele schienen die Mittel dazu ein bißchen zu schnell und zu leicht gekommen zu sein. Die Verwüstungen in Deutschland, Japan und in der Sowjetunion garantierten die industrielle Vormachtstellung Amerikas und damit steigende Löhne und Gehälter für gewerkschaftlich organisierte Arbeiter und für das wachsende Heer der Manager und Freiberufler. Der Staat trug durch Straßenbau, Vergünstigungen beim Immobilienerwerb und Stipendien für ehemalige Soldaten zu dieser Entwicklung bei. Für Menschen, die in einer Welt aufgewachsen waren, in der das Geld gerade noch für ein Glas Bier nach der Arbeit und ein Eis am Samstag reichte, kam der Überfluß einfach zu schnell. »In den späten vierziger und in den fünfziger Jahren war es nicht leicht, wirtschaftliche Not zu erleben«, meinte Herbert Gold, »und für jemand, der eine Ausbildung hatte, war es schwer, keinen Erfolg zu haben.«[40]

Gleichzeitig versuchte die Geschäftswelt ganz gezielt, die Amerikaner von ihrer altgewohnten Sparsamkeit und Unabhängigkeit abzubringen. William H. Whyte zitiert folgenden Rat eines »Motivationsforschers« für Geschäftsleute:

> Wir stehen heute vor dem Problem, einen Durchschnittsamerikaner sich auch dann noch moralisch im Recht vorkommen zu lassen, ... wenn er Geld ausgibt statt es zu sparen, wenn er zweimal im Jahr Urlaub macht und einen Zweit- oder Drittwagen kauft. Eines der Grundprobleme des Wohlstands ist es also, den Menschen klar zu machen, daß eine hedonistische Lebenseinstellung nicht unmoralisch, sondern moralisch ist.[41]

Der Historiker David M. Potter stellte mit einiger Bestürzung fest, daß 1951 in Amerika – auf jede Familie bezogen – für Werbung 199 Dollar ausgegeben wurden, für das öffentliche Bildungswesen hingegen 152 Dollar.[42] »Gewiß bedeutet es einen tiefgreifenden gesellschaftlichen Wandel«, bemerkte er, »wenn solche Riesensummen nicht für die Vermittlung von Überzeugungen und Einstellungen aufgewendet werden, die gesellschaftliche Werte darstellen, sondern für die Stimulierung oder gar Ausbeutung materialistischer Bedürfnisse.«[43]

Gar nicht so selten konnte man daher Amerikaner sagen hören, sie hätten irgendwie das Gefühl, »hereingelegt« worden zu sein; sie kauften Sachen, die sie nicht unbedingt brauchten und bezahlten dafür mit Arbeit, die ihnen keinen richtigen Spaß machte. Außerdem versprach die Anhäufung von Besitztümern, welche den Lebensstil der Mittelklasse definierte, nicht unbedingt »Hedonismus«. Waschmaschine, zweitüriger Kühlschrank und Möbelgarnituren erleichterten zwar vielleicht die Hausarbeit und erhöhten den Status, aber wo blieb der Spaß? Selbst das Auto, angepriesen als Freibrief zum Abenteuer und Garant von Sexappeal, wurde schnell zum Gebrauchsgegenstand, wie Haushaltsgeräte. Albert O. Hirschman, ein Wirtschaftswissenschaftler, vertritt folgende These: »Konsumgüter erzeugen leicht ein unbestimmtes Gefühl der Enttäuschung, besonders wenn sie in einer Gesellschaft erstmals weite Verbreitung finden.« Dies gilt vor allem für langlebige Gebrauchsgüter, weil sie einen ständig daran erinnern, »daß diese Besitzstücke das erhoffte persönliche Glück nicht gebracht haben.«[44] Wer geglaubt hatte, die Auslegeware oder die Fernsehtruhe aus Walnuß würde sein Leben ändern, wie es die Werbung versprach, hatte die Enttäuschung Tag für Tag vor Augen – Rückstände des Ehrgeizes, der Hoffnung und der Mühe, erstarrt zu faden, leblosen Objekten.

Selbst die Marktschreier des Konsumrauschs, die Werbeleute, spürten eine gewisse Malaise. Auf der Madison Avenue sprach man besorgt vom »Kreativitätsproblem«. Die Werbung setzte mittlerweile »auf Sicherheit und war langweilig, ohne Witz und Niveau«, wie der Historiker Stephen Fox sagte.[45] Zigarettenreklame hieß: eine einsame Schachtel und daneben eine körperlose Hand. Waschmaschinenreklame zeigte die Waschmaschine und manchmal auch eine vorbildliche muntere Hausfrau. Eine ganzseitige Reklame für Admiral-Fernseher in den frühen sechziger Jahren zeigte vor einem schwarzen Hintergrund drei Fernsehgeräte, deren graue Bildschirme einen blöde anglotzten. Als kreativer Triumph mußte der Hathaway-Mann herhalten, dessen Augenklappe Abenteuer verhieß, die einem normalen Sterblichen mit seinem normalen Hemd verschlossen blieben. Ein Manager der Werbeagentur BBDO erklärte die Malaise zum Teil damit, daß die Werbeleute in der Atmosphäre des Überflusses selbst den ursprünglichen Biß verloren hatten.

> Der Kreative hat den Biß verloren, seine Augen leuchten nicht mehr. Der Erfolg hat ihn verbindlich, gefügig und vorsichtig gemacht … Er ist ins Grüne gezogen und hat sich ein Boot gekauft, das er auf keinen Fall kentern lassen will![46]

Lag es vielleicht auch daran, daß die erotischen Möglichkeiten einer Schachtel Lucky Strike oder eines neuen Elektroherds ihn einfach nicht inspirierten?

Niemand war von den Waren, die den Überfluß definierten, enttäuschter als die Intellektuellen der Mittelklasse. Mit einem gewissen Unbehagen spürten sie, daß die Ausbreitung des Wohlstands ihr eigenes traditionelles Sozialprestige im Vergleich zu Angestellten und sogar Arbeitern untergraben könnte. Der Abstand zwischen dem Einkommen eines Freiberuflers oder Managers und dem eines Arbeiters blieb in den fünfziger Jahren zwar nahezu unverändert,[47] doch halb Amerika brüstete sich damals mit der Behauptung, eine am Reißbrett geplante Stadt wie Levittown auf Long Island ermögliche es einem Industriearbeiter, neben einem Professor zu wohnen, ohne daß man den Unterschied am Haus, am Rasen oder am Auto erkennen könnte. Das war, je nach Standpunkt, Demokratie oder der Gipfel des Konformismus.

Wie war ein höherer Status darstellbar, wenn so viele Menschen Zugriff auf die breite Palette der Konsumgüter hatten? In einem satirischen Essay schlug Russell Lynes, Sozialhistoriker und Chefredakteur von *Harper's,* vor, »sich deutlich mehr Bücher zuzulegen als die anderen, ein paar Zeichnungen und ein oder zwei Gemälde … und vielleicht auch ein Mobile.«[48] Man konnte auch den *New Yorker* auf den Couchtisch legen, den Fernseher aus dem Wohnzimmer verbannen, zum Essen Wein servieren und dem Book-of-the-Month-Club beitreten. Die Soziologen hatten recht: In einer Gesellschaft, in der die meisten Güter Massenware sind, »wird Privileg zu einer Frage feinster Abstufungen.« Einen eigenen Markt für Nobelprodukte wie maßgeschreinerte Möbel und Nobelmarken für Haushaltsgeräte für Kunden, die mittels ihrer Besitztümer eine klare Statusaussage treffen wollten, gab es damals noch nicht. In den fünfziger Jahren konnten die Besitztümer einer Durchschnittsfamilie eigentlich nur melden: »Wir auch!« – was diejenigen, die sich irgendwie für etwas besseres hielten, zu traurigem Schweigen verdammte.

## Feminismus und »fortschreitende Demoralisierung«

Für die Nachdenklichen war nicht die Fülle der Konsumgüter das Schlimmste am Überfluß, sondern seine Auswirkungen auf das Bewußtsein der Menschen. »Wenn eine Gruppe entweder befriedigt oder erschöpft ist«, warnten Riesman und Glazer 1955, »wenn sie – egal aus welchem Grund – keine Forderungen mehr stellt, dann hat sie den Elan verloren, der neue Kräfte ins Spiel bringt.«[49]

Das härteste Urteil über die Auswirkungen des Überflusses auf die Mittelklasse kam aber aus einer Ecke, aus der man es nicht vermutet hätte – aus Betty Friedans *Der Weiblichkeitswahn*. Feministische Kritikerinnen haben Betty Friedan oft vorgeworfen, es gehe ihr darin nur um die Frauen der Mittelklasse. Selbst wenn dem so ist, erkennt man im Rückblick eine neue Dimension: Im *Weiblichkeitswahn* wird die Mittelklasse an ihrer Ehre gepackt – nur zufällig geht es dabei um Frauen.

»Alle gesellschaftlichen Klassen«, stellte Russell Lynes fest, »sind durch eine senkrechte Linie geteilt, die ein soziales Spannungsfeld bezeichnet, und zwar unabhängig davon, ob wir Amerika für klassenlos halten oder nicht. Diese Linie verläuft zwischen Männern und Frauen.«[50] Für die Arbeiterklasse galt dies weniger, weil dort Mädchen wie Jungen für ein Leben körperlicher (oder jedenfalls wenig qualifizierter) Arbeit erzogen wurden. Die Jungen wurden später bestenfalls Facharbeiter, die Mädchen arbeiteten in Leichtlohngruppen, im Büro oder im Haushalt. Niemand erwartete Eigeninitiative oder Bestimmung der Arbeit anderer von ihnen. Ein Arbeiterkind hatte sich in einer dinglichen Welt zu behaupten, ob es sich nun um Schrauben und Schraubenschlüssel handelte oder um schmutziges Geschirr und Staubsauger.

In der neuen Mittelklasse dagegen glich die Barriere, von der Lynes spricht, der Berliner Mauer. Der Nachwuchs beiderlei Geschlechts wurde zunächst auf einen Bildungsweg geschickt, der von der Konzeption her mit einem Akademiker- oder Managerberuf endet. Schon damals gingen immer mehr Mädchen zusammen mit den Jungen aufs College; auch machten viele den Abschluß.[51] Aber kaum waren sie erwachsen, tat sich eine tiefe Kluft auf. Die Männer ergriffen die Berufe, für die sie ausgebildet worden waren, die Frauen wurden größtenteils Hausfrauen – genau wie die Frauen der unteren Klassen.

Da es kaum Hausangestellte gab, verschärfte sich der fast klassenartige Gegensatz zwischen Männern und Frauen dieser Schicht noch weiter. Seit Beginn des Jahrhunderts beschäftigte man immer weniger Domestiken, teils weil Frauen aus armen Verhältnissen lieber in die Fabrik gingen, wo sie vergleichsweise freier waren, teils weil die Frauen der Mittelschicht ein Familienethos entwickelt hatten, demzufolge Hausarbeit und Kindererziehung als zu wichtig und zu anspruchsvoll galten, als daß man sie Angehörigen der unteren Klassen hätte überlassen können. Aber diese Ideologie – das schöne Heim als Wirkungsstätte, die Hausfrau als eine Art Freiberuflerin – konnte, so unermüdlich das *Ladies' Home Journal* sie auch propagierte, über den täglichen Umgang mit Abwasch und Wäsche, Socken und Kloschüsseln nicht hinwegtäuschen. Bestimmte der Mann die Arbeit von anderen (Tippen, Transportieren, Bauen), so verbrachte seine Frau den Tag mit Arbeiten, deren Notwendigkeit ihm an seinem Arbeitsplatz allenfalls bewußt geworden wäre, wenn die Hausmeister gestreikt hätten. Nicht ohne Grund ist die engagierteste Frauenbewegung der Welt in Amerika entstanden: Die Vereinigten Staaten waren fast das einzige Land, in dem man in der (im Weltmaßstab reichen) Mittelklasse ganz selbstverständlich die eigenen Frauen als Hausangestellte beschäftigte.

In mancher Hinsicht war das die reinste Verschwendung. Zum einen ist es bedeutend kostspieliger, einer Ehefrau den Lebensstandard der Mittelklasse zu bieten als einem Dienstmädchen den Lohn zu bezahlen, der ihrer gesellschaftlichen Klasse entspricht. Allein die Tatsache, daß so viele Männer sich diesen Luxus leisten konnten, zeigt den Reichtum der Mittelklasse um die Jahrhundertmitte, als ein Einkommen (das des Mannes) noch ausreichte, um einer Familie durchschnittlichen Komfort zu bieten. Und gesellschaftlich gesehen war es ein gefährlicher Luxus, wenn 60 % der Frauen mit Collegestudium die Romanistik oder die anorganische Chemie sausen ließen und statt dessen am Wickeltisch und in der Küche werkelten.[52] Wer sich zur »Frauenfrage« äußerte, quälte sich mit der Vorstellung, daß die Russinnen »in Bratsk einen riesigen Staudamm und ein Wasserkraftwerk bauen.«[53] Das war doch wirklich etwas ganz anderes als im reichen Westchester County einen Couchtisch auf Hochglanz polieren. Bis weit in die sechziger Jahre wurde auch die Möglichkeit diskutiert, Hochschulbildung nicht mehr an junge Frauen zu verschwenden, sondern sie der Einsicht entsprechend auszubilden, daß ihre Arbeit als Erwachsene eher der von Frauen aus der Unterschicht gleichen würde als der von Männern aus der Mittelschicht.

Friedan trat natürlich für die Chancengleichheit für Frauen der Mittelklasse ein. Wollten sie mit entsprechender Ausbildung »hinaus ins feindliche Leben«, so war das ihre Sache. Die Hausarbeit, die nach Betty Friedans Meinung wenig Intelligenz erfordert und »den Fähigkeiten geistig etwas zurückgebliebener Mädchen besonders entgegenkommt«, konnte man einem Dienstmädchen überlassen.[54] Nach ihrer Analyse bestand die einzige echte ökonomische Funktion einer Hausfrau der Mittelklasse im Konsumieren. Dabei handelte es sich aber nicht um eine »traditionelle« Rolle, sondern um eine Notwendigkeit der gefräßigen Konsumkultur, die einfach darauf angewiesen ist, daß sich die eine Hälfte der erwachsenen Bevölkerung nicht auf einen nützlichen Beruf spezialisiert, sondern aufs Einkaufen. Friedan fragte:

> Warum wird niemals gesagt, daß die wirklich entscheidende Funktion, die wirklich wichtige Rolle, die die Frauen als

Hausfrauen spielen, darin liegt, daß sie immer mehr *Dinge fürs Haus kaufen?* ... Irgendwann muß irgendjemand darauf gekommen sein, daß Frauen mehr Dinge kaufen werden, wenn sie unterbeschäftigte, ewig von Sehnsucht erfüllte und mit überschüssiger Energie geladene Hausfrauen sind.[55]

Das Hauptargument dafür, Frauen in das Arbeitsleben zu drängen (Friedan sprach nicht davon, sie zu »befreien«, sie wollte, daß sie arbeiten), war, daß sie unter ihrem Zustand litten. Die gebildeten Hausfrauen, mit denen sie gesprochen hatte, schluckten Tranquilizer und hatten alle möglichen diffusen Leiden – die ratlosen Ärzte sprachen vom »Hausfrauensyndrom«. Wenn das so weiterging, drohte ihnen mit vierzig eine ernste Depression. Betty Friedan ging es aber nicht nur um die Frauen, sondern um die Zukunft der Mittelklasse überhaupt. Sie zeigte die »fortschreitende Demoralisierung« auf, die von den unterbeschäftigten Frauen auf ihre allzu behüteten Kinder übergriff, welche »beängstigende Passivität, Verweichlichung und Langeweile« an den Tag legten, »als ob sie neuerdings schlafwandelten«; sogar ihre »Muskulatur verkümmerte.« Wie sollten die Kinder dieser »infantilisierten« Mütter je in die Fußstapfen ihrer erfolgreichen, fleißigen Väter treten?

Offensichtlich hatten sie nicht das Zeug dazu. Riesman hatte in der Mittelklasse den »außengeleiteten« Menschen entdeckt. Friedan untersuchte die Familie, das Herzstück der Mittelklasse, und stellte Fäulnis fest. Das Heim, diese Senkgrube der Konsumwelt, war »ein gemütliches KZ« geworden und brachte Kinder hervor, die nur noch zu einem gedämpften Häftlingsdasein fähig waren. Eine Klasse, deren eine Hälfte Karriere machte, während die andere einkaufen ging, war auf die Dauer nicht lebensfähig. Zusammen mit der traditionellen Ungleichheit der Geschlechter ließ der Überfluß die Mittelklasse zu Schlafwandlern werden.

## Die Entdeckung der Armut

Die Entdeckung der Armut begann mit John F. Kennedys Reise durch Appalachia im Jahre 1960, bei der ihm klar wurde, daß doch manche Amerikaner, die weder Säufer noch schwarz waren, in Lumpen herumliefen und nicht wußten, wo ihre nächste Mahlzeit herkommen sollte. (Kennedy war allerdings nicht so beeindruckt, daß er seine im Grunde konservativen Vorstellungen vom Wirtschaftsleben geändert hätte.) Dann erschien 1962 Michael Harringtons Buch *Das andere Amerika. Die Armut in den Vereinigten Staaten.*[56] Trotz aller Eloquenz und Dringlichkeit zunächst ein Ladenhüter, wurde der Band zum Bestseller, als Dwight Macdonald ihn 1963 zusammen mit einigen anderen Büchern und Berichten über die Armut im *New Yorker* besprach. Bei der Lektüre entdeckten hunderttausende Amerikaner, darunter auch Präsident Kennedy, die Armut als einen weitverbreiteten Zustand. 1964 schließlich rief Präsident Johnson in seiner Rede zur Lage der Nation zum »bedingungslosen Kampf gegen die Armut« *(unconditional war on poverty)* auf. Schlagartig war die Armut an jedem Zeitungskiosk und in jedem Fernseher präsent.

Armut war das letzte, womit die Intellektuellen gerechnet hatten, als sie sich auf die Suche nach einem gesellschaftlich relevanten Thema machten. John Kenneth Galbraith hatte zwar 1958 in *Gesellschaft im Überfluß* festgestellt, daß es immer noch Armut gab, doch »kann die Armut kaum mehr als Massenübel hingestellt werden. Sie ist wohl nur noch eine Reminiszenz.«[57] Sogar für Dwight Macdonald, den ehemaligen Trotzkisten war es »schwer zu glauben«, daß – wie in *Das andere Amerika* nachgewiesen wurde – selbst beim Anlegen strengster Maßstäbe, fast fünfzig Millionen Amerikaner arm waren. »Wir scheinen plötzlich aus einem langen Schlaf erwacht zu sein«, schrieb er, und angesichts der Umstände, unter denen fast ein Viertel der amerikanischen Bevölkerung lebt, »reiben wir uns erstaunt die Augen.«[58]

Wenn die Armen erst »gefunden« werden mußten, fragt sich, wie sie ursprünglich »verlorengegangen« waren? Die in den dreißiger

Jahren unbestreitbare Armut war auch in den vierzigern noch deutlich sichtbar gewesen. Der entscheidende Faktor war vermutlich die Stadtflucht, die die Armen unsichtbar werden ließ. Zwischen 1950 und 1960 zogen in einer der größten Binnenmigrationen des 20. Jahrhunderts Millionen Amerikaner der Mittelklasse aus der Innenstadt an den Stadtrand. Hatten die Armen in der Stadt vielleicht nur ein paar Straßen weiter gewohnt, und waren Begegnungen häufig, so konnte sich die Mittelklasse in ihren monotonen Vororten leicht im Glauben wiegen, es gebe gar keine Klassen. Die Stadtflucht leistete der Egozentrik der Mittelklasse Vorschub; man schaute sich in der neuen Umgebung um und kam – reichlich kurzsichtig – zu dem Schluß, das sei Amerika.

Die Entdeckung der Armut beunruhigte aber nur in Maßen, denn der Mythos des universellen Überflusses war nicht zu erschüttern. Alle wichtigen Nachrichtenmagazine und Illustrierten versicherten ihren Lesern, im Weltmaßstab seien »unsere« Armen reich – eifrige Konsumenten wie jedermann. *Newsweek* berichtete, im krisengeschüttelten Harlan County »haben 88 % aller Familien einen Fernseher, 42 % ein Telefon und 59 % ein Auto«, während auf Manhattans Lower East Side »eine puertoricanische Familie, die von der Sozialfürsorge lebt, eine Stereoanlage abbezahlt.«[59] *U.S. News and World Report* fand den relativen Reichtum von Amerikas Armen so imposant, daß die Zeitschrift von »Armut« nur in Anführungsstrichen sprach und selbstgefällig anmerkte, die Armutsgrenze liege in Amerika mit 3.000 Dollar im Jahr für eine vierköpfige Familie höher als das mittlere Familieneinkommen in Rußland.[60]

Das Einzigartige und Beruhigende an der Armut in Amerika war jedoch, daß schnelle Abhilfe möglich schien. Der Überfluß schien zu gewährleisten, daß es für alle reichen würde. Die Armut wirkte wie eine marginale Abweichung; hatte man sie erst einmal erkannt, war sie schon so gut wie korrigiert. »Plötzlich scheinen wir über die Mittel zu verfügen, sie völlig abzuschaffen«, begeisterte sich Herman Miller vom Statistischen Bundesamt der USA.

*Time* spekulierte en passant sogar darüber, »wie die Gesellschaft wohl ohne die Armen wäre« – als ob »die Gesellschaft« nicht soeben über ein Jahrzehnt lang ganz gut zurechtgekommen wäre, ohne von ihrer Existenz zu ahnen. »Würden sie uns fehlen?« fragte die Redaktion. »Schließlich sorgen die Armen oft für fruchtbare politische Unruhe und sind ein nützlicher Stachel für ein träges Gewissen.«[61]

Die meisten Meinungsmacher allerdings fühlten sich berufen, sich diesem »schmerzlichen Paradox«, dieser Anomalie mitten im Überfluß, ohne Wenn und Aber zu stellen. Schon zu Beginn der sechziger Jahre hatte Arthur Schlesinger jr. feierlich festgestellt:

> Das Ziel, den materiellen Komfort und die Freizeit zu mehren, hat uns gewiß kein erfüllteres Leben beschert. Regt sich nicht schon die Sehnsucht nach Höherem? Wir sind ungewiß und doch voller Erwartung, beunruhigt und zuversichtlich, skeptisch und optimistisch zugleich. Wir sind an einem seltsamen und verwirrenden Punkt unserer Geschichte angelangt – einem Augenblick des Zweifels, der Spannung und der Erwartung. Es kommt einem so vor, als warteten immer mehr Amerikaner auf einen Fanfarenstoß.[62]

Hier war er nun endlich, der Fanfarenstoß: ein Problem, das den bislang unvergossenen Schweiß der Mittelklasse wert war. Albert O. Hirschman, ein Wirtschaftswissenschaftler, erinnert uns daran, daß schon einmal ein reiches Volk sich aus dumpfem Materialismus aufgerafft hatte, um sich einer offenbar hehreren Aufgabe zu stellen. Die lange Zeit des Friedens und Wohlstands vor dem Ersten Weltkrieg, schreibt er, erzeugte in Europa bei Mittelklasse und Oberschicht ein »Gefühl des Ekels vor bürgerlicher Ordnung, Sicherheit, Erwerbslust und Kleinlichkeit. Für diese Gruppen bedeutete der Krieg die Erlösung von Langeweile und Leere ... und die überfällige Rückkehr zu heroischen Taten und Opfern.«[63]

Die Entdeckung der Armut lieferte dem Liberalismus der Mittelklasse eine Aufgabe und eine Identität. Die aus dem New Deal stammenden »alten« linksliberalen Anliegen der Gewerkschaften und ihrer Klientel aus der Arbeiterklasse hatten nichts mehr hergegeben. Dank der Entdeckung der Armut konnte man sich etwas besseres auf die Fahnen schreiben als das harmlose Nachkriegsziel »Wachstum«. Ab sofort hatte der Linksliberalismus der Mittelklasse ein Anliegen; wer »für die Armen« war und sich ihretwegen Sorgen machte – und sei es auch noch so vage – galt jetzt als »Linksliberaler«.

Präsident Johnsons führender bestallter Armutsgegner Sargent Shriver geriet ins Heroische – bis hin zu mystischer Verzückung –, als er der Mittelklasse den Kampf gegen die Armut präsentierte. Die »höchste Dimension«, verkündete er dem amerikanischen Kongreß, sei »die spirituelle Dimension«; eine »Bewegung des Gewissens« solle es werden, »ein nationaler Akt der Sühne und der Demut, bei dem wir uns vor unserem Schöpfer zu Boden werfen.«[64] Bei seinen Sonntagsreden verschwand das objektive Armutsproblem manchmal fast hinter der hehren Aufgabe, es zu lösen. Das Problem, dem er sich von Amts wegen widmete, kannte Shriver nicht aus eigener Anschauung – er stammte aus einer wohlhabenden Familie und hatte in die Plutokratenfamilie der Kennedys eingeheiratet. Einem Mitarbeiter hatte er einmal gestanden: »Mit Geld kann ich einfach nicht umgehen. Es will mir einfach nicht in den Kopf, daß es wirklich einen Wert darstellt.«[65]

Eben weil er mit dem Faktor Geld, der die Armen am eindeutigsten von allen anderen unterscheidet, wenig anfangen konnte, war er vielleicht die Idealbesetzung für die Aufgabe, der Mittelklasse den Kampf gegen die Armut schmackhaft zu machen. Bei einem Vortrag an der Georgetown University in Washington meinte er, der »wahre Prüfstein« beim Kampf gegen die Armut werde nicht einfach sein, was dabei für die Armen erreicht wird, sondern ob dieser Kampf zu »Begegnung, Engagement und Erfüllung« bei der Mehrheit führte. »Begegnung, das Aufeinanderzugehen«, so versprach er, würde die Slums »verwandeln« und »uns allen einen neuen geistigen Reichtum gewähren, neben dem sogar der Überfluß Amerikas bescheiden wirkt.«[66]

Die meisten Amerikaner der Mittelklasse konnten zum Kampf gegen die Armut de facto wenig beitragen, vor allem, weil niemand die Wohlhabenderen zum perfekten »Akt der Sühne« aufrief, nämlich dazu, einen Teil ihres Reichtums an die Unterprivilegierten abzugeben. Dennoch führte die Entdeckung der Armut zu dem erfrischenden Gefühl, daß es etwas zu tun gab, das Energie und Engagement verdiene. Vor allem die College-Studenten waren aufgerufen, sich im Kampf gegen die Armut zu »engagieren«, indem sie den Kindern in den Slums Nachhilfeunterricht gaben und Sport mit ihnen trieben oder ehrenamtlich in diversen Wohltätigkeitsorganisationen mitarbeiteten.[67] Viele Tausende wurden aktiv, und selbst wer darauf verzichtete, hatte bald einen neuen Maßstab für den Wert derartiger mitmenschlicher Bemühungen: »relevant« mußten sie sein, und das hieß vor allem relevant für das Leben der Armen und der Randgruppen. Als ich selbst Studentin war, sahen und hörten wir die Armen eigentlich nicht, aber ihre Existenz bedeutete eine lautlose Frage an unsere Generation: Würden wir es fertigbringen, unsere Fertigkeiten für sie einzusetzen oder würde auch unser Dasein folgenlos um sich selbst kreisen wie das unserer Eltern?

Dennoch war die Frage berechtigt und wurde gelegentlich auch in den Medien gestellt, warum gerade Armut als Problem galt. Schließlich entstanden damals Bewegungen, wie die gegen die Atombombe, die Umweltzerstörung und die Rassentrennung. Die Armut war seit den vierziger Jahren immerhin im Rückgang, auch wenn die Statistiken immer noch zur Empörung Anlaß gaben. Die Armen – zugegebenermaßen eine äußerst heterogene Gruppe – hatten bestimmt nicht selbst auf sich aufmerksam gemacht.

Die legendäre Antwort lautete: Ein intellektueller junger Präsident bekam das Buch von Michael Harrington *Das andere Amerika,* das damals in aller Munde war, in die Hand. Und ein Volk, das um den Ermordeten trauerte, nahm die Mission auf. Die Bedeutung von Harringtons Buch ist natürlich nicht zu unterschätzen. Flüssig geschrieben und mit Leidenschaft vorgetragen, war es für viele Leser aus der Mittelklasse ein erster Blick in diese fremde Welt. Doch aus eben dieser Perspektive ist obige Erklärung auch eine außerordentlich selbstgefällige Antwort der Mittelklasse, da sie eine Auffassung von Geschichte zeigt, in der außer ein paar Gebildeten niemand handelt. (Und außer der Veröffentlichung oder Besprechung ihrer Bücher gibt es keine entscheidenden Taten.)

Dabei tat sich in Amerika Anfang der sechziger Jahre eine ganze Menge. Die Bürgerrechtsbewegung, die den Intellektuellen bei ihrer Suche nach einem Problem so peripher erschienen war, mobilisierte die Schwarzen und stellte die Herrschaft der Weißen in Frage. Bei den Bürgerrechtlern handelte es sich nicht um Vorzeigeobjekte der Journalisten. Sie drängten sich aktiv ins Gewissen der Nation. In Bussen und Restaurants setzten sie sich gegen die Rassentrennung zur Wehr, sie organisierten Boykotts und Streiks und griffen bereits 1961 und 1962 Diskriminierung im Beruf und auf dem Wohnungsmarkt an. Viele von ihnen waren zweifellos arm. Sie waren aber auch intelligent, mutig und voller Begeisterung. Ohne die Bürgerrechtsbewegung wäre die Armut gar nicht entdeckt worden bzw. es wäre bei einigen flüchtigen Überlegungen der Intellektuellen geblieben. Erst die Bürgerrechtsbewegung brachte den weißen Amerikanern die Armut dramatisch ins Bewußtsein. Das änderte auch die Beziehungen der weißen Mittelklasse zu eben dieser Bewegung nachhaltig – sie reagierte mit dem »Kampf gegen die Armut«.

Kennedy hatte in Bürgerrechtsfragen bekanntlich maßlos enttäuscht. Nixon hatte er nur um Haaresbreite geschlagen und konnte es sich nicht leisten, die Anhänger der Rassentrennung im Lager der Demokratischen Partei vor den Kopf zu stoßen. Doch als die Bürgerrechtsbewegung wuchs, konnte er auch deren Führer nicht mehr links liegen lassen, die mehr und mehr das Wahlverhalten von Schwarzen (und weißen Linken) beeinflußten. Frances Fox Piven und Richard Cloward haben die These vertreten, die Thematisierung der Armut sei sein Ausweg gewesen, um »den Forderungen der Bürgerrechtsbewegung auszuweichen, ohne die Unterstützung der Schwarzen zu verlieren.«[68]

In den Medien war der Unterschied gewaltig: Der Aufstand der Schwarzen war sichtbar und real, während die »Armut« künstlich und arrangiert wirkte. *Newsweek* präsentierte unter dem Motto »Auch die Verarmten sind Menschen« ein Rentnerehepaar, das mit der staatlichen Rente auskommen mußte, eine ledige Mutter von sechs Kindern im Puertorikanerviertel Spanish Harlem, eine völlig mittellose schwarze Familie auf dem Land in Georgia (»Als de

Löhne raufgingen, ham se einfach de Fabriken zugemacht«, wie *Newsweek* so schön zitierte), einen arbeitslosen Lagerarbeiter in Detroit, einen Penner in Los Angeles und einen leicht zurückgebliebenen, sicher arbeitsunfähigen jungen Mann aus Des Moines.[69] Zwar waren alle diese Menschen wirklich arm und hätten zumindest potentiell gemeinsame politische Forderungen stellen können, doch als sie »entdeckt« wurden, hatten sie nur zwei Dinge gemein: kein Geld und ein Foto in der Presse.

Vielleicht waren alles in allem die Armen für das Gemüt der weißen Mittelklasse weniger bedrohlich als die wachsende Bewegung der Schwarzen. *Black Pride* lag in der Luft, aber auf Armut konnte niemand stolz sein.[70] Sargent Shriver klagte über die Schwierigkeiten bei dem Versuch, die Armen zur Mitwirkung bei der Verbesserung ihres Schicksals zu bringen:

> Wenn man jemanden hinzuzieht und sie oder ihn in den Ausschuß beruft und sagt: »Sie vertreten hier die Armen«, was glauben Sie, passiert dann? Sie treten aus dem Ausschuß aus. Warum? Weil sie offensichtlich nicht als ›arm‹ abgestempelt werden wollen.[71]

*Kapitel 2*

# Die Mittelklasse in der Defensive

Die Intellektuellen der Mittelklasse hatten zwar gehofft, die sechziger Jahre würden eine ihren Begabungen angemessene Herausforderung darstellen, doch mit echtem Risiko hatten sie nicht gerechnet. Und doch hatten Mitte des Jahrzehnts viele von ihnen das Gefühl, bald ihren Job und vielleicht sogar ihren Beruf zu verlieren, fortgerissen in einem gewaltigen, unvorhergesehenen Wirbelsturm. Ein Bericht von Diana Trilling, Ehefrau des berühmten Literaturwissenschaftlers und Kulturkritikers Lionel Trilling von der Columbia University in New York und selbst Autorin, drückt genau die Panik aus, die viele Leute ihres Alters und ihrer Stellung damals empfanden. Im Frühjahr des Jahres 1968 erlebte sie etwas, das so grauenhaft war, daß sie es nur mit einem Wirbelsturm vergleichen konnte:

> Niemand in der Nachbarschaft konnte schlafen – und sogar die wohlerzogensten von uns hatten keinerlei Skrupel, sich gegenseitig mitten in der Nacht anzurufen, ob es zwei Uhr war oder vier Uhr, wenn das einsame Warten einfach unerträglich wurde.[72]

Trilling beschrieb die Nachbarschaft – den Campus der Columbia University und seine Umgebung – als »eine ständig schrumpfende weiße Insel«, wo niemand schlafen konnte, weil man auf »die schweren Schritte, das Gehetze und das Durcheinander einer Invasion« horchte.

Die Gefahr ging von dem Studentenaufstand an der Columbia Universität aus, der an sich für Frau Trilling und ihre in Bedrängnis geratenen Kollegen schon erschreckend genug war, und auch noch den »potentiellen Horror« eines Aufstands im nahegelegenen Harlem ahnen ließ. Ihre »Fähigkeit zu Haß und Gewalt« hatten die Studenten schon gezeigt, als sie angeblich ein altes Ehepaar, das gerade über den Campus ging, anschrien: »Geht doch nach Hause und kratzt ab, ihr alten Säcke!«, und einen Juraprofessor ohne ersichtlichen Grund in den Magen boxten. Noch schlimmer war, daß sich die aufständischen Studenten angewöhnt hatten, Worte zu benutzen, die darauf abzielten, wohlerzogene Menschen aus der Fassung zu bringen, Worte wie »Scheiße« und »Arschloch«. Für Diana Trilling war Columbia zum Kriegsgebiet geworden:

> Als Professorengattin wurde man zur kurzfristig abrufbaren Köchin für den Ehemann und seine erschöpften Kollegen und arbeitete pausenlos, um die Universität zu schützen; nicht die abstrakte Idee, die reale Universität galt es für bessere Tage zu erhalten.[73]

Für eine beachtliche Anzahl von Amerikas berühmtesten Intellektuellen war die Studentenrevolte letztendlich eine größere Bedrohung als der Aufstand der Schwarzen. Die Universität ist nun einmal das Herzstück der akademischen Mittelklasse – sie beschäftigt ihre intellektuelle Elite, bringt die nächste Generation der Mittelschicht hervor, sprich neue Akademiker. Greift man die Universität an, so ist das ein Angriff auf die Klasse selbst.

Als Reaktion auf diese noch nie dagewesene Bedrohung fingen ehemals Liberale wie Diana Trilling an, ihre Stellung in der amerikanischen Gesellschaft zu überdenken. Früher hatten sie sich als Teil einer universalen Mittelklasse gesehen, von der sie sich nur durch ihre höhere Bildung und den »guten Geschmack« abhoben, was sie zu leichten Vorbehalten gegen Überfluß und Massenkonsum berechtigte. Die Entdeckung der Armut hatte zwar gezeigt, daß die Mittelklasse nicht universal und Amerika noch nicht perfekt war, aber die Zuversicht der bürgerlichen Liberalen, die Armut ohne größeren Kostenaufwand abschaffen zu können, war dadurch keineswegs gebremst.

Die Studentenbewegung führte zu einer Neubewertung mit schlimmen Folgen. Die Intellektuellen der Mittelklasse, von denen viele, wenn es um die Rassenfrage oder die Armut ging, liberal waren, sahen sich allmählich selbst als einer sozialen Gruppe zugehörig, die vielleicht wirklich etwas zu verlieren hat, wenn andere gewinnen. Was die Studentenbewegung angeht, so sahen sie schon geliebte Institutionen in Flammen aufgehen und zudem die Gefahr einer radikal egalitären Zukunft, in der Bildung und Intellekt nicht mehr zählen als z. B. die Fertigkeiten eines Mechanikers oder die Einsichten der Unterdrückten. Zögernd begannen sie, sich selbst nicht als Mitglieder einer formlosen, jeden miteinschließenden Mittelklasse zu sehen, sondern als Mitglieder einer Elite. Und eine selbstbewußte Elite, egal wieviel Spaß sie an *noblesse oblige* hat, hat ein Interesse daran, die Ungleichheit, die den Status quo definiert, beizubehalten.

Noch schlimmer war, daß die Studentenbewegung anscheinend das moralische Versagen der Mittelklasse signalisierte. Dabei hatten nicht die Jungen versagt – Jugendliche werden ja als moralische Vertreter für Gut und Böse selten ernst genommen – sondern die Erwachsenen – Eltern, Professoren und Akademiker allgemein – die Autorität ausüben. Was auch immer der Studentenaufstand sonst noch bedeuten mochte, er zeigte, daß diese Autorität versagt hatte. In den Augen der aufständischen Studenten hatte die Autorität der Erwachsenen versagt, weil sie durch ihr Einverständnis mit dem Vietnamkrieg und mit sozialer Ungerechtigkeit unglaubwürdig geworden war. Aber in den Augen vieler Intellektueller waren die Angehörigen der Mittelklasse einfach zu lax, zu weich geworden, oder – um es mit dem Wort zu sagen, das bei der Neubewertung der Mittelklasse bald dominieren sollte – zu »permissiv«.

Eine Elite kann in ihren Ansichten über Benachteiligte durchaus noch liberal sein. Aber eine Elite, die sich bedrängt fühlt und außerdem auch noch die Festigkeit ihres eigenen Willens bezweifelt, bleibt wahrscheinlich nicht lange liberal. Die sechziger Jahre gelten allgemein als Höhepunkt des bürgerlichen Liberalismus. Aber für eine einflußreiche Minderheit bedeuteten sie auch die Wende zu einer härteren, zynischeren und egoistischeren Sicht der Welt.

## Die linke Gefahr

Von Diana Trillings Ängsten einmal abgesehen, waren die einzigen Menschen, die sich im April 1968 auf Manhattans Upper Westside in Gefahr befanden, die ungefähr eintausend Studenten, die den Campus besetzten, um gegen die Beteiligung der Columbia University an militärischer Forschung und ihr arrogantes Verhalten gegenüber der angrenzenden Gemeinde Harlem zu protestieren. Es waren größtenteils die Kinder der Reichen, Idealisten, die die Sorgen ihrer Eltern über Armut und Rassendiskriminierung ernstnahmen. Ihre Bewegung – unsere Bewegung, denn ich war ja auch dabei – entstand 1963 in Berkeley, als die Universitätsverwaltung Bürgerrechtsorganisationen verbot, auf dem Campus Geld zu sammeln. Aktionen wie diese zeigten die Grenzen des Liberalismus, so wie der Vietnamkrieg seine grausamen Exzesse zu zeigen schien. Bis 1968 hatten Zehntausende von Studenten gegen den Wehrdienst, gegen den Rassismus und vor allem gegen den Krieg demonstriert, Unterschriften gesammelt, Sit-ins organisiert und Teach-ins veranstaltet. Sie trugen ihre Proteste zum Pentagon und zum Weißen Haus und auch in die Universitäten, wo sie lebten und studierten. Nur an wenigen Universitäten war die Komplizenschaft mit Militarismus und Rassismus so deutlich wie an der Columbia University, aber 1968 schien fast jede Hochschule das moralische Versagen des »Establishments« der Erwachsenen zu repräsentieren – das Engagement für Amerikas imperialistische Mission in der Welt, seine Toleranz gegenüber rassistischer Intoleranz, den elitären Hochmut gegenüber Unterdrückten und Randgruppen.

Die engagierten Studenten, die den Columbia-Campus besetzt hatten, wurden von der von der Universitätsverwaltung gerufenen Polizei aus den besetzten Gebäuden geschleppt und brutal zusammengeschlagen. Bei der Räumung entstand eines der eindrucksvollsten Fotos der Bewegung: Ein hübscher, blonder Junge hebt mit blutüberströmtem Gesicht eine Hand zum Friedenszeichen. Die andere große fotografische Ikone der Studentenbewegung stammt von der Kent State University aus dem Jahre 1970: Ein Mädchen beugt sich fassungslos über die Leiche eines von der Nationalgarde erschossenen Freundes. Ich erwähne diese dramatischen Bilder nur, weil so viele Berichte die Gewalttätigkeit der Demonstranten herausstreichen. Diana Trilling z. B. hatte kaum Mitleid mit den Hunderten von blutig geschlagenen Studenten, berichtete aber klagend:

> Die persönliche, moralische und intellektuelle Kränkung, die den Fakultätsmitgliedern der Columbia University bei den Studentenunruhen widerfuhr, war wirklich enorm. Daran zu denken ist schmerzlich ... In der Fakultät gab es aufgrund der Unruhen Nervenzusammenbrüche und mehrere Autounfälle aufgrund der großen Erschöpfung.[74]

Es gibt eine Reihe kompetenter Darstellungen der Geschichte der studentischen Linken.[75] Ich möchte hier nur darauf hinweisen, daß die Bewegung trotz gegenteiliger Behauptungen ihrer Kritiker nicht nur aus dramatischen Konfrontationen und spontanem Trotz bestand. In jedem Protest, der durch die Medien geht, steckten unzählige Stunden geduldiger Organisation – Gespräche, Argumente und Überzeugungsarbeit, um andere zum Mitmachen zu bewegen. Zum Aufstand an der Columbia University kam es erst nach Jahren höflicher Bemühungen, die Universitätsverwaltung zu beeinflussen. Und vor jeder Aktion fanden jede Menge friedlicher Projekte statt, wie z. B. die Schaffung dringend nötiger Serviceleistungen für benachbarte Armenviertel wie Harlem.

Aber diese Bewegung war völlig anders als alles, woran sich ihre Kritiker aus ihrer eigenen Studentenzeit in den dreißiger und vierziger Jahren erinnern konnten. Damals schon hatte die studentische Linke beträchtlichen Zulauf gehabt, ihre Anliegen aber auf konventionelle Forderungen des linken Flügels beschränkt: Unterstützung der spanischen Loyalisten, Rassenintegration und radikale Wirtschaftsmaßnahmen zur Senkung der Arbeitslosigkeit. Der »Generationenkonflikt« hatte damals keine Rolle gespielt, der Wissenschaftsbetrieb war nicht angegriffen worden, es kam weder zum Kulturschock noch zur Verletzung des Anstandsgefühls der Mittelklasse.

Im Gegensatz dazu wurde die Studentenbewegung der sechziger Jahre von einer großen Welle anarchistischer Rebellion getragen, für die es in der amerikanischen Geschichte keinen Vergleich gab. Die Alternativbewegung (counterculture), wie man bald sagte, war eine Jugendbewegung, eine Eskalation, die nicht apolitisch war, sondern sich gegen *alle* konventionellen Formen der Politik richtete, gegen Hierarchien, Filz und Bürokratie. Jeder, der aus der Reihe tanzte (tatsächlich oder »ideologisch«) gehörte dazu, ob durch Drogen oder Sex, Spiritualität oder Musik, Wohngemeinschaften oder Landkommunen oder durch eine beliebige Kombination aus allen diesen Möglichkeiten. Die studentische Linke konnte man wenigstens noch verstehen, aber alles, was mit der Alternativbewegung zu tun hatte – Freizügigkeit, Drogen, Verachtung des Karrieredenkens, die nachlässige Art sich zu kleiden und zu pflegen – war ein Affront gegen das Wertesystem der Mittelklasse.

An sich war die Alternativbewegung auch die Fortführung und logische Konsequenz der eindeutig bürgerlichen Überflußkritik. Seriöse Kritiker fanden die kommerzielle Massenkultur erbärmlich und tödlich langweilig, sahen aber keinen Ausweg, außer vielleicht der schrittweisen Verbesserung des allgemeinen Geschmacks: klassische Musik, vielleicht etwas mehr Modigliani an der Wand und Mitschnitte großer Klassikerinszenierungen im Fernsehen. Hippies und andere Alternative gingen viel weiter. Sie lehnten die Konsumkultur überhaupt ab, und zwar nicht nur als sinnlos und blutleer, sondern weil man nicht einmal Spaß dabei hat. Konsum versprach nur den verkrampften Hedonismus »repressiver Entsublimierung«, wie Herbert Marcuse sagte (»Kaufen Sie das, und Sie fühlen sich sexier, freier, usw.). Und der Preis dieser kleinen Vergnügen war jahrelanger dumpfer Gehorsam in der Schule oder bei der Arbeit. Jerry Rubin, Führer der Linken und Vorbild der Gegenbewegung, schrieb:

> Daddy betrachtete sein Haus und seinen Wagen und seinen manikürten Rasen, und er war stolz. Seine materiellen Besitztümer rechtfertigten sein Leben.
> Er versuchte, seinen Kindern beizubringen, worauf es

> ankommt; er schärfte uns ein, nichts zu tun, was vom Pfade des ERFOLGS abbringen könnte.
> Spielt nicht, arbeitet
> faulenzt nicht, lernt
> stellt keine Fragen, gehorcht
> fallt nicht auf, paßt euch an
> nehmt kein Rauschgift, seid nüchtern
> macht keinen Wind, macht Geld
> Man trimmte uns auf Selbstverleugnung:
> Man lehrte uns, daß Vögeln unmoralisch und deshalb schlecht sei …
> Man warnte uns vor der Masturbation, die Geisteskrankheit und Pickel verursacht.
> Wir waren verwirrt. Wir begriffen nicht, warum wir arbeiten sollten, bloß um größere Häuser unser eigen nennen zu können. Größere Wagen. Größere manikürte Rasenflächen. Wir wurden verrückt. Wir konnten es nicht mehr zurückhalten.[76]

Die Studentische Linke und die Alternativbewegung waren nicht dasselbe, auch wenn nur wenige erwachsene Kritiker sich die Mühe machten, beides zu unterscheiden. Das, was man vielleicht als den harten Kern der Linken bezeichnen könnte, bestand vorwiegend aus weißen Studenten, aber auch Gruppen wie z. B. den »Black Panthers«, die die Alternativbewegung wegen ihrer angeblichen Frivolität ablehnten. Und in der Alternativbewegung gab es viele Leute, die so mit sich selbst beschäftigt waren, daß sie jede Bemühung, die Welt zu verändern (wo doch individuelle Bewußtseinsveränderung angesagt war) als »Quatsch« betrachteten. Und doch gab es – wie der Historiker Winni Breines feststellt – viele wichtige Überschneidungen:

> In der Periode bis 1968 zeichnete sich eine große Kontinuität zwischen dem Hippie-Flügel und dem politischen Flügel der Bewegung ab. Demonstrationen, Besetzungen und andere ra-

> dikale Aktionen von Seiten der Studenten gegen die Universität und die Regierung in Washington, sowie Änderungen des Lebensstils, verkörpert in der Alternativbewegung, waren tastende Versuche, eine sinnvollere, freie und moralische Existenz zu schaffen. Die Studentenbewegung – ein Ausdruck von »Verweigerung und Revolte« und auf der Suche nach einer demokratischen Gemeinschaft – war antimilitaristisch und antiautoritär.[77]

Aus der Linken und der Alternativbewegung entstand, sozusagen an deren Schnittpunkt, eine neue politische Ideologie. Ihre Anhänger waren auf jeden Fall links orientiert in ihrem Haß auf die Macht der Konzerne und auf den militärisch-industriellen Komplex, aber dem Staat gegenüber zu mißtrauisch, um sozialistisch zu sein. Ihr Engagement für die Unterdrückten war zwar selbstlos, aber sie waren zu beschäftigt mit ihrer persönlichen Befreiung, um wirklich ausdauernd und aufopfernd zu sein. Sie hatten egalitäre Vorstellungen, die weit über geltendes Recht und Entscheidungen des Obersten Gerichtshofes hinausgingen – sie verlangten und erstrebten nichts weniger als die Abschaffung jeder Hierarchie: Weiß-Schwarz, Lehrer-Schüler, Eltern-Kinder und (in den späten sechziger Jahren) Mann-Frau. Das Ganze war natürlich utopisch; bloße Reformen wurden verachtet, man setzte sich für eine unerhörte vollständige Umwälzung ein; die Gesellschaft sollte mit den echten Bedürfnissen und Wünschen der Menschen in Einklang gebracht werden.

Um ähnliche Themen ging es in der antiautoritären deutschen Studentenbewegung, bei der Forderung der chinesischen Roten Garden nach Gleichheit für alle und im anarchischen Überschwang der französischen Studentenbewegung, die nicht weniger verlangte als »Phantasie an die Macht!« Im weitesten Sinne repräsentierte die weltweite Studentenbewegung der sechziger Jahre die Ziele der ersten Generation, die nach einem halben Jahrhundert von Weltkrieg, Völkermord und globaler Depression erwachsen wurde: Laßt uns die düstere Vergangenheit vergessen und endlich in voller Freiheit und echter Gleichheit leben!

## Die Intellektuellen schlagen zurück

Auf den folgenden Seiten wollen wir uns mit der eher unrühmlichen Seite der sechziger Jahre beschäftigen: mit der Gegenreaktion der Intellektuellen auf die Studentische Linke. Gegenschlag *(backlash)* ist ein Wort, das normalerweise im Zusammenhang mit reaktionären Arbeitern und Südstaatlern gebraucht wird, aber es waren die führenden Intellektuellen der Mittelklasse, die als erste auf die Studentenbewegung reagierten, und zwar ablehnend. In den sechziger Jahren litten Hunderte, vielleicht Tausende von Professoren unter dem Terror – oder genauer gesagt unter verletzten Gefühlen – den die Trillings und ihr Freundeskreis in New York schon miterlebt hatten. Einige von ihnen hatten unerfreuliche Begegnungen mit der studentischen Linken: Sie wurden in ihren Hörsälen niedergeschrien, beleidigt (wenn auch wahrscheinlich nicht »in den Magen geboxt«, nicht einmal an der Columbia University) und in den allermeisten Fällen schlicht ignoriert. Andere ärgerten sich sicher darüber, daß eine Bewegung, die selbst nie feinsinnig sein wollte, ihnen plötzlich ihre Rolle als feinsinnige Sozialkritiker stahl. Die meisten von ihnen verdienten ja ihren Lebensunterhalt an den Universitäten, die jetzt am Rande der Anarchie zu stehen schienen. Diana Trilling schrieb: »Berühre eine Universität mit feindlichen Händen, und das Blut wird unverzüglich, reichlich und tatsächlich fließen«.[78]

Es gab natürlich auch Ausnahmen: bekannte Professoren und Intellektuelle, die die studentische Linke unterstützten und sogar inspirierten, und viele andere, die den Atem anhielten und einfach darauf warteten, daß es vorbeiging. Aber selbst jene Intellektuelle, die nicht direkt wegen ihres Einkommens und Prestiges auf die Universität angewiesen waren, hatten allen Grund, diese neue Linke zu fürchten, die keine Hierarchien respektierte, nicht einmal wenn sie sich auf »objektives Wissen« und Sachkenntnisse gründeten. Von allen Professoren und Experten verlangte die Studentenbewegung zu wissen (und manchmal genau mit diesen Worten): Warum sollten wir denn auf euch hören? Was wißt ihr schon über die amerikanische Gesellschaft, verglichen mit einer Schwarzen, die von der Wohlfahrt lebt, einem Farmpächter aus dem Süden oder meinetwegen auch im Vergleich zu einem vietnamesischen Bauern, dessen Dorf gerade durch amerikanische Bomben verwüstet worden ist? Was ist schon eure vielgepriesene Objektivität anderes als eine Maske für Privilegien, eure Sachkenntnis anderes als eine Ausrede für Macht?

Die Bandbreite und die Heftigkeit des Gegenschlags waren verblüffend. Der Psychoanalytiker Bruno Bettelheim verglich die studentischen Rebellen mit Nazis.[79] Der damals noch liberale Professor John Silber (später konservativer Präsident der Boston University) nannte sie »die neuen Faschisten«.[80] Nathan Glazer verglich sie nicht nur mit Hitler, sondern auch mit Lenin und Stalin.[81] Daniel Bell beschrieb die Studenten der Columbia University als »zerstörungswütig statt innovativ«.[82] Irving Kristol, damals noch kein Konservativer, sagte, »denn sie wissen nicht, was sie tun« – und hätten auch keine Aussichten, etwas anderes zu erreichen als Unfrieden und den Untergang.[83]

Das empörte Geschrei kam nicht nur aus der liberalen Mitte des politischen Spektrums. Der Marxist Eugene Genovese attackierte die »nihilistischen Verirrungen« der studentischen Linken.[84] Der Sozialist Irving Howe tat die Studentenbewegung als »primitiven Romantizismus« ab, der durch einen »quasi-religiösen Impuls« ausgelöst worden sei.[85] Der Philosoph und ehemalige Marxist Sidney Hook organisierte ein Coordinating Center for Democratic Opinion aus Fakultätsmitgliedern von 97 Universitäten, um die aufständischen Studenten zu bekämpfen.[86]

Was war schiefgegangen? Noch 1960 hatte man sich darüber beschwert, daß die Studenten zu dumm und zu verwöhnt seien, um anständige Mitglieder der Gesellschaft zu werden und in die Fußstapfen ihrer Väter zu treten. Jetzt, sechs Jahre später, schien es, als seien sie revolutionäre Fanatiker geworden, die partout eben die Institutionen vernichten wollten, denen sie alles verdankten. Intellektuellen fällt es ja nicht schwer, Vorgänge zu erklären, und noch einfacher ist es, sie sich gegenseitig zu erklären. Während also die Studentenbewegung wuchs und gedieh, brüteten, analysierten und schimpften die Älteren mit unaufhörlichem Entsetzen.

Alle Spekulationen über den Ursprung der Revolte hatten folgendes gemeinsam: Bei unzähligen Podiumsdiskussionen ließ man die Argumente der Radikalen selber freudig außer acht. Für die Theoretiker des Gegenschlags war der Inhalt der studentischen Proteste genauso irrelevant wie z. B. der Grund, den ein Dreijähriger für einen Wutanfall angibt. Bettelheim beispielsweise zog in einer Erklärung vor dem Kongreß über die studentischen Aufstände Parallelen zwischen den damaligen amerikanischen Studenten und den Nazistudenten in Deutschland; mitten in seinen Ausführungen räumte er zwar ein, daß »natürlich die studentischen Rebellen in Deutschland politisch gesehen für die extreme Rechte standen, und die hiesigen für die extreme Linke.« Und natürlich seien die deutschen Studenten Rassisten gewesen, »während die radikalen Studenten hier versuchen, einer diskriminierten Minderheit zu helfen«. Aber diese »Unterschiede« wurden schnell beiseite geschoben, als Bettelheim fortfuhr, seine morbiden Parallelen zu ziehen.[87] Dasselbe passierte, als andere Intellektuelle gegen die studentische Linke hetzten. Sie kehrten dem Amerika der Mitte der sechziger Jahre – mit seiner anhaltenden Rassendiskriminierung, seinem brutalen und unentschuldbaren Krieg in Südostasien – den Rücken und begaben sich in eine zeitlose Welt psychologischer Verallgemeinerungen und mythischer Archetypen.

Es gab zwei grundlegende Theorien über die Studentenrevolte, beide wenig schmeichelhaft. Die Theorie des Generationenkonflikts vertrat die These, daß es einen unbewußten Trieb gebe, »den Vater«, dargestellt z. B. durch Professoren und Universitätsverwaltung, zu stürzen. Die andere Theorie, die sich schließlich durchsetzte, führte die Studentenrevolte auf die korrumpierende Macht des Überflusses zurück, der jetzt in der individualisierteren und fast fühlbaren Form von »Freizügigkeit« auftrat. Dieser Argumentation zufolge benahmen sich die Studenten so, wie man es von verwöhnten Kindern nicht anders erwarten kann.

Das jeweilige Bild der 68er in diesen beiden Theorien war eigentlich unvereinbar. Einmal waren sie irregeleitete, aber mächtige Krieger gegen das Patriarchat wie die Vatermörder von Freuds »Urhorde«; das andere Mal waren sie hilflos plärrende Kleinkinder. Trotz dieses offensichtlichen Widerspruchs betrachtete man beide Theorien als komplementär. Auch durch den Mangel an Beweisen – und die vielen gegenteiligen Beweise – ließen sich die Verfechter der jeweiligen Theorie nicht weiter beirren.

## »Permissivität« wird politikfähig

Die Theorie der Permissivität wurde von einem Mann aufgestellt bzw. den Massenmedien vorgestellt, der mit der Studentenbewegung sympathisierte und nicht viel älter war als die meisten Aktivisten. In einer Märzausgabe des *New York Times Magazine* von 1968 vertrat Christopher Jencks die These, der Studentenaufstand sei symptomatisch für tiefer sitzende Spannungen in der amerikanischen Gesellschaft.[88] Die Kinder der Mittelklasse waren zu selbständigem Denken erzogen und dazu angehalten worden, Fragen zu stellen, aber in den meisten Institutionen wurden Konformität und Gehorsam mehr belohnt als Innovation und Unabhängigkeit. Jencks unterstellte nirgends, daß Nachgiebigkeit in der Erziehung schlecht wäre, oder daß die Studentenbewegung ein Symptom für psychische Schäden sei. Ganz im Gegenteil, seiner Meinung nach hatte der Mann, der durch seine Bücher am meisten für die antiautoritäre Erziehung amerikanischer Kinder getan hat, Dr. Benjamin Spock, »für die Jugend ebensoviel bewirkt wie der *Wagner Act* [Gesetz, durch das 1935 die Rolle der Gewerkschaften bei Tarifverhandlungen geregelt wurde] für die Arbeiterbewegung«. Wenn überhaupt etwas geändert werden mußte, dann die bürokratischen Institutionen, nicht die Kinder. Aber die *Times* druckte den Artikel mit der Schlagzeile: »Ist Dr. Spock an allem schuld?«[89]

Innerhalb weniger Monate hatte sich fast jeder Kritiker der Studentenbewegung mit Feuereifer auf die Permissivitätstheorie gestürzt. David Truman, der Verwaltungsbeamte der Columbia University, der die Polizei auf die Studenten gehetzt hatte, machte die »Nachgiebigkeitsdoktrin« von Dr. Benjamin Spock für den Aufstand verantwortlich.[90] Rabbi Emmanuel Rackman hielt in seinem Fifth-Avenue-Tempel der Versammlung vor, sie seien selber an der »rigorosen und exzessiven Nachgiebigkeit« schuld, die zu der »Jugendrevolte« geführt hat.[91] Edward Shils, ein Hochschulmann, beschrieb die Jugendlichen als »eine außergewöhnlich verhätschelte Generation«, irregeleitet von »Eltern, die von den Vorzügen des Hedonismus überzeugt waren«.[92] Und zurückschauend beklagte Robert Nisbet plump und pauschal

> die übertriebene Zuneigung und das übertriebene Lob, die Aufopferung, Nachgiebigkeit und ständige unmittelbare Bestätigung jugendlicher »Klugheit« durch die Eltern, zunehmend anspruchslosere Lehrpläne, Schulen, die von Leuten verwaltet werden, die John Dewey nicht verstanden haben, aber als Propheten beanspruchen, im ganzen Land eine Stimmung von Verhätschelung und einer fast ehrfürchtigen, vielleicht von Schuldkomplexen herrührenden Anbetung der Jugendlichen.[93]

Bruno Bettelheim verlieh der Empörung über die Nachgiebigkeit auch noch medizinische Weihen. Ironischerweise wurde er selbst von anderen Psychoanalytikern wegen seiner »ultrapermissiven« Behandlungsmethode autistischer Kinder angegriffen, die ihm den zweifelhaften Titel »Dr. Yes« eingetragen hatte.[94] Viele seiner frühen Kommentare zur Studentenbewegung hoben den Generationskonflikt hervor: Die rebellische Jugend wollte den Vater nicht nur stürzen, sie wollte einen besseren Vater; bei den jungen Nazis war das Hitler, bei den amerikanischen Radikalen Mao Tse Tung und Ho Chi Minh.[95] 1969 war er indessen auch bei der Nachgiebigkeit gelandet und brachte folgenden Beweis:

> Ich kenne Mütter von extrem radikalen Studenten, die ihnen, als sie klein waren, gegen alle inneren Widerstände Bonbons gaben, weil man das als gute Mutter damals eben tat.[96]

Das Bild von einem Baby, das mit Süßigkeiten vollgestopft wird, brachte die Ängste der Mittelschicht in Sachen »Überfluß« genau auf den Begriff. Wenigstens hatten die Erwachsenen noch gewisse »innere Widerstände«. Sie selbst konnten sich notfalls durch eine Diät schützen. Aber ein Kind kann sich nicht wehren. Wenn die Mutter es nicht vor dem Überangebot an Süßigkeiten retten kann, wenn sie wirklich glaubt, es damit füttern zu müssen, dann wird das Kind geistig immer fetter, verweichlicht und kriegt auf die Dauer gesehen einen Koller – und wird ein »extrem radikaler Student«.

Diese Theorie der Nachgiebigkeit machte aus der aktiven Bedrohung durch die aufständischen Studenten ein Problem der Passivität. Wenn sich etwas »abspielte«, dann nur, weil nachsichtige Eltern ihre Kinder – auf die falsche Weise – beeinflußt hatten. Sie wurden einfach nicht erwachsen, und am besorgniserregendsten war nicht, was sie taten – was schon schlimm genug war –, sondern wozu sie anscheinend unfähig waren: nämlich die lange, mühsame Vorbereitung auf sich zu nehmen, die für die einen bürgerlichen Beruf nötig ist. Der ehemalige Berufsdiplomat George F. Kennan warnte die Studenten am Swarthmore College vor »dem Glauben an die Möglichkeit und Gültigkeit totaler Nachgiebigkeit: Nur durch Anstrengung, Handeln und Aktivität entwickelt sich der Mensch kreativ weiter – nie durch passive Erfahrung.«[97] Das typische Klischee war, daß die radikale Studentenbewegung verloren hatte, was Robert Nisbet »die Motivation für anstrengende geistige Arbeit nannte, nämlich unermüdliche Disziplin, der ständige Wille zu höchsten Leistungen und sogar (wie verhaßt dieses Wort in den Fünfzigern und Sechzigern auch war) Anpassung.«[98]

Bettelheim brachte es auf den Begriff: Die Studenten hatten die lebensnotwendige Tugend der Mittelklasse verloren, die Fähigkeit zum Gratifikationsaufschub. Weil sie als Babies verhätschelt worden waren, hatten sie keine »innere Kontrolle« und wendeten bereitwillig »Gewalt« an, um sich durchzusetzen. Ihnen fehlte etwas Wesentliches: »Man kann es das Beibringen einer bürgerlichen Moral nennen; in der Pychoanalyse nennen wir es das ›Realitätsprinzip‹.«[99] Mit anderen Worten, sie waren genau wie jene unverbesserlichen Kinder geworden, die außerhalb von Überfluß und Normalität lebten – wie die Armen. Die Lösung klang überraschend aus dem Munde eines Mannes, der bei Problemen von Kindern für seine humane Einstellung bekannt war: »Kinder müssen das Fürchten lernen«, wenn nicht zu Hause, dann in der Schule.

Die Leute, die in der Nachgiebigkeit die Ursache für den Studentenaufstand sahen, waren größtenteils politisch liberal. Trotzdem hatte diese Theorie mit ihrer Implikation einer erschlafften, nachsichtig gewordenen Kultur eine unwiderstehliche Anziehungskraft für die Konservativen. Spiro Agnew machte 1968 Permissivität zum Hauptthema seines Wahlkampfs und präsentierte sich bei seiner Kandidatur als »starker Vater«, der den Protestlern so offensichtlich fehlte.[100] Unter Berufung auf Theoretiker des *backlash* wie Bruno Bettelheim, Sidney Hook und Irving Kristol erklärte Agnew bei seinen Wahlkampfkundgebungen: »Die wirkliche Verantwortung« für die Studentenbewegung »liegt ... bei denen, die an der Erziehung so kläglich gescheitert sind«, d. h. bei den »reichen, permissiven Eltern der oberen Mittelschicht, die ihren Dr. Spock auswendiggelernt und jede Art von Disziplin über Bord geworfen haben.«[101]

Aber das war bei weitem das gemäßigste, was er zu diesem Thema zu sagen hatte. Normalerweise bezeichnete Agnew die radikalen Studenten als »verwöhnte Rotznasen, denen eine anständige Tracht Prügel gefehlt hat«,[102] und warnte die Eltern der Nation, daß »eine Gesellschaft, die sich vor ihren eigenen Kindern fürchten muß, am Ende ist. Ein flennender, händeringender Machtapparat verdient die gewalttätige Rebellion, die er fördert.«[103]

Betrachten wir kurz das »Realitätsprinzip«, das Bettelheim und viele andere der studentischen Linken dringend empfahlen. Ob die Eltern der Mittelklasse so nachgiebig waren, wie die Theoretiker des Gegenschlags behaupteten, oder nicht, ist eine Frage, mit der wir uns später beschäftigen werden. Es gibt jedenfalls nicht die geringsten Beweise für die These, die antiautoritäre Erziehung hätte – insofern sie überhaupt praktiziert wurde – die Studentenbewegung mitverursacht. Zumindest einige erwachsene Beobachter waren vernünftig genug, darauf hinzuweisen, daß die Studentenaufstände der sechziger Jahren in globalem Rahmen zu sehen waren.[104] Was immer die Nachgiebigkeit mit amerikanischer Studentenpolitik zu tun hatte, sie konnte kaum den gleichzeitigen Radikalismus chinesischer, tschechoslowakischer, italienischer, mexikanischer oder philippinischer Jugendlicher erklären.

Weiterhin ergaben die Untersuchungen des Soziologen Richard Flack, daß die radikalen Studenten weder aus übermäßig freizügigen Elternhäuser kamen, noch aus Familien, die vom Generationenkonflikt zerrissen waren.[105] Was für die Studentenbewegung wohl die größte Rolle spielte, waren – nach seiner Untersuchung Mitte der sechziger Jahre – die politischen Ansichten der Eltern: viele engagierte Studenten stammten offenbar aus linksliberalen Elternhäusern. Erklären ließ sich das ohne jede Berufung auf psychoanalytische Geheimlehren; es handelte sich vielmehr um die ganz normale Vermittlung von Werten, die alle Eltern erreichen wollen.

Man muß den Theoretikern des »Gegenschlags« gerechterweise zugestehen, daß die Nachgiebigkeitstheorie etwas intuitiv Einleuchtendes hatte, wenn man sie auf die eher alternativen Aspekte der Jugendrevolte anwandte. Wie die verwöhnten Kinder, von denen Bettelheim geradezu besessen war, lehnte die Alternativbewegung die Vorstellung des Belohnungsaufschubs rundweg ab. Warum arbeiten und sparen und auf die zweifelhafte Freude von materiellem Besitz warten, wenn die wahre Freude – genauer gesagt, die Ekstase des Selbstvergessens durch Drogen und Rock'n Roll – *jetzt* schon zu haben ist? Aber die Kritiker bemerkten nur selten, wie sehr der Hedonismus der Alternativbewegung die hedonistischen Verheißungen ihrer eigenen, durchaus respektablen Konsumkultur wiederspiegelte und erweiterte. Der Unterschied, würde ein Zyniker sagen, lag in den Produkten: Marihuana statt Gin, Liebesperlen statt Straß, der mitreißende Rhythmus des Rock'n Roll statt ein schnelles Auto.

Die Kritiker, die nicht einmal Hippies von Radikalen unterscheiden konnten, bemerkten nie, daß die Studentenführer, die die Bewegung inspirierten und sie zusammenhielten, keineswegs so waren, wie man sich das typische Produkt einer antiautoritären Erziehung vorstellte. Tatsächlich gehörten sie zweifellos zu den fleißigsten und diszipliniertesten Vertretern ihrer Generation. Aber die Kritiker erkannten die unzähligen Stunden freiwilliger Arbeit nie an und lernten wohl auch keine Studenten kennen, die schon mit zwanzig so erschöpft waren, daß man heute von »burnout« sprechen würde. Sie sahen nur die psychedelischen Farben, die illegalen Drogen, die manchmal naive Ungeduld bei Veränderungsprozessen, und verurteilten die »verwöhnten« Radikalen letztendlich vielleicht deswegen, weil sie sich weigerten, den jahrzehntelangen normalen demokratischen Prozeß abzuwarten, um den Vietnamkrieg zu beenden.

Aber trotz aller empirischer Mängel zeigte die Theorie der Permissivität bei vielen Erwachsenen der Mittelklasse nachhaltige Wirkung. Einerseits kristallisierten sich in ihr die alten Ängste der Mittelklasse vor dem Überfluß. Überfluß war schließlich nur ein vages Erklärungsmuster; war dann vielleicht die Nachgiebigkeit der Mechanismus, durch den der Überfluß die menschliche Persönlichkeit prägt? Den meisten Theoretikern des Gegenschlags waren solche Detailfragen allerdings egal; das Entscheidende war, daß das menschliche Produkt, das dabei herauskam, so viel schlimmer war als irgendjemand erwartet hatte. David Riesmans außengeleiteter Mensch war wenigstens ein harmloser, sympathischer Bursche gewesen. In den Augen ihrer Kritiker waren die Studenten Vipern oder, mit Agnews Worten, »eine kriminelle Vereinigung«, als ob Jugendkriminalität nun zu einem Mehrheitsunternehmen geworden wäre. Die Theorie der Permissivität bestätigte nicht nur das ungute Gefühl der Mittelklasse angesichts des Überflusses. Sie schien die Urangst zu bestätigen, daß die Mittelklasse langsam in ihren endgültigen Untergang schlitterte.

Zugleich verschob sich durch diese Theorie das »Problem« des Radikalismus von einer bestimmten Generation auf eine bestimmte Klasse. Antiautoritäre Erziehung für jugendlichen Radikalismus verantwortlich zu machen, entschuldigte zwar nicht die Jugendlichen, verlagerte aber die Last der Verantwortung auf die Erwachsenen, die ihnen gegenüber irgendwie versagt hatten. Und jetzt ging diesen Erwachsenen auf, daß sie noch etwas mehr gemeinsam hatten als »Überfluß«, an dem sowieso fast alle Amerikaner irgendwie partizipierten. Sie hatten mißratene Kinder, und zwar deswegen, weil sie, jeder in seinem eigenen Haus, den schrecklichen Fehler machten, der jetzt schon charakteristisch für ihre Klasse war: Sie waren zu nachsichtig, zu nachgiebig und zu milde gewesen.

Eines der besten Beispiele für negatives und engstirniges Klassenbewußtsein, provoziert durch die Studentenbewegung, ist Midge Decters Buch, *Liberal Parents, Radical Children* aus dem Jahre 1975. »Ich bin«, stellt sie sich mit gekünstelter Selbstkritik vor, »ein Mitglied der sogenannten akademischen oder aufgeklärten, linksliberalen Mittelklasse Amerikas.«[106] Definiert wird diese Klasse durch ihre Kinder, oder besser gesagt durch die Probleme ihrer Kinder. In einem Kapitel mit der Überschrift »Ein Brief an die Jugend« schreibt Frau Decter: »Vor allem durch Euch, die Ihr unser teuerstes Gut seid, zeigen wir Erwachsenen, wie wir zusammengehören.«[107] Aber bei diesem Erkennungssystem geht es nicht darum, sich Harvard- und Yaleplaketten an die Heckscheibe zu kleben. »Im ganzen Land«, schreibt sie, »in jedem komfortablen Vorort und in jeder vornehmen Nachbarschaft, die von den Mitgliedern der ›neuen Klasse‹ aufgebaut worden ist, gibt es Leute meines Alters, die sich ab und zu treffen … und sich fragen, was bei den Kindern schiefgegangen ist.«[108]

Man ahnt die unvermeidliche Antwort: Die Erziehung war zu nachgiebig. Decters Generation hatte gehofft, ihren Kindern ein Leben »ohne Schmerzen, ohne Herzeleid« zu bieten, aber tatsächlich hieß das:

> Wir weigerten uns, eine der wesentlichen Elternpflichten zu übernehmen: uns zur letzten Autorität für gut und böse zu machen, für richtig und falsch … Die Wahrheit ist, daß wir Euch vernachlässigt haben.[109]

In Decters Anliegen wurde ein harter Kern von klassenbewußtem Ehrgeiz deutlich. Diese Kinder waren nicht dazu aufgezogen worden, um einfach glücklich oder gut zu sein. Sie waren dazu bestimmt, die Positionen ihrer Eltern zu erben, Positionen in einer gesellschaftlichen Elite, wie Decter ganz klar beschreibt, nicht in einer universalen Mittelklasse. Adressiert an die fehlgeleiteten Jugendlichen schreibt sie:

> Als Kinder dieser besonders aufgeklärten Klasse wurde von Euch erwartet, eines Tages überproportional die Macht- und Prestigepositionen in dieser Gesellschaft zu besetzen. Wir haben Euch zumindest zum Teil auch dafür aufgezogen.[110]

Und als was für eine Enttäuschung haben sich diese »radikalen Kinder« entpuppt! »Angesichts von Schwierigkeiten seid ihr über das normale Maß hinaus unfähig, sie zu tolerieren oder auszuhalten«, schimpft Decter in Anspielung auf das Problem der »Unfähigkeit zum Gratifikationsaufschub«, ein aus Untersuchungen über die Armen schon bekanntes Problem. Daß die aufständischen Studenten es nicht schaffen würden, »die Macht- und Prestigepositionen« zu erreichen, auf die sie so sorgfältig vorbereitet worden waren, war gefährlich. Als Beispiel führt Decter einige Fälle an, die vermutlich aus ihrem eigenen Bekanntenkreis stammten. Ein ehemaliger Radikaler befindet sich in einer Nervenheilanstalt; einer »hat angefangen zu photographieren«, eine lebt mit einem geschiedenen Mann zusammen; eine ist nach ihrem dritten (»oder war es ihr viertes?«) Staatsexamen einfach abgehauen.[111]

Was für ein furchteinflößendes Muster sollen diese Fälle eigentlich veranschaulichen? Einige Seiten später bekommt man die Antwort: Die rebellischen Kinder sind ihrer eigenen Klasse nicht gefolgt; sie sind so tief gesunken, daß sie als »fliegende Händler oder Taxifahrer arbeiten, einen kleinen Laden betreiben, wo es unanständige Comichefte und handgezogene Kerzen gibt, ... oder als Anstreicher, Putzfrau oder Möbelpacker jobben.«[112] Eltern mögen vielleicht recht haben mit ihren Befürchtungen, daß diese Jobs nicht anständig bezahlt sind oder nach einigen Jahren reizlos werden. Aber Decter hat noch eine weitere Sorge. Das Problem mit diesen Arbeiten ist, schreibt sie mit einer diesmal völlig unbwußten Überheblichkeit, daß man dabei »ohne die Geduld, Selbstüberwindung und hart erarbeiteten neuen Kenntnisse auskommt, die zur Bewältigung einer echten Karriere gehören.« Es handelt sich um einen bloßen Job, nicht um einen Beruf – das Richtige für die undisziplinierten Mitglieder der unteren Klassen, aber der Elite, die die »aufgeklärte« Mittelklasse darstellt, unwürdig.

## Die Jugendrevolte als Klassenverrat

Midge Decters Ängste waren nicht völlig aus der Luft gegriffen. Im 20. Jahrhundert hätten bürgerliche Eltern zu jeder Zeit Grund gehabt, sich besorgt zu fragen, ob ihre Kinder in einem anständigen Beruf landen oder als Anstreicher oder Taxifahrer enden würden. Das lag aber weniger an der Unberechenbarkeit der Jugend als an einem der Mittelklasse inhärenten Problem: in anderen Klassen wird die Zugehörigkeit vererbt. Wer in die oberen Klassen hineingeboren wird, kann damit rechnen, lebenslänglich dazu zu gehören, und für die unteren Klassen gilt leider das gleiche.

Außergewöhnliche Umstände führen gelegentlich dazu, daß ein Reicher verarmt oder ein Armer reich wird, aber normalerweise erbt man an beiden Enden des gesellschaftlichen Spektrums die Klassenzugehörigkeit ebenso wie das Geld bzw. den Geldmangel. Für die Mittelklasse, in der die Geburt noch keine Garantie für den Klassenerhalt ist, gilt dies nicht. In den vierziger Jahren stellte Margaret Mead fest:

> Für ein Mitglied der Oberklasse ist die Geburt entscheidend; als Gentleman geboren, kann er nur durch eigenes Handeln einbüßen, was Geburt und Erziehung ihm gegeben haben. Für ein Mitglied der Unterklasse ist die Geburt ebenfalls entscheidend; von klein auf an eine bestimmte Lebensweise gewöhnt, ohne eine Erziehung, die in ihm den Ehrgeiz wecken könnte, daran etwas zu ändern, bleibt er sein Leben lang im angeborenen Stand. Ein echtes Mitglied der Mittelklasse aber lehnt die für Ober- und Unterklasse selbstverständliche Beständigkeit ab. In seinem Leben kommt es nicht auf Geburt

und Stellung an, nicht auf Herkunft oder Schönheit, sondern auf Leistung.[113]

Mead irrte sich nur in der Annahme, der Leistungswille sei eine Sache der individuellen Entscheidung bzw., wie sie anscheinend meint, des Klassenstolzes. Sieht man einmal davon ab, daß junge Juristen und Betriebswirte, die von einer Elitehochschule kommen, in jüngster Zeit enorme Anfangsgehälter bekommen, muß jemand, der einen typisch bürgerlichen Beruf ausüben will, mindestens sechs Jahre auf der Hochschule verbringen und dann noch einige Jahre sein Handwerk in der Praxis lernen, ehe er Einkommen und Respekt eines »Erwachsenen« genießen darf. Die freien Berufe mit dem höchsten Prestige – Mediziner, Anwalt und Wissenschaftler – setzten vier Jahre College voraus, danach mehrere weitere Jahre auf der Universität, und auch dann muß man sich als Assistenzarzt oder Juniorpartner in einer Kanzlei oder als wissenschaftlicher Assistent noch jahrelang mit einem relativ niedrigen Einkommen begnügen. Die Vorbereitung auf Berufe mit geringerem Sozialprestige wie Zahnmedizin oder Sozialarbeit ist kaum weniger anspruchsvoll. Und im Management, das sich ja auch für eine Wissenschaft hält, wird immer häufiger nicht nur ein Collegeabschluß erwartet, sondern auch ein Magister. Wir werden vielleicht in die Mittelklasse hineingeboren, aber dann sollen wir fast dreißig Jahre damit verbringen, unsere rechtmäßige Zugehörigkeit zu dieser Klasse unter Beweis zu stellen.

In den sechziger Jahren nahm der Druck auf den Nachwuchs der Mittelklasse zu. Der Collegeabschluß reichte oft nicht mehr für eine höhere berufliche Position. Selbst die Elitecolleges verstanden sich allmählich nicht mehr als Spielwiese für die Kinder der Reichen, sondern als Ausbildungsstätten, wo man sich auf einen Beruf vorbereitete. 1966 schrieb Kenneth Keniston in einem Aufsatz:

> Studentenverbindungen, Studentenstreiche und ähnlich primitive Rituale stoßen heute auf geringeres Interesse; für Risiko und Umwege, für Experimente und Fehler wird der

> Raum enger … [Die meisten Studenten] müssen auf dem College schwerer arbeiten als ihre Eltern sich je hätten träumen lassen.[114]

Wer behauptet, daß in dieser Konstellation ein »Generationskonflikt« – weniger zwischen Eltern und Kindern bzw. zwischen archetypischen Vätern und Söhnen als zwischen der Jugend und den Etablierten – angelegt ist, der untertreibt. Die Mittelklasse ist die einzige Klasse, die aus dem eigenen Nachwuchs ganz routinemäßig alles herauspreßt – ihnen erst kurz vor der Lebensmitte das Einkommen eines Erwachsenen zubilligt, ihre Arbeit ausbeutet und ihre kreativen Leistungen ignoriert oder stiehlt. Unterbezahlte überarbeitete Assistenzärzte versorgen die Privatpatienten überbezahlter erwachsener Chefärzte. Mittellose Doktoranden halten die Vorlesungen für die Ordinarien; außerdem betreiben sie Forschung, mit deren Ergebnissen die arrivierten Wissenschaftler sich nach Lust und Laune selber schmücken. Junge Anwälte, die kaum mehr verdienen als eine Kanzleisekretärin, bereiten mühevoll die Schriftsätze vor, mit denen ihre Chefs vor Gericht auftreten. In allen diesen Sparten heißt jung sein und Aspirant auf einen Mittelklasse-Status Diener derer sein, die diesen Status bereits erreicht haben.

Anders gesagt, die unumgänglichen langen Ausbildungs- und Lehrjahre machen den Nachwuchs der Mittelklasse zu einer Art internen Unterklasse. Seymour Martin Lipset und Gerald M. Schaflander formulierten es – etwas verschwommen – so: »In der Beziehung zwischen Professor und Student gibt es einiges, was zu ›Klassen‹-Ideologie und Ressentiments führt, und zwar fast unabhängig von der jeweiligen Situation.«[115] Zumindest teilweise erklärt sich die Wut der Achtundsechziger aus dieser klassenähnlichen Spannung innerhalb der Mittelklasse, wie Jerry Farber es in seinem Buch mit dem übertriebenen Titel *The Student as Nigger* darstellt:

> Die Schule und die Uni beuten dich aus, denn sie nehmen Dir die Kraft und perpetuieren damit den Trip, auf dem die Gesellschaft ist, und gleichzeitig trichtern sie dir ein, daß du

> mit deinem eigenen Trip schief liegst ... Die Schulen lähmen die Gesellschaft, weil ihre Methode, ihre Hierarchie, der Druck von oben, jede echte Veränderung der Gesellschaft verhindert. Die Schüler und Studenten werden von den Lehrern und den Professoren gegängelt, die ihre Befehle vom Direktor oder vom Unipräsidenten kriegen, und der tut genau das, was die alten Kämpfer für den Status quo im Ministerium oder im Kuratorium sagen. Die Schule lähmt die Gesellschaft, denn dort lernt man, sich Institutionen bedingungslos zu unterwerfen.[116]

Und mindestens zum Teil ging das Entsetzen, das zur Gegenbewegung der Intellektuellen führte, auf den Eindruck zurück, die Studenten wüßten offensichtlich nicht mehr, welcher Platz ihnen gebührte. Wie Edward Shils indigniert schrieb:

> Ihrer Vorstellung von richtigem Leben ist der Gedanke völlig fremd, daß eine gewisse Ungleichheit in der Natur der Sache liegt, wenn an einer Universität diejenigen, die in einem bestimmten Bereich über mehr Wissen verfügen, dieses an andere weitergeben, die weniger wissen.[117]

Es ging aber nicht nur um die Fügsamkeit der »Lehrlingsklasse«. Den Vertretern des »Gegenschlags« war klar, daß die akademischen Berufe an sich in Bedrängnis gerieten, wenn Studenten schon das Wissen der Professoren und darüber hinaus die moralische Legitimation der Universität selbst in Frage stellen konnten. Und wenn diese Autorität nicht mehr respektiert wurde, dann wären, wie Midge Decter es sah, »Macht und Prestige« verloren, also das, was die Mittelklasse zur Elite machte. Ärzte und Anwälte, Soziologen und Wissenschaftler hätten dann auch nicht mehr Sozialprestige als Automechaniker und Sekretärinnen.

Viele Vertreter des »Gegenschlags« deuteten diese erschreckende Perspektive nur an, aber Robert Brustein, Professor für Theaterwissenschaften in Yale, nahm kein Blatt vor den Mund, als er in einem

Essay unter der Überschrift »The Case for Professionalism« [Ohne Professionalität geht es nicht] die Studentenbewegung attackierte: Wenn Studenten und Professoren ebenbürtig sein sollten, wie es die Studenten anscheinend wollten, wäre es um den Respekt vor »überliefertem Wissen« geschehen und Fachleute hätten dann auch nicht mehr Autorität (oder Bedeutung) als »Amateure«. Das Ergebnis wäre »eine düstere Zukunft ... ein farbloser Dilettantismus, bei dem wenige die Fakten kennen, jeder eine Meinung und keiner eine neue Idee hat.«[118]

## Die Akademiker verschanzen sich

Lassen wir für einen Moment den unmittelbaren Streit beiseite: Die akademischen Berufe sind in der Tat der einzige berufliche »Raum«, den die Mittelklasse besetzt hält. In Amerika erschien die Mittelklasse in ihrer jetzigen Form etwa zur gleichen Zeit auf der Bildfläche wie die freien Berufe, nämlich ungefähr zwischen 1870 und 1920.[119] In jedem dieser Berufe wurde die Professionalisierung als Reform präsentiert, als mutige neue Maßnahme, die darauf abzielte, Gespür und Tradition durch Wissenschaft und Rationalität zu ersetzen. Aber es war auch eine ökonomische Strategie, die, so der Historiker Samuel Haber, etwas mit »der ›Kunst, im Leben nach oben zu kommen‹, der gesellschaftlichen Mobilität« also, zu tun hatte.[120] Durch Professionalisierung versuchte die Mittelklasse sich eine berufliche Nische zu schaffen, die sowohl für die Armen als auch für die, die lediglich reich waren, unzugänglich sein sollte.

Unsere moderne Mittelklasse leitet sich her aus einer älteren Schicht der selbständigen Bauern, kleinen Geschäftsleute, Rechtsanwälte, Ärzte und Geistlichen. Im ausgehenden 19. und frühen 20. Jahrhundert geriet diese »alte« Mittelklasse zwischen einer aufstrebenden Unterklasse und einer mächtigen neuen Kapitalistenklasse unter Druck. Als die Monopole ihren Druck auf die Wirtschaft verstärkten, wurden Kleinunternehmen zu einem Risiko. Zu derselben Zeit kam es in den alten ungeschützten Berufen des Heil- und des

Rechtskundigen, die fast jeder ergreifen konnte, indem er einfach ein entsprechendes Schild an die Tür hängte, durch das Auftreten von Emporkömmlingen aus weniger feinen Familien zu einer »Übervölkerung«.

Die Professionalisierung war in erster Linie ein Mittel, um den Zutritt zu bestimmten Berufen zu beschränken. In der Medizin z.B. überzeugte das erschreckende Überangebot an Ärzten den Berufsverband *American Medical Association* (AMA) letztlich vom Wert »wissenschaftlicher« Reformen, die das Praktizieren auf jene beschränken sollten, die ein Collegestudium und vier zusätzliche Jahre medizinische Standardausbildung abgeschlossen hatten. Zu einer Zeit, als kaum 5 % der Bevölkerung im Collegealter tatsächlich ein College besuchten, garantierten diese Reformen, daß die Medizin künftig den »Gentlemen« vorbehalten war, »Tröpfen und Bauerntölpeln« – wie der Reformer Abraham Flexner sagte – jedoch verschlossen blieb. Diejenigen, die schon praktizierten, zogen mit dieser Maßnahme die Strickleiter hinter sich hoch. Der berühmte Arzt und Medizinprofessor William Osler witzelte einmal gegenüber einem Kollegen: »Wir haben Glück, daß wir als Professoren in die Universität einsteigen, weil bestimmt weder du noch ich eine Chance hätten, als Studenten hineinzukommen.«[121]

Andere Berufe bedienten sich einer ähnlichen Strategie. Recht und Sozialarbeit bezeichneten sich selbst als »wissenschaftlich«, errichteten hohe Ausbildungshürden und schlossen ihre Reihen vor den »Tölpeln« oder (im Falle der Sozialarbeit) ehrenamtlichen Dilettanten. Die Wissenschaften teilten sich in die bekannten Fächer (Soziologie, Politische Wissenschaft, Psychologie usw.) und führten das heute gängige System akademischer Grade ein (bachelor, master, doctor). Sogar die Betriebswirtschaft erhob den Anspruch, »wissenschaftlich« zu sein und versuchte (zu jener Zeit erfolglos), die Aufnahme auf die zu beschränken, die angemessen und teuer ausgebildet waren. Jede Gruppe bezeichnete ihre Professionalisierung als eine großartige Reform im Interesse von Wissenschaft, Rationalität und Gemeinwohl. Und jede schaffte es mehr oder weniger, ein exklusives berufliches Monopol für die elitäre Minderheit aufzubauen, die sich College und ein weiterführendes Studium leisten konnte.

Durch die Professionalisierung gewann die Mittelklasse in einer immer unsicherer werdenden Welt an Halt. Von nun an war sie vor den Schwankungen des freien Marktes einigermaßen abgeschirmt. Ihr »Kapital« war jetzt Fachwissen oder genauer gesagt Sachkenntnis. Ihre Sicherheit würde in der Monopolisierung dieser Sachkenntnis mittels der Professionalisierung liegen. Ihr Gütesiegel war das Universitätsstudium und damit auch die ausschließliche Berechtigung zu praktizieren, zu beraten oder zu unterrichten und dafür die banalere Form von Kapital zu nehmen – Geld.

Bis heute dienen die Ausbildungsschranken bei den freien Berufen dem Ausschluß nicht weniger als der Ausbildung. Nehmen wir z.B. die Medizin; die Notwendigkeit der Heilkunde an sich wird in der Gesellschaft normalerweise nicht in Frage gestellt. Die erste kritische Hürde im Medizinstudium ist in Amerika die organische Chemie – der Kurs, in dem unter den Collegestudenten, die später Medizin studieren wollen, richtig »ausgesiebt« wird. Die organische Chemie war auch das Beispiel, welches Brustein bei seiner Verteidigung des Professionalismus herausgriff, um die Forderung der Studenten in den sechziger Jahren nach einer gesellschaftlich relevanten Ausbildung zu entkräften. »Ich habe schlicht und einfach festgestellt«, antwortete er auf eine Kritik seines Essays, »daß man zuerst einmal ›irrelevante‹ Fächer wie vergleichende Anatomie und organische Chemie studieren muß, ehe man Arzt werden und den Kranken in den Ghettos helfen kann.«[122] Aber warum sollte eigentlich gerade organische Chemie die entscheidende Hürde sein, wenn man Arzt werden wollte? Warum nicht ein Kurs über Ernährung oder über die sozialen und umweltbedingten Ursachen der Krankheit? (Übrigens sind solche Kurse nicht einmal Teil der Einführungsveranstaltungen und werden erst neuerdings in die Lehrpläne der medizinischen Fakultäten aufgenommen.)

Natürlich sollten Medizinstudenten etwas von organischer Chemie verstehen – wie übrigens meiner Meinung nach auch Schauspielschüler, sofern sie Lust dazu haben – weil es an sich ein faszinierendes Fach ist. Aber man sollte zugeben, daß eine Collegevorlesung über organische Chemie inhaltlich wenig oder überhaupt nichts mit der praktischen Medizin zu tun hat. Trotz der wissenschaftlichen Ziele medizinischer Reformer des frühen 20. Jahrhunderts hat die Medizin noch nicht den Punkt erreicht, wo Kenntnisse der Quantenchemie mehrfacher Bindungen bei der Behandlung von Patienten von Nutzen wären. Differential- und Integralrechnung, eine weitere Hürde für angehende Medizinstudenten, ist sogar noch weniger vertretbar: Für viele ist es zwar ein sehr interessantes Fach, aber ohne jeglichen Wert für den praktizierenden Arzt oder die große Mehrheit der medizinischen Forscher. Die meisten Medizinstudenten wissen natürlich, daß diese Pflichtfächer für ihren zukünftigen Beruf irrelevant sind. Organische Chemie macht ihnen keinen Spaß; sie bestehen das Fach irgendwie und vergessen es sofort.

Aber einen ursprünglichen Zweck erfüllen solche Kurse nach wie vor: Hier werden die Studenten ausgesiebt, die nicht den Vorteil einer erstklassigen bürgerlichen höheren Schulbildung hatten (genauso wie die, die sich einfach nicht leisten können, aufs College zu gehen). In anderen Fächern wie z. B. Jura oder Sozialarbeit hat der vorgeschriebene Collegeabschluß genau dieselbe Funktion. Ob das auf dem College gewählte Hauptfach irgendetwas mit der Praxis des angestrebten Berufs zu tun hat, ist dabei völlig belanglos. Die rein wissenschaftlichen Studienfächer scheinen eine etwas solidere Grundlage zu haben, da es hier keine andere »Praxis« als eben die Forschung gibt – Forschung, die nur von denen beurteilt werden kann, die schon in diesem Fach arbeiten. Niemand außer einem Soziologen z. B. kann beurteilen, was die Soziologie ausmacht und was für einen angehenden Soziologen im Studium wichtig ist. Aber auch hier bedient man sich der Methode des Aussiebens, wodurch nicht nur die Armen und Unqualifizierten eliminiert werden, sondern auch alle Amateure – Journalisten und freischaffende Intellektuelle z. B. – die ihre Bemühungen vielleicht gerne mit anspruchsvollen Bezeichnungen wie »Soziologie«, »Geschichte« usw. versehen würden.

Jetzt kann man langsam die Wut und den Ärger verstehen, die

den Gegenschlag gegen die Studentenbewegung kennzeichneten. Als die Studenten die Autorität ihrer Professoren in Frage stellten, als sie die Gültigkeit und Bedeutung des Wissens, auf dem diese Autorität angeblich beruhte, bezweifelten, war das ein Angriff auf die Grundfesten ihrer eigenen Klasse. Gemessen an den Maßstäben und den Interessen dieser Klasse hatten sie sich des Verrats schuldig gemacht. Sie hatten die Überheblichkeit, auf der die Privilegien der Mittelklasse beruhen, auf welch unartikulierte Weise auch immer, sichtbar gemacht: Wir wissen mehr und haben deshalb ein Recht auf privilegierte und mächtige Positionen.

Als Reaktion griffen die Sprecher für den Gegenschlag auf alle heiligen Kühe der Akademikerideologie zurück: die Realität rein objektiven Wissens ohne jeden Eigennutz; die Unantastbarkeit der Universität; die unangreifbare Integrität »überlieferten Wissens«.* Was sie dabei bedauerlicherweise preisgaben, war der historische Anspruch der Mittelklasse, für Reform und Rationalität einzutreten.

* Genau besehen war ihre Verteidigung des Professionalismus eher kläglich, beispielsweise Brusteins Verteidigung der Medizin, der einzige Beruf, den er versuchte mit sachlichen Argumenten zu verteidigen. »Es ist ziemlich unwahrscheinlich«, schrieb er, »(obwohl heutzutage alles möglich ist), daß Medizinstudenten darauf bestehen würden, eine Diagnose durch Mehrheitsbeschluß zu stellen, oder daß sie, wenn sie operiert werden sollen, eine Anästhesie mit der Begründung ablehnen, sie wollten an den Entscheidungen teilhaben, die ihr Leben betreffen, und deshalb verlangen, die Instrumente des Chirurgen selbst zu wählen oder ihm zu sagen, wo er schneiden soll.«

Ganz so unvernünftig sind solche Forderungen eigentlich nicht. Über eine Diagnose sollte zwar nicht durch »Mehrheitsbeschluß« entschieden werden, sehr wohl aber nach einer offene Diskussion, am besten zusammen mit Krankenschwestern, Technikern und Ärzten. Außerdem möchten viele Patienten wirklich »an den Entscheidungen teilhaben, die ihr Leben betreffen«, weshalb sie zusätzlich die Meinung anderer Ärzte einholen und versuchen, kooperative Ärzte zu finden, die bereit sind, über Alternativen zu sprechen. Schließlich sollte man sich auch klarmachen, daß die Chirurgie oft als letzte Verteidigungsposition professioneller Autorität herhalten muß. Als Harlemer Bürgerinitiativen in den späten sechziger Jahren ein Mitspracherecht in der Verwaltung des Harlemer Krankenhauses verlangten, um z.B. vernünftigere Öffnungszeiten der Ambulanz zu erwirken, antworteten Verwaltungsangestellte und Ärzte, daß »sie wahrscheinlich als nächstes dem Chirurgen sagen wollen, wo er schneiden soll«. Es ist ein üblicher professioneller Trick, Fachwissen auf einem Gebiet zu benutzen (»wo er schneiden soll«), um Autorität auf einem anderen Gebiet (Öffnungszeiten der Ambulanz) zu legitimieren. Genauso versuchte Brustein die unbestrittene Autorität des Chirurgen während der Operation für alle Professionellen zu erreichen, also vermutlich auch für den Professor der Theaterwissenschaften, der sich in seinem Hörsaal produziert.

Letztlich verkam der Gegenschlag zu bloßem Konservativismus – einer Verteidigung der Hierarchie um ihrer selbst willen. »Man kann einfach nicht über die Tatsache hinwegsehen, daß manche Menschen klüger sind als andere«, schrieb Brustein und glaubte damit einen Status zu verteidigen, den man normalerweise nur durch jahrelanges diszipliniertes Studium erreicht, »manche sind eben schöner, andere begabter.«[123]

## Erziehung in der Mittelklasse – Ambivalenz und Angst

Als Strategie für das Vorankommen einer bestimmten Klasse beinhaltet der Professionalismus einen nahezu fatalen Fehler. Als sich die Mittelklasse formierte, errichtete sie hohe Barrieren um ihre professionelle Domäne, um Eindringlinge aus anderen Klassen auszuschließen. Aber dieselben Barrieren stehen nicht nur den »Außenseitern« – den Aufsteigern aus den unteren Klassen und den vereinzelten Amateuren aus der Oberschicht – im Weg, sondern auch den Kindern der Mittelklasse selbst.

Für die meisten dieser Kinder der Mittelklasse sind diese Barrieren nicht unüberwindlich. Im Gegensatz zu den Ärmeren können Jugendliche aus der Mittelklasse sich das Geld für die Studiengebühren und die Zeit für eine längere Ausbildung im allgemeinen leisten. Darüber hinaus haben sie verschiedene unwägbare Vorteile: Beziehungen, Empfehlungen, mehr Prüfungserfahrung (Prüfungsaufgaben kommen Angehörigen der Mittelklasse häufig von vornherein entgegen); es fällt ihnen einfach leichter, die Anerkennung gebildeter Erwachsener aus der Mittelklasse zu gewinnen. In Einzelfällen können Vorschriften umgangen oder Zulassungskriterien leicht entschärft werden usw. Derlei Manipulationen müssen sich aber in Grenzen halten, weil die von der Mittelklasse besetzte berufliche Domäne von der Öffentlichkeit nur aufgrund der Überzeugung respektiert – und toleriert – wird, daß es dort unparteiisch und leistungsorientiert zugeht.

Deshalb machen die zum eigenen Schutz aufgestellten Barrieren es der Mittelklasse sehr schwer, sich zu reproduzieren. Es ist eine Sache, Kinder zu haben, und eine andere, wie Midge Decter in den frühen siebziger Jahren festgestellt hat, Kinder zu haben, die diszipliniert genug sein werden, die ersten 20 oder 30 Jahre ihres Lebens der Überwindung der Ausbildungshürden zu widmen, die vor einer bürgerlichen Karriere stehen. Und es gibt auch keine offensichtliche, narrensichere Methode, nach der die ältere Generation helfen könnte. Die Eltern können nur versuchen, durch vorsichtiges Formen und psychologischen Druck das Kind darauf vorzubereiten, denselben langen Weg zurückzulegen, den sie selber einmal gegangen sind.

Daher also beschäftigt sich die Mittelklasse immerzu mit den Problemen der Kindererziehung. In *Die einsame Masse* spricht David Riesman von der »eigenen, ansteckenden Angst« bürgerlicher Erwachsener vor der Kindererziehung.[124] Den Eltern allein könne man die Sache ohnehin nicht überlassen: »Ihre Unsicherheit bei der Kindererziehung bringt sie dazu, sich in steigendem Maße Büchern, Zeitschriften, Radioprogrammen und von der öffentlichen Elternberatung u. ä. herausgegebenen Abhandlungen zuzuwenden.«[125] Die tägliche Mühe der Erziehung lastet zwar größtenteils auf den Frauen, die mit den Kindern allein zu Hause bleiben; trotzdem ist die Kindererziehung in dieser Klasse auch ein irgendwie kollektives Unterfangen – ein Bereich, in dem jede Menge Experten, Psychologen, Kommentatoren und Berater agieren, die aus den Ängsten der Eltern Profit schlagen, immer wieder neue »Lösungen« anbieten und neue Ängste schüren.

Eltern aus der Mittelklasse befinden sich in einem eigentümlichen Dilemma. Einerseits müssen sie ihre Kinder ermutigen, innovativ zu sein und »sich selbst zu verwirklichen«, weil diese Eigenschaften in den einschlägigen Berufen normalerweise von großem Wert sind. Andererseits wird das Kind gar keinen Zugang zu so einem Beruf haben, wenn es nicht eine ganze Reihe anderer Eigenschaften entwickelt, vor allem Selbstdisziplin und Selbstkontrolle. Die Herausforderung bei der Kindererziehung in der Mittelklasse – eigentlich geht es nur darum – liegt in der Einimpfung eines Musters, welches der Leser inzwischen schon kennt: Gratifikationsaufschub. Es ist die typische Denkweise, welche die Mittelklasse angeblich von den Armen unterscheidet; und es ist diese Bereitschaft, alles hinauszuschieben, die ein Kind aus der Mittelklasse tatsächlich braucht, um ein langes Studium und lange Lehrjahre auszuhalten.

Als die Sprecher für den Gegenschlag die Nachgiebigkeit für die Studentenrevolte verantwortlich machten, handelte es sich nicht – wie es den Studenten damals schien – um eine Verschiebung des Themas aus dem politischen in den »trivialen« Privatbereich. Da die Kindererziehung in dieser Klasse auch von großer beruflicher Bedeutung für viele andere Leute neben den Eltern ist, fiel die Schuld an der Nachgiebigkeit nicht nur auf die Mütter, sondern auch auf die geistigen »Väter« der Klasse – die Experten und Professionellen. Nachgiebigkeit deutete auf eine fundamentale Schwäche in der ganzen Klasse hin, auf einen Zusammenbruch der Rationalität, des Willens oder der »inneren Widerstände«, wie es Bettelheim nannte.

Ist die Mittelklasse ihren Kindern gegenüber wirklich allzu nachgiebig? In den späten sechziger Jahren spiegelte die Sorge über die Nachgiebigkeit einen wirklichen Wandel in der Art der Kindererziehung, der allerdings längst überfällig war, offensichtlich sehr kurzlebig (jedenfalls in seiner extremen Form) und bestimmt höchst zweideutig in seinen Konsequenzen. In der ersten Hälfte dieses Jahrhunderts war antiautoritäre Erziehung nahezu unbekannt oder wurde zumindest in bürgerlichen Familien mißbilligt. In der Soziologie war es fast schon eine Binsenwahrheit, daß die »unteren« Klassen nachgiebig waren, die Mittelklasse hingegen streng und diszipliniert. Noch 1957 stand in einem Soziologielehrbuch beispielsweise, daß das Mittelklassekind »den Einflüssen, die ein Kind zu einem ordentlichen, gewissenhaften, verantwortungsbewußten und braven Menschen machen, früher und konsequenter unterworfen ist.«[126] Einige Wissenschaftler deuteten damals schon an, daß die Mittelklasse mit ihren Forderungen an die Kinder womöglich zu weit ging:

> Dabei kommen Menschen voller Selbstbeherrschung (manchmal bis hin zum Verlust der Spontaneität) heraus, diszipli-

> nierte und fleißige Menschen, die imstande sind, um der späteren Belohnung willen auf die Vergnügungen von heute zu verzichten.[127]

Daß die Mittelklasse auf Disziplin und Gratifikationsaufschub großen Wert legt, läßt sich bis in ihre Anfänge um die Jahrhundertwende zurückverfolgen. Eine der vielen Unternehmungen, die die Professionellen der Mittelklasse rationalisieren und reformieren wollten, war die Kindererziehung, und dabei vor allem die alten Gewohnheiten, die ihnen problematisch erschienen, die Nachsicht und das Verhätscheln. In dem neuen Zeitalter der Wissenschaft, das anzubrechen schien, sollten die Kinder zu disziplinierten und leistungsfähigen Menschen heranwachsen; deshalb sollte man sie auch auf eine disziplinierte und effiziente Weise erziehen. Essens- und Schlafzeiten waren streng einzuhalten, Impulsivität zu unterdrücken, »schlechte Gewohnheiten« (Daumenlutschen, Weinen, Onanieren) umgehend zu bestrafen. In den Erziehungsratgebern um die Jahrhundertwende galt jede Art von kindlichem Vergnügen als Hindernis bei der »Produktion« nützlicher Erwachsener:

> Etwas essen oder trinken, weil es gut schmeckt, heißt die Sinnlichkeit befriedigen! Mütter, wenn ihr so anfangt, ... was wollt ihr dann in 15 Jahren tun, wenn in dem jungen Menschen der Urtrieb erwacht und er in die Welt hinaustritt und sich rechts und links nach anderen Formen der Befriedigung seiner Sinne umschaut?[128]

Einer von Amerikas professionellen Psychologen der ersten Generation, John B. Watson, entwickelte in den zwanziger Jahren die Thesen, die für die Kindererziehung der Mittelklasse jahrzehntelang zum Dogma wurden: Babies durften nur zu den festgesetzten Stillzeiten auf den Arm genommen werden; sonst sollten sie so lange schreien, bis sie die Weisheit der Selbstbeherrschung erkennen. Man konnte seine Kinder nur kurz sehen, und dann auch nur, um sinnvolle Maßregelungen vorzunehmen. Das ideale Kind ist eines,

> das nie weint, wenn es nicht, bildlich gesprochen, geradezu mit einer Nadel gestochen wird, ... das so an Höflichkeit, Sorgfalt und Sauberkeit gewöhnt ist, daß Erwachsene es gern wenigstens einen Teil des Tages um sich haben mögen, ... das ißt, was man ihm vorsetzt, das schläft und ruht, wenn man es zum Schlafen oder Ausruhen ins Bett legt, ... und das endlich gewappnet mit gleichmäßiger Arbeit und gepflegtem Gefühlsleben zur Vollreife heranwächst, derart, daß kein Mißgeschick es je ganz zu Boden werfen kann.[129]

Um dieses Ideal zu erreichen, mußten sich die Eltern ihrerseits vor jedem leichtsinnigen Liebesbeweis hüten. »Umarmt und küßt [eure Kinder] nie!« warnte Watson. »Laßt sie nie auf eurem Schoß sitzen. Wenn es sein muß, küßt sie beim Gutenachtsagen einmal auf die Stirn. Schüttelt ihnen am Morgen die Hand.«[130]

Martha Wolfenstein, eine Kollegin von Margaret Mead, stellte bei der Auswertung von zwischen 1914 und 1960 erschienenen offiziellen Broschüren über Kindererziehung fest, daß Babies im Urzustand als Wesen mit »starken und gefährlichen Trieben« beschrieben wurden, die die Eltern mit aller Entschiedenheit zu unterdrücken hätten.[131] In der Ausgabe von 1914 von *Infant Care* wird z.B. behauptet, kindliche Triebe würden »leicht außer Kontrolle geraten« und manchen Kindern »für immer das Leben zerstören«. Kindliches Vergnügen jeglicher Art wurde als ungesund und schädlich für die Nerven der Babies bezeichnet. »Die Anweisung, daß Eltern nicht mit ihrem Kind spielen sollen, mag vielleicht hart sein«, berät *Infant Care* die Eltern, »aber sie ist zweifellos richtig.«

Aus der Sicht der neunziger Jahre ist es schwer zu glauben, daß irgend jemand diesen drakonischen Maßnahmen je bis ins Detail gefolgt ist. Aber eine vielbeachtete Untersuchung aus dem Jahre 1948 kam zu dem Ergebnis, daß die Eltern der Mittelklasse es wenigstens versuchten: Sie »reglementieren das Verhalten ihrer Kinder strenger als Eltern aus der Unterschicht und lassen ihnen weniger durchgehen.«[132] Mütter aus der Mittelklasse waren eher dazu bereit, ihre Babies nur zu bestimmten Zeiten zu füttern, stillten sie seltener und neigten dazu, mit dem Abstillen und Sauberkeitstraining Monate früher zu beginnen als Mütter aus der Unterschicht. So lag denn auch ein Grund für den Rückgang der Zahl der Haushaltshilfen in der Mittelschicht Anfang des 20. Jahrhunderts darin, daß man Frauen aus der Unterschicht Kinder aus der Mittelklasse nicht mehr anvertrauen wollte.[133] Sie würden sie mit Zärtlichkeiten und Süßigkeiten verwöhnen und mit ihrer für die leistungsorientierte Mittelklasse fatalen Lässigkeit anstecken.

Aber irgendwann in den vierziger Jahren veränderten sich plötzlich die Ratschläge der Experten. Mittelklasse-Eltern wurden auf einmal ermutigt, lockerer vorzugehen, ihren Instinkten zu vertrauen und die Bedürfnisse ihrer Kinder wenigstens bis zu einem gewissen Grad zu respektieren. Ob dieser Wandel einen radikalen Zusammenbruch elterlicher Autorität und bürgerlicher Selbstdisziplin signalisiert, möge der Leser selbst beurteilen. Mir kommt es eher wie eine unvermeidliche Korrektur einer Erziehung vor, die schon fast an Grausamkeit und Vernachlässigung grenzte.

Die neue Nachgiebigkeit, die man z. B. in den 1940 erschienenen Nummern von *Infant Care* antrifft, klingt heute wie gesunder Menschenverstand. Während früher die Triebe der Babies als »wild« bezeichnet wurden, sind sie jetzt »fast völlig harmlos«. Masturbation, bisher eine Bedrohung von Gesundheit und Charakter, welche die Eltern dadurch verhindern sollten, daß sie ihren Kindern Hände und Füße nachts am Bettgestell festbanden, wurde jetzt als unschuldige Erkundungsreise dargestellt. Spielen war nun nicht mehr eine gefährliche Überreizung, sondern ein natürliches, eigentlich erwünschtes Wechselspiel zwischen Mutter und Kind. »Spielen und singen«, riet *Infant Care* 1942, »lassen Mutter und Kind den Alltag genießen.«[134]

Fast zeitgleich mit dem Wandel der Ratschläge änderte sich auch das tatsächliche Verhalten der Mittelklasse-Eltern. Der Wechsel war in der Tat so schnell und unerwartet, daß er Soziologen und Psychologen eine Zeitlang in tiefe Verwirrung stürzte: Welche Klasse tat was, und welche Klasse tat das Richtige? Elternbefragungen ergaben, daß die Mittelklasse der Watsonschen Methode schlagartig den

Rücken gekehrt und sich auf die Nachgiebigkeit gestürzt hatte, die früher nur bei den Armen und der Arbeiterklasse beobachtet worden war. Einige Untersuchungen ließen sogar vermuten, die Mittelklasse habe Mitte der fünfziger Jahre die Unterklassen in punkto Nachgiebigkeit eigentlich schon übertroffen: Man ließ die Kinder »spät« (mit einem Jahr oder älter) allein auf den Topf gehen, fütterte sie, wenn sie Hunger hatten und behandelte sie mehr oder weniger als vernünftige kleine Wesen mit ganz legitimen Bedürfnissen.[135]

Der Wandel in der Art der Kindererziehung spiegelte eine tiefe Veränderung der Lebensbedingungen der Mittelklasse wider. Der Übergang zu dem, was später eher abwertend als »Nachgiebigkeit« bezeichnet wurde, setzte mehr oder weniger gleichzeitig mit dem Nachkriegswohlstand ein. Mütter, die sonst vielleicht arbeiten gegangen wären, widmeten ihre ganze Zeit den Kindern – und erwarteten natürlich eine Aufgabe, die sie mehr erfüllen würde als Drill wie beim Militär. Hinzu kam, daß in einem typisch bürgerlichen Heim zunehmend mehr Platz und Haushaltsgeräte zur Verfügung standen, so daß man mit Unordnung und längerer Inkontinenz leichter fertig wurde. Wer weiß, ob es nicht an der automatischen Waschmaschine lag, daß bürgerliche Eltern ihren traditionellen Reinlichkeitstick überwanden und das Sauberkeitstraining in das zweite Lebensjahr verlegten?

Der Soziologe David Potter bemerkte auch eine leichte psychische Entspannung, die mit dem materiellen Reichtum einherging. »Man könnte sich vorstellen, [Nachgiebigkeit in der Erziehung] sei ein Produkt unserer ›aufgeklärten‹ Ideen oder der ›Entwicklungen im Bereich der Kinderpsychologie‹«, schrieb er. »Aber Tatsache ist, daß der autoritäre Umgang mit Kindern ... nichts anderes war als ein Aspekt des autoritären Gesellschaftssystems, das mit der Mangelwirtschaft zu tun hatte.«[136]

Zu einer Zeit, als Geschäftsleute herauszufinden versuchten, wie man den Hedonismus moralisch auf- und Sparsamkeit abwertet, hatte es wenig Sinn, Kindererziehung im Sinne beidseitiger Entbehrung zu praktizieren. In den eher antiautoritären Büchern über Kindererziehung der Nachkriegszeit wurde das Baby sogar als kleiner

Konsument betrachtet: seine Impulse waren berechtigt, seine Wünsche legitim. Wenn es um vier Uhr morgens aufwachen, nur eingemachte Aprikosen essen oder erst mit drei Jahren aufs Töpfchen gehen wollte, mußte es mit seiner kindlichen Weisheit schon wissen, was es tat. Eine gute Mutter machte sich deshalb keine Sorgen. Nach Dr. Spocks Rat vertraute sie darauf, daß ihr mütterlicher Instinkt sich mit den Instinkten ihres Babys wunderbar ergänzt. Vergnügen war der wahre Prüfstein der Eltern-Kind-Beziehung. *Infant Care* ließ die Mütter in den frühen vierziger Jahren wissen, daß das Baby »die neue Erfahrung [es handelte sich um feste Nahrung] mehr genießen wird, wenn auch Sie Spaß dabei haben«.[137] Damit sind wir bei der antiautoritären Idealvorstellung: Mutter und Kind haben Spaß aneinander, füttern sich gegenseitig und bewegen sich von einer kleinen Freude – ein Lächeln, ein Essen, ein Bad – zur nächsten.

Aber dies war eben nur das Ideal, und das auch nur für kurze Zeit. Totale Permissivität hielt selbst als Ideal nicht einmal ganze zehn Jahre. Anfang der fünfziger Jahre schworen die meisten Experten der »übertriebenen Nachgiebigkeit« ab und betonten »die Notwendigkeit, der jeweiligen Situation angemessene Grenzen zu setzen«[138] – was wohl heißen sollte, daß Kleinkinder nicht auf den Wohnzimmerteppich pinkeln sollen. 1951 warnte *Infant Care* die Eltern sogar vor kindlichem Größenwahn. Das Kind, dessen Bedürfnisse noch vor ein paar Jahren harmlos waren, konnte die Eltern jetzt »durch die unmäßige Forderung nach Beachtung in seine Gewalt bringen«, und die nachsichtige Mutter »wird feststellen, daß ihr Kind immer mehr fordert«.[139]

Dr. Spock selbst war einer der führenden Kritiker der übertriebenen Nachgiebigkeit und stellte fest, daß sie »hier viel verbreiteter zu sein scheint als in anderen Ländern«. Er fügte hinzu, daß »Fachleute aus dem Ausland ... sich manchmal schwertun, ihr Erstaunen und ihre Irritation angesichts des Verhaltens bestimmter Kinder hier zu verbergen«.[140] Schon lange also, bevor Nachgiebigkeit zu einem Schimpfwort in der Politik wurde, war sie in Mißkredit geraten und galt als Fehler, der vielleicht auf Überkompensation beruhte, aber jedenfalls eine Falle für unachtsame Eltern darstellte. Um es deutlich zu sagen, die antiautoritäre Erziehung war nicht der totale Verrat an den Werten der Mittelklasse, den die Theoretiker des Gegenschlags in ihr sahen. Letzten Endes ist sie vielleicht sogar effektiver als eine autoritäre Erziehung, wenn man auf Konformität und Disziplin aus ist, die bürgerliche Eltern ihren Kindern im 20. Jahrhundert stets einimpfen wollten. Verglichen mit einem Ansatz, der auf Autorität und Strafe baut, sagt der Entwicklungspsychologe Urie Bronfenbrenner, »führen die [relativ nachgiebigen] Methoden, die von den Eltern der Mittelklasse bevorzugt werden, eher zur Verinnerlichung von Werten und Kontrollmechanismen.«[141] Ein Kind, das herumkommandiert wird, wird sich entweder völlig fügen oder rebellieren, aber ein Kind, dem man auf vernünftige Weise gut zuredet, verinnerlicht die Stimme – und die Vorgaben – der Eltern.

Tatsächlich könnte Nachgiebigkeit in extremer Form oft viel eindringlicher und manipulativer sein als ein einfacher Befehl. Ich denke dabei an Eltern aus der Mittelschicht, die ich gekannt und beobachtet habe, und die meiner Meinung nach wirklich zu nachsichtig waren, aber auf keinen Fall einfach nur so lax und lasch wie angeblich Eltern aus der Unterschicht. Der nachgiebige Erziehungsstil in der Mittelklasse wird zu einem unaufhörlichen intensiven Dialog: »Möchtest du dies oder lieber das? Jetzt oder erst später? Oder vielleicht doch etwas anderes?« – ein Dialog, der sich manchmal bis zu einer Diskussion darüber ausweitet, welche Essenshappen auf dem Teller jetzt in welcher Reihenfolge gegessen werden. Keine Bemerkung ist jemals die letzte (»Du kannst das jetzt nicht haben«); über alles kann wieder verhandelt werden (»Naja, vielleicht kriegst Du es ja doch, wenn Du lieb bist«). Wenn man das unter Nachgiebigkeit versteht, dann liegt das Geheimnis darin, daß die Erlaubnis erst errungen bzw. Minute für Minute erkämpft werden muß. Die Persönlichkeit, die dabei herauskommt, ist wahrscheinlich nicht sehr umgänglich, sondern höchst unsicher und verzweifelt darauf aus, zu gefallen.

Das Kind autoritärer Eltern kann sich wenigstens in Freiheits- oder Rachephantasien flüchten, während das Kind zu nachsichtiger Eltern nur wenig inneren Freiraum hat, in den es sich zurückziehen kann. Alle seine Launen werden registriert und behandelt, selbst wenn ihm nicht immer nachgegeben wird. Es hat gelernt, von seinen Eltern nicht nur Sicherheit und Zuneigung zu erwarten, sondern auch das Vergnügen sofortiger Reaktion und Anerkennung. Im Alter von drei oder vier Jahren ist es höchst wahrscheinlich total abhängig von der Anerkennung oder wenigstens Aufmerksamkeit anderer und wird sofort unsicher, sobald ihm die Aufmerksamkeit auch nur für einen Moment entzogen wird. Philip Slater, ein scharfsichtiger Beobachter unserer Gesellschaft, sagt einmal: »›Nachgiebigkeit‹...ist eigentlich noch totalitärer – das Kind hat keine Intimsphäre mehr; sein ganzes Ich wird abhängig von den Bestrebungen der Eltern.«[142]

Das Beunruhigendste an den aufständischen Studenten war vielleicht, daß sie die Bestrebungen ihrer Eltern nur zu gut reflektierten. Das Problem lag darin, daß diese Ziele in den fünfziger und sechziger Jahren in sich extrem widersprüchlich wurden. Auf der einen Seite gab es das strenge, technokratische, ehrgeizige, von Anfang der progressiven Ära an von der Mittelklasse geförderte Bestreben: sich selbst beherrschen zu lernen und dabei die Welt der menschlichen Vernunft anzupassen oder wenigstens der eigenen Vorstellung von Vernunft. Dieser Ehrgeiz war auch in den jungen Jakobinern der Linken zu erkennen, die sich manchmal gerne als »*professionelle* Revolutionäre« bezeichneten und deren Phantasie in die Dritte Welt schweifte, unter der sie sich ein Reich des ständigen Mangels und – da kein Überfluß sie verwischte – glasklarer ethischer Fragen vorstellten.

Auf der anderen Seite gab es in der Generation der Eltern das Verlangen, sich träge dem Überfluß hinzugeben, die Welt zu vergessen und den Augenblick zu genießen oder wenigsten den nächsten Einkauf. Waren die Hippies und Freaks, die Acid-Heads und Blumenkinder der Alternativbewegung etwas anderes als eine Parodie dieses wenig noblen Impulses in leuchtenden Farben? Die Tatsache, daß der Hippie und der Jakobiner oft ein- und dieselbe Person war, machte die Parallele zwischen den Generationen nur noch deutlicher. Ihre erwachsenen Kritiker, die Verteidiger von Disziplin und Professionalismus, wußten, daß sie selbst durch das leichte Leben nicht weniger kompromittiert waren.

Als Symbol dieses tödlichen Kompromisses mit Überfluß und Wohlleben wurde Nachgiebigkeit ein schwerer Vorwurf. Seit den sechziger Jahren verdrängte die Nachgiebigkeit den Überfluß als die zentrale Angst und klassenbewußte ängstliche Selbstbeobachtung der Mittelklasse. Wir werden sehen, daß die Palette der Sorgen, die sich unter dem Begriff der Permissivität subsumieren ließen, bald weit über die Kindererziehung hinausging und jedes nur erdenkliche Versagen der Mittelklasse miteinbezog. Ende der sechziger Jahre konnte selbst gegen den kargen Altruismus, den die Entdeckung der Armut ausgelöst hatte, der Vorwurf der Nachgiebigkeit erhoben werden – ganz als wären die Armen und die Jugend nun endlich zu einem einzigen massiven gesellschaftlichen Problem verschmolzen.

## Die Rache der Unterklasse

Irgend etwas war »schiefgegangen« mit den Kindern, aus denen die Rebellen der sechziger Jahre geworden waren, aber es lag nicht an der Nachgiebigkeit oder etwas anderem, das im Bungalow am Stadtrand das Verhältnis zwischen Eltern, Kindern und Dr. Spock prägte. Die Theoretiker des Gegenschlags vergaßen, daß das Heim in den fünfziger Jahren ein auch für andere Einflüsse offener Raum geworden war. Fernsehen, Radio, Plattenspieler und der Film drangen ins Haus. Die meisten der hereinkommenden Bilder waren reichlich langweilig; eine passiv zuschauende Öffentlichkeit wurde darüber unterrichtet, wie die Mittelklasse lebt. Mami an der Küchentheke in einer blitzblanken motelähnlichen Kulisse; muntere Kleine, die Papi auf dem Weg zur Arbeit nachwinken; Teenagerromanzen, die auf dasselbe hinauslaufen werden. Aber es kam auch noch ein anderes Signal durch: ein Anreiz für die Jungen, sich als eigene gesellschaftliche Gruppe mit eigenem, rebellischem Programm zu sehen.

Eine Folge des Wohlstands war, daß Kinder, besonders die Teenager, Geld zum Ausgeben hatten; sie waren *Konsumenten*. Die Teens waren erst seit kurzer Zeit eine klar abgegrenzte Altersgruppe (seit den vierziger Jahren, als das Wort *Teenager* gängig wurde). In den fünfziger Jahren wurden sie etwas anderes: ein Markt. Der Historiker J. Ronald Oakley schreibt:

> Mitte der fünfziger Jahre kauften Teenager 43 % aller Platten, 44 % aller Kameras, 39 % aller neuen Radios, 9 % aller neuen Autos und 43 % der Kinokarten. 1959 belief sich der Gesamtbetrag, den sie selbst und ihre Eltern für sie ausgaben, auf zehn Milliarden Dollar.[143]

Wenn eine Gruppe in der amerikanischen Konsumwirtschaft zu einem »Markt« wird, entwickelt sie unweigerlich ein gewisses Selbstbewußtsein. Die amerikanischen Teenager waren immer noch durch die nahezu unüberwindlichen Kluften zwischen Klassen und Rassen voneinander getrennt, aber die Marketing-Branche tat ihr Bestes, um die Entwicklung einer universalen Teenageridentität zu fördern, die sich durch typische Teenagerklamotten (früher ging man von der Kinderkleidung direkt zur Erwachsenenkleidung über), teenagerorientierte Unterhaltung, Teenagermusik, Teenagerticks klar definierte. Die Produkte verstärkten das Gefühl einer kollektiven Identität; durch das gesteigerte Identitätsgefühl wurden mehr Produkte verkauft. Aus Gründen also, die mit Politik oder Erziehungsmethoden wenig zu tun hatten, war die Generation, die in den sechziger Jahren erwachsen wurde, die erste derartige Altersgruppe, die sich selber als eine besondere Gruppe empfand – nicht junge Erwachsene oder alte Kinder, sondern *die Jugend*.

Dieses Gruppenbewußtsein war eine wesentliche Grundlage für den Studentenradikalismus und die jugendliche Alternativbewegung, die in den sechziger Jahren nicht nur in Amerika, sondern in etwas geringerem Ausmaß auch in der restlichen nichtkommunistischen Welt entstanden. Die Themen – Krieg, Bürgerrechte, Armut – waren entscheidend; ohne sie hätte es keine Bewegung gegeben. Aber ohne das neue Selbstbewußtsein der Jugendlichen, etwas anderes zu sein als kleine Erwachsene, hätte die Bewegung niemals die Form angenommen, die sie hatte. Die Generation, die in den sechziger Jahren das College besuchte, brachte stolz ihr eigenes Wissen mit, eine Jugendkultur, die für die meisten Erwachsenen, auch für die, die auf den Lehrstühlen saßen, undurchschaubar blieb. Diese Generation war weniger als alle anderen vorhergehenden Generationen der Studenten des 20. Jahrhunderts bereit, sich ohne Protest den langen Lehrjahren zwischen Kindheit und voller Zugehörigkeit zur Mittelklasse zu unterziehen. Die Ausbildung war zu lang und das Ziel, so schien es manchmal, kaum der Mühe wert.

Aus der Sicht der Erwachsenen war es noch schlimmer, daß in der Teenagerkultur der späten fünfziger und frühen sechziger Jahre auch wirtschaftsfeindliche und den Werten der Mittelklasse gegenüber spöttisch-subversive Themen angeschlagen wurden. Wie wir gesehen haben, war die auf Produkte für Heim und Familie ausgerichtete Konsumkultur zu der Zeit, als sich ein Absatzmarkt für die Jugend entwickelte, sogar für die Werbeleute zu langweilig geworden. Neue Bilder, neue Produkte, neue Impulse waren dringend notwendig; und in der Teenagerkultur der fünfziger Jahre kamen diese neuen Impulse von der unsichtbaren, unterdrückten Seite der amerikanischen Kultur, die die Soziologen als Unterklasse bezeichneten. Wissenschaftlern und Experten für Gesellschaftsprobleme mochte die Unterklasse passiv und reizlos erscheinen, sie verkörperte aber, wie Richard Rovere in den fünfziger Jahren feststellte,

> für eine Nation, die sich in ihrer zunehmenden Ordnung und Stabilität nicht mehr ganz wohl fühlte, die über die gewaltige Nivellierung auch nicht so ganz glücklich war, bei der jeder aus der einen oder anderen Richtung in die banale Anständigkeit der Mittelklasse zu gleiten schien, den perversen Reiz des Penners, Rumtreibers, Gestrandeten, der Helden von James Jones, Nelson Algren und Jack Kerouac.[144]

Zusammen mit der Jugend wurde die untere Schicht zu einer Quelle starker, erotisch geladener Metaphorik: Marlon Brando in

*Der Wilde,* James Dean in *Denn sie wissen nicht, was sie tun,* die halbstarken Ganoven in *Blackboard Jungle.* All diese Filme lieferten perfekte Mittelklassebotschaften: Kriminalität lohnt sich nicht; Autoritätsfiguren haben meistens recht; wer fleißig ist, bringt es zu etwas. Aber es ist nicht der Brando, der von der Polizei gemaßregelt wird, an den man sich aus *Der Wilde* erinnert; es ist Brando, der auf seinem Motorrad in die Stadt rast und die Bürger terrorisiert. Und es war nicht Sidney Poitiers Bekehrung zu Mittelklassewerten, die das Teenager-Publikum von *Blackboard Jungle* randalieren ließ – es war der Anblick ihrer Altersgenossen, der verstockten jugendlichen Kriminellen, die in dem Film randalierten.

Aber am stärksten wurde die neue Teenagerkultur vom Rock'n Roll geprägt. Die Rockmusik, selbst eine mächtige Ware, verschweißte als Katalysator andere Waren – Kleidung, Filme, Autos – zu einem gemeinsamen Teenagerstil. Die Rockmusik verlieh *Blackboard Jungle* (dem ersten Film mit einem Rockmusik-Soundtrack) seine rebellische Macht. Und es war die Rockmusik, die das weiße Mittelklassepublikum zusammen mit den Teds und den Bandenmitgliedern hochriß und zum Stampfen und Mitschreien brachte. Es war die Musik der Bewegung, der Beat des Aufstands, genau wie Folksongs in den 30er Jahren die Musik der linken Studenten gewesen waren.[145] Der Unterschied lag darin, daß Folksongs zum Mitsingen waren; Rockmusik war die »Musik des Straßenkampfs«, bei der man sich gehen ließ, high wurde, hysterisch schrie, mit Tausenden von anderen jungen Leuten eine ganze Nacht lang eine Gemeinschaft im Dreiklang bildete. Für jugendliche Ohren war es der Sound von Freiheit und Widerstand, genauso wie in den fünfziger und sechziger Jahren der »jungle beat«, aus dem die Erwachsenen den nahenden Untergang der Kultur heraushören konnten.

Aber nicht die Jugend hatte den Rock'n Roll erfunden, sondern die Armen. Ich hörte den Rockbeat zum ersten Mal im Radio einer schwarzen Putzfrau im Hause eines Freundes, und ich war schokkiert darüber, daß diese offensichtlich unbedeutende Person, diese unsichtbare Frau, in dieses Wunder eingeweiht war, während die Dame des Hauses und ich uns mit Patti Page abspeisen ließen.

Rockmusik kam aus der schwarzen Unterschicht. Dem weißen Publikum wurde sie durch einen Lastwagenfahrer aus Mississippi überbracht. Sie wanderte nach England und prallte auf die kreative Energie von vier Jungs aus der Liverpooler Arbeiterklasse. Wenn es eine »Kultur der Armut« gab, dann war dies ihr Sound. Und sie hatte für die bürgerliche Jugend eine Botschaft, die sie noch nie gehört hatten: Es ging nicht um Disziplin, Erfolg und Karriere, und es ging auch nicht um die Liebe, obwohl die Texte meistens von ihr handelten. Von der Liebe zu reden ist in unserer weltlichen, kommerziellen Kultur fast die einzige Möglichkeit, von transzendentaler Erfahrung zu sprechen. Und die Rockmusik sagte uns, daß transzendentale Erfahrung hier und jetzt möglich ist: nicht nur Vergnügen, Komfort oder Besitzerstolz, sondern Ekstase. Rockmusik (und natürlich Drogen) nahmen die Ekstase heraus aus dem privaten Bereich der Mystik und der sexuellen Besessenheit und brachten sie der Öffentlichkeit als ein gesellschaftliches Gut zurück – als Kernpunkt menschlicher Gemeinschaft.

Wer sagt, daß die Rockmusik bürgerliche Wertvorstellungen angreift, der untertreibt natürlich. Wenn die Theorie der »Kultur der Armut« die bürgerliche Kritik der Armut war, so war die Rockmusik eine Kritik an der Mittelklasse, die von Amerikas unsichtbaren »Anderen« emporsprudelte. Die Rockmusik machte sich über Arbeit (»Get a Job«), Studium (»Don't know much 'bout his-to-ry«) und Autorität (»Charlie Brown, you're a clown«) lustig. Sie bot keine Berufe an, keine Karriere außer der des leichtsinnigen »Lover Man«, und nicht einmal die Gewißheit, eines Tages erwachsen zu werden (»Teen Angel«). Ihre Zeitvorstellung (»Rock Around the Clock«) hatte nichts mit einem festgelegten Terminplan des Erfolges zu tun. Wenn die Rockmusik einmal ernst wurde, besang sie eine Welt, in der es für harte Arbeit – wie bei einer unerwiderten Liebe – keinen Lohn gibt, in der die Guten früh sterben und die Hochmütigen auf den Bescheidenen herumtrampeln. Mit der Zeit wurden die Texte politischer und aktueller, aber schon im Sommer 1965 sagte für viele von uns in der studentischen Linken Bob Dylans spöttischer, schwer faßbarer Song »Like a Rolling Stone« eigentlich schon alles, was über die Arroganz der Mittelklasse und die Sinnlosigkeit der für die bürgerliche Jugend vorprogrammierten Karrieren zu sagen war.

Rock'n Roll war die Rache der Unterklasse, ganz gleich ob von einem Jugendlichen aus der Mittelklasse gesungen, wie Bob Dylan, oder von einem ordinären Ted wie Elvis. Und wenn es eine Erklärung für die Studentenrevolte gibt, die tiefer geht als Politik und öffentliche Ereignisse, dann liegt sie in der aufregenden neuen Konsumkultur, die sich an die Jugendlichen richtete und vom unterdrückten Widerstand der Armen zehrte. Das war der Rattenfänger, der die Jugendlichen der Mittelklasse vom Weg des Erfolges abbrachte und sie zum Verrat an den Idealen ihrer eigenen Klasse verführte. Das war der wahre Ursprung der »Nachgiebigkeit« – oder zumindest einer wahren Nachgiebigkeit, die nicht an elterlichen Ehrgeiz und Manipulation gebunden ist. So raffiniert war der Kapitalismus: Er nahm die Wut und die Sehnsucht der Armen und verkaufte sie an die unruhigen Jugendlichen der Mittelklasse.

Die Theoretiker des Gegenschlags sollten der Konsumwirtschaft allerdings keine Schuld geben und waren auch noch zu liberal, um die Schuld den Armen zuzuweisen. Die Meinung, ihre eigene Nachgiebigkeit sei das Problem, war eine unbedachte Selbstbezichtigung, und erst dadurch schufen sie die Voraussetzungen für einen viel brutaleren Konservativismus, der sich daranmachte, die gesamte neue Mittelklasse zu diskreditieren. Angesichts einer Mittelklasse im Chaos galt es jemand anderen zu finden, der die traditionellen Werte – harte Arbeit und Selbstzucht – gegen den Trend zu Anarchie und Hedonismus repräsentiert. Ende der sechziger Jahre wurde dieser »jemand« an unerwarteter Stelle gefunden – in der fast vergessenen Arbeiterklasse.

*Kapitel 3*

# Die Entdeckung der Arbeiterklasse

Die Studentenbewegung bescherte der Mittelklasse die unangenehme Erkenntnis, daß sie in einem gewissen Sinn eine Elite war. Aber im Vergleich zu wem? Außer den extrem Armen und den extrem Reichen gehörten doch immer noch alle Amerikaner zur monolithischen »Mittelklasse«. Kommentatoren und Professoren bedienten sich nach wie vor des respektgebietenden »wir« und meinten damit sich selbst und die meisten Amerikaner vom Arbeiter in der Autoindustrie bis zum Werbefachmann. Die radikalen Studenten von Columbia oder Harvard glaubten nach wie vor, sie repräsentierten »die Jugend«. Niemand fühlte sich durch Reichtum, Bildung oder Beruf disqualifiziert, für die »einfachen Leute« zu sprechen.

Dann kam – um mit Nora Sayes zu sprechen – »das große ungläubige Staunen« angesichts der Entdeckung der »arbeitenden/vergessenen/durchschnittlichen Menschen«.[146] Da war der fehlende Teil des Ganzen, ein riesiger Teil der Bevölkerung, der nicht zur Mittelklasse gehörte und im Vergleich zu dem die neue Mittelklasse zweifellos eine Elite war: besser bezahlt, im Sitzen tätig und redend, während die anderen zuhören mußten.

Für die Kommentatoren, die Professoren und die Radikalen an den feinen privaten Ivy-League-Universitäten war es ein böses Erwachen, als sie begreifen mußten, daß sie nicht mehr die Stimme des Volkes waren, sondern eine Gruppe mit Sonderinteressen. »Die meisten von uns in der sogenannten Kommunikationsbranche haben keine Verbindung mit der großen Masse der normalen Amerikaner«, bekannte der Kolumnist Joseph Kraft schon im Sommer 1968; man vertrete vielmehr »die Ansichten von Weißen mit gehobenen Einkommen«.[147]

Anders als die Armen zu Beginn der sechziger Jahre hatte die weiße Arbeiterklasse durchaus auf ihre Existenz hingewiesen. Einzelne Anzeichen der Unzufriedenheit waren in den Medien bereits zum regelrechten Gegenschlag hochstilisiert worden – gegen die Bürgerrechtsbewegung, gegen die Anti-Kriegsbewegung und offenbar gegen den Linksliberalismus der Mittelklasse überhaupt. Vereinzelt wendeten sich in bestimmten Regionen auch schon Angehörige der traditionell demokratisch wählenden weißen Arbeiterklasse lokalen Berühmtheiten zu, die an rassistische Ressentiments appellierten: in Boston Louise Day Hicks, die den Widerstand gegen die Rassenintegration an den Schulen anführte, in Minneapolis Charles Stenvig, der vom Polizisten zum Politiker geworden war, in Newark Anthony Imperiale, der Bürgerwehren organisierte, in New York Mario Procaccino, dem Law-and-Order-Mann, der sich John Lindsay, dem liberalen Oberbürgermeister aus der Oberschicht, entgegenstellte. Den größten Zulauf hatte George Wallace aus Alabama, der Verfechter der Rassentrennung, der nach seiner Niederlage gegen einen Angehörigen des Ku-Klux-Klans in den Vorwahlen um den Gouverneursposten 1958 geschworen hatte, er werde sich nie wieder »out-niggern« lassen.[148]

Nach dem britischen Journalisten Godfrey Hodgson trat erstmals im Sommer 1968 nach den Gewalttätigkeiten, die den Parteitag der Demokraten fast völlig überschatteten, die Existenz einer zornigen, neuen gesellschaftlichen Klasse ins Bewußtsein. Zehntausende radikaler Jugendlicher waren nach Chicago gekommen, um gegen den Vietnamkrieg und den führenden demokratischen Präsidentschaftskandidaten Hubert Humphrey zu protestieren, der zwar ein Liberaler war, aber auch ein Befürworter des Krieges. Die Polizei des Oberbürgermeisters Richard Daley griff sie an, wahllos und erbarmungslos. Unter ihren Knüppeln gingen nicht nur Anarchisten, Pazifisten, Radikale und sonstige Vertreter der Gegenkultur zu Boden, sondern auch zufällig vorbeikommende Parteitagsdelegierte, unbeteiligte Passanten und – was entscheidend war – Reporter und Kameraleute. Selbst der unbeteiligte Playboy-Chef Hugh Hefner bekam sie zu spüren: Als er ausnahmsweise einmal das Playboy

Mansion verließ, wurde er von einem Polizeiknüppel niedergeschlagen und zog sich, vermutlich belehrt, sofort wieder ins Haus zurück. Von seltenem kollektiven Mut beseelt, schickten die Herausgeber sämtlicher wichtiger Zeitungen im Lande Oberbürgermeister Daley ein scharfes Protesttelegramm. Chet Huntley, einer der angesehensten Fernsehjournalisten, berichtete seinen Landsleuten in den Abendnachrichten, daß »in Chicago zur Zeit eine Offensive der Polizei gegen den Journalismus im Gange ist«.[149]

Doch dann kam die ernüchternde Reaktion der Zuschauer. Gleich nach dem Parteitag zeigten Meinungsumfragen, daß die Mehrheit der Amerikaner – 56 % – nicht für die blutiggeschlagenen Demonstranten oder für die Presse waren, sondern für die Polizei. Was im Fernsehen gezeigt worden war, glich ja auch nicht einem ehrenhaften Protest, sondern dem Einbruch der Anarchie in einer großen Stadt. Daraufhin stellte die Presse – abrupt und feige – vom einen Tag auf den anderen den Protest ein. Die Leute klebten sich Aufkleber ans Auto »We support Mayor Daley and his Chicago police«. »Ich war platt über die Reaktion der Öffentlichkeit auf Chicago«, sagte Shad Northshield von NBC. »Alle waren platt, verblüfft und gekränkt. Das war der Punkt, der mich die Kluft zwischen uns Journalisten und der Mehrheit erkennen ließ.«[150]

Die führenden Leute in den Medien beeilten sich, ihre jetzt erkannte »Einseitigkeit« zu korrigieren. Sie hätten militanten Minderheiten zu viel Sympathie entgegengebracht, ließen sie nun verlauten. (Die Minderheiten selbst wären da sicher anderer Meinung gewesen.) Von nun an sollten sie sich auf die mysteriöse Mehrheit konzentrieren, für die Richard Nixon die berühmte Wendung »schweigende Mehrheit« prägte. Die Wende wurde am 27. September 1969 in der Fachzeitschrift *Editor and Publisher* proklamiert und am gleichen Tag auch in der Fernsehzeitschrift *TV Guide,* die einen reuigen Fernsehboß nach dem anderen zu Wort kommen ließ. »Wir wußten einfach nicht, daß es sie [die erwachsene weiße Mehrheit] gibt!« gab einer zu, und ein anderer hatte entdeckt: »Die Welt endet nicht am Hudson.« Für Fred Freed von NBC war der eigentümliche Provinzialismus der Mediengewaltigen an allem schuld:

> Die Arbeiter und Angestellten, die jetzt revoltieren, beschweren sich zurecht über uns. Wir haben ihre Sicht der Dinge ignoriert ... Man darf nicht so tun, als gäbe es sie gar nicht. Wir begingen diesen Fehler, weil die meisten von uns Liberale aus der upper middle class sind.[151]

Früher oder später hätten die Ideen- und Bilderproduzenten unweigerlich die »vergessene« oder »beunruhigte« Mehrheit entdeckt, und sei es nur als Kontrastprogramm. Der ehemalige Staatssekretär im Ministerium für Wohnungsbau und Stadtentwicklung Robert Wood hatte schon 1966 als einer der ersten auf die Existenz einer (überwiegend weißen) Arbeiterklasse hingewiesen und gemeint, sie werde entdeckt werden, »sobald die linken Professoren und Deuter von der Minderheitenmasche genug haben und einen neuen populären Helden suchen, der dann ein Weißer sein könnte«.[152]

Diese Suche nach einem »neuen populären Helden« wurde aber nicht nur durch die Sucht der Medienmacher und Intellektuellen nach etwas Neuem ausgelöst. Godfrey Hodgson vertritt die These, hinter der Entdeckung der »breiten Masse« in den Medien stecke etwas Unheimlicheres – nämlich die »Angst, die allen Eliten im Nakken sitzt, sie hätten die Verbindung zur Mehrheit verloren«.[153] Genau dies traf hier wirklich zu. In einem Land, in dem nach jeder vernünftigen Definition ein Viertel der Bevölkerung arm war, erfuhren die Medienmacher und Intellektuellen erst aus Michael Harringtons Buch, daß esüüberhaupt Armut in Amerika gab. In einem Land, in dem die große Mehrheit weder Journalisten noch Mediengewaltige noch Professoren sind, waren eben diese Leute zu sehr in ihrer eigenen Welt befangen – vielleicht, weil ihr eigener Erfolg und Reichtum sie geblendet hatte –, um zu bemerken, daß die Mehrheit irgendwie anders war als sie selbst.

Es gab also Gründe für die Woge der Reue, die die neue Mittelklasse am Ende der sechziger Jahre erfaßte. Man hatte sich angemaßt, für jedermann zu sprechen, und jetzt stellte sich heraus, daß »jedermann« einer fast ebenso undurchsichtigen und exotischen Gruppe angehörte wie die Armen zur Zeit ihrer Entdeckung. Die nächsten Jahre legten sich Medienmacher, Intellektuelle und ihresgleichen mächtig ins Zeug, um das peinliche Versäumnis wettzumachen. Ängstlich und fast ehrfürchtig untersuchten sie dieses seltsame »andere« Segment der amerikanischen Gesellschaft – die Mehrheit. Und dort stießen sie dann unter anderem auf eine angeblich ausgestorbene bzw. zumindest durch und durch assimilierte Kategorie: die Arbeiterklasse.

Die dergestalt entdeckte Arbeiterklasse war – genau wie zu Beginn des Jahrzehnts die Armen – ein Phantasieprodukt der Ängste und Vorurteile der Mittelklasse. Ihre Entdeckung fiel in eine Zeit, als viele Intellektuelle der Mittelklasse an Selbstvertrauen verloren und langsam konservativ wurden. Akademiker genossen nicht mehr automatisch Autorität, und die Toleranz schien bereits mindestens eine Generation Jugendlicher der Mittelklasse verdorben zu haben. Also suchte die Mittelklasse, als sie sich ans Studium der Arbeiterklasse machte, gern nach Legitimationsgründen für die eigenen konservativeren Impulse. *Die* Arbeiterklasse, die in den späten sechziger und frühen siebziger Jahren die militantesten Arbeitskämpfe seit dem Zweiten Weltkrieg führte, entdeckten sie nicht. Sie entdeckten eine Arbeiterklasse, die ihrer eigenen Stimmung besser entsprach: dumm, reaktionär und rassistisch.

### Die »breite Masse« in den Medien

Im Herbst 1969 machten sich die großen Fernsehgesellschaften daran zu zeigen, »wo Amerika in Ordnung ist«. Sie produzierten beruhigende neue Serien wie *Country Preacher* [Der Landpfarrer] und *Small Town Judge* [Richter in der Kleinstadt]. 1970 kam *All in the Family* [Im Schoß der Familie] dazu, mit dem liebenswerten konservativ-rassistischen Arbeiter Archie Bunker als zweideutigem Familienoberhaupt. Fast gleichzeitig entdeckten Universitäten, Stiftungen und Entscheidungsträger die »vergessene Mehrheit«. Die Regierung Nixon setzte eine Enquete-Kommission über »Das Problem des Arbeiters« ein. Im Rathaus von New York (wo ich 1968/69 einige

Monate als »Programmplanungsanalytikerin« arbeitete) machte man sich unter Oberbürgermeister Lindsay eilends auf die Suche nach weißen Vierteln, denen man neue kommunale Dienstleistungen zugutekommen lassen konnte, obwohl niemand sie nötiger gebraucht hätte als die Schwarzen und die Puertoricaner. Die Ford Foundation, die sich in den schwarzen Vierteln finanziell stark engagiert hatte, orientierte sich schlagartig auf weiße ethnische Gruppen um und veranstaltete im Januar 1970 eine Mitarbeiterschulung über »Das Problem des Arbeiters«.[154] Autoren und Professoren warfen Bücher auf den Markt, um dem allgemeinen Unwissen Abhilfe zu schaffen, darunter durchaus lesenswerte wie *The White Majority, Middle Class Rage, The Radical Center* und *The Troubled American.* Und jedes wichtige Nachrichtenmagazin brachte im Herbst oder Winter 1969 eine Titelgeschichte über die »breite Masse«, die »beunruhigten Amerikaner« oder die »vergessenen Amerikaner«.

Seltsamerweise war es den Nachrichtenmagazinen überhaupt nicht peinlich, ihre Entdeckung bekanntzugeben. Die Armen zu entdecken, von denen sich die meisten ohnehin kein Abonnement leisten konnten, mochte ja noch angehen. Aber galt das auch für die »Entdeckung« einer Mehrheit, die zur eigenen Leserschaft gehörte? »Das Pendel der öffentlichen Aufmerksamkeit schwingt gerade wieder einmal herum – was das Selbstverständnis der Amerikaner meist nachhaltig verändert«, meldete *Newsweek,*[155] vergaß aber darauf hinzuweisen, daß die Zeitschrift selbst zusammen mit den anderen Medien den Umschwung bewerkstelligte. *Time* war ehrlicher und berichtete, die »breite Masse« sei »ursprünglich von Politikern und der Presse ›entdeckt‹ worden«; die reichlich späte Entdeckung erklärte das Blatt mit »weitverbreiteter Unzufriedenheit« sowie – schwer nachvollziehbar – mit »dem Charakter und den Leistungen der Astronauten.«[156] *U.S. News and World Report* begnügte sich mit der Feststellung: »Der Mann auf der Straße wirkt jetzt langsam wirklich wie eine *Very Important Person.*«[157] Ob die Leser sich wohl über die elitäre Perspektive Gedanken machten, für die der »Mann auf der Straße« eben noch belanglos gewesen war?

Die von den Medien entdeckte »breite Masse« war natürlich eine weitaus umfassendere Kategorie als die der Arbeiter. Die meisten Kommentatoren hatten es derart eilig, die nicht mehr nachrichtenwürdigen Schwarzen, Hippies, 68er und Armen hinter sich zu lassen, daß sie sich damit begnügten, so gut wie jeden der »breiten Masse« zuzurechnen, der keiner dieser beunruhigenden Gruppen angehörte. In einer von *Newsweek* in Auftrag gegebenen Meinungsumfrage z. B. wurden als »breite Masse« mehr oder weniger die Weißen definiert. Angeblich ging es zwar um eine Darstellung des »kleinen Mannes«, doch 28 % der Befragten kamen aus Familien, deren Oberhaupt sein Geld lohnabhängig in der Wirtschaft oder als Akademiker verdiente.[158] Als *Time* die »breite Masse« definierte, fielen nur »Intellektuelle, Linke, Professoren und Chirurgen« und natürlich die Schwarzen nicht darunter. Übrig blieb ein Großteil der Bevölkerung, den die Zeitschrift zu einer sinnvollen gesellschaftlichen Kategorie zu verbinden suchte:

> Angehörige der »breiten Masse« findet man eher im Landesinneren als an den Küsten. Aber sie wohnen in Skokie oder Chillicothe, ebenso wie im New Yorker Stadtteil Queens oder Van Nuys in Kalifornien ... Definieren lassen sie sich ebenso nach dem, was sie nicht sind, wie nach dem, was sie sind. In der Regel sind sie zwar weder arm noch reich, aber auch viele wohlhabende Geschäftsleute gehören dazu ... Sie wählen sowohl die Republikaner als auch die Demokraten.

»Vor allem«, stellte *Time,* von den eigenen Definitionsversuchen offensichtlich erschöpft, abschließend fest, »definiert sich die ›breite Masse der Amerikaner‹ durch ihre Gesinnung.«

Die Definition dieser Gesinnung erwies sich allerdings als fast ebenso schwierig wie die der Gruppe, die sie kennzeichnete. Die von *Time* und *Newsweek* konstatierte »weitverbreitete Unzufriedenheit« betraf fast alle nur erdenklichen Themen. Wie nicht anders zu erwarten, klagte die breite Masse über Drogen und Kriminalität sowie über die scheinbar gewalttätige Taktik rebellierender Schwarzer und Studenten. Sie klagte über die Antikriegsdemonstranten und über den Vietnamkrieg, über hohe Steuern und Sozialausgaben, aber auch über die Untätigkeit des Staates angesichts dringender sozialer Probleme wie die Armut. »Für 50 Millionen Dollar schicken sie so einen besch... Affen rund um den Mond, und gleichzeitig gibt es Hunger bei uns«, »knurrte« ein Automechaniker aus Milwaukee einem *Newsweek*-Reporter ins Mikrophon. Sie klagten auch über die eigene Armut: »Mann, ich kann mir nicht einmal einen Farbfernseher leisten!« »explodierte« ein Klempner aus Los Angeles in derselben Titelgeschichte. Sie klagten über Umweltverschmutzung und den Zusammenbruch der Sozialversorgung. Egal, worüber ein Vertreter der »breiten Masse« klagte, die Medien brannten darauf, es festzuhalten. In der Titelgeschichte von *Time* findet sich folgender Passus:

> Dorothy King, 47, Frau eines Vertreters aus Atlanta und Mutter dreier Kinder, liest jede Woche ein Buch – was in unserem Fernsehzeitalter für die breite Masse eher atypisch ist –, findet aber kaum noch welche, die ihr gefallen: »Neulich habe ich ein Buch über einen Mann gelesen, der mit seiner Schwester lebt. ›Die sind ja krank‹, habe ich mir gedacht.«

Falls der leere Journalistenbegriff »breite Masse« überhaupt etwas Greifbares enthielt, waren es die Arbeiter. »Das Wesen der ›schweigenden Mehrheit‹ zeigt sich am deutlichsten bei den Arbeitern«, vermeldete *U.S. News and World Report*. Und *Newsweek* informierte seine Leser wie folgt:

> Die Unzufriedenheit der breiten Masse ist in der traditionellen amerikanischen Arbeiterklasse am schärfsten ausgeprägt – in Familien, in denen der Ernährer bestenfalls auf der High School war, in der Fabrik arbeitet und zwischen 5.000 und 10.000 Dollar im Jahr verdient ... In dieser Gruppe ist es von Unzufriedenheit und Sorgen nicht weit bis zu Wut und Gewalt.[159]

In der von *Newsweek* in Auftrag gegebenen Gallup-Umfrage zeichneten sich die befragten Arbeiter durch zwei Merkmale aus: Sie sahen pessimistischer in die Zukunft als die Angestellten und hatten für die ökonomischen Forderungen der Schwarzen weniger übrig.

Einige der schlimmsten rassistischen Äußerungen anläßlich der Meinungsumfrage stammten jedoch nicht von Arbeitern, sondern von Börsenmaklern, Finanzmanagern und Geschäftsleuten und sogar von einem anonymen Professor am Massachusetts Institute of Technology, der mutmaßte, die erfolgreichen Neger seien »fast alle hellhäutig«. Ein »Investitionsberater« antwortete auf die Frage, wie er »Recht und Ordnung« definieren würde: »Macht die Nigger fertig. Das reicht.«[160] Trotzdem behaupteten die Nachrichtenmagazine, die Vorhut beim Rechtsruck der breiten Masse seien die Arbeiter.

## Das Klischee vom Arbeiter

*An Introduction to Sociology,* ein 1976 – also lange nach der Entdeckung der Arbeiterklasse – erschienenes Lehrbuch, enthält eine Bildunterschrift: »Klischeebild eines Arbeiters«. Auf dem Foto starrt ein übergewichtiger Mann mittleren Alters in Overalls, T-Shirt und Arbeitermütze dumpf über das Dosenbier Marke Rheingold hinweg, das vor ihm auf dem Tisch steht. Eine schlanke Frau mit wachen Augen schaut neugierig diesen »Arbeiter« an, der vielleicht ihr Mann sein könnte. Stellt sie sich etwa die gleiche Frage wie der Leser: Stimmt dieses Klischee? Aber müßte dann die Bildunterschrift nicht lauten: »Ein typischer Arbeiter«? Oder soll der um Distanz bemühte Ausdruck Klischeebild ein Hinweis darauf sein, daß der Abgebildete nicht etwa einen Arbeiter darstellt, sondern ein weitverbreitetes Vorurteil? Trotz der Kapitelüberschrift »Lebensweisen und Wertvorstellungen der Klassen« auf derselben Seite löst auch der Text das Rätsel nicht. Dem Studenten soll wohl klargemacht werden: »Wir, die Autoren, meinen zwar, daß die Arbeiter so sind, aber beweisen können wir es nicht. Jedenfalls könnte dir das Bild helfen, einen Arbeiter zu erkennen, falls du einmal einem begegnest.«

Eine letzte Beobachtung, bevor wir dieser reizvollen Abbildung den Rücken kehren: Aus dem Blick der Frau geht hervor, daß es um den Mann geht, der sowohl der »Arbeiter« als auch das »Bild« ist. Ihr fragender Blick rückt sie an die Seite der Soziologen; sie studiert gewissermaßen ein soziologisches Objekt. Das faszinierte Interesse der Mittelklasse an der Arbeiterklasse gleich nach deren Entdeckung galt überhaupt dem männlichen Angehörigen dieser Klasse, insbesondere dem weißen. Die Armut war eher weiblich besetzt gewesen: ihre Opfer wirkten passiv, ziellos und ausgelaugt. Mitte der sechziger Jahre wurden arme Schwarze weiblichen Geschlechts besonders beachtet und – dank ihrer angeblich immensen Fruchtbarkeit und matriarchalischen Macht – als eigene Kategorie untersucht.[161]

Die Arbeiterklasse wurde dagegen vom Augenblick ihrer Entdeckung an als männlich definiert. Das lag zum Teil daran, daß Arbeit, insbesondere körperliche Arbeit, immer noch als Männersache galt. Außerdem waren die Soziologen und andere Kommentatoren der Auffassung, Arbeiterinnen neigten eher zu den Wertvorstellungen und Ansichten der Mittelklasse, unter anderem, weil sie tiefer in der Konsumkultur steckten als ihre Ehemänner.[162] Wie in Kapitel 1 dargelegt, wies der Alltag der Hausfrauen – einkaufen, putzen, die Kinder versorgen – damals noch weniger krasse klassenspezifische Unterschiede auf als derjenige der Männer. Außerdem mußten sie im Büro oder als Verkäuferin – gängige Berufe für Frauen aus der Arbeiterklasse – zumindest nach außen hin bürgerlich auftreten. Eine solche Frau mochte übergewichtig, nicht modisch gekleidet und nach den Vorstellungen der Mittelklasse geschmacklos geschminkt sein, aber sie war wenigstens keine Außenseiterin, keine Bedrohung.

Außerdem galt die neuentdeckte Arbeiterklasse als weiß. In Wahrheit nahm in der amerikanischen Arbeiterklasse – schlicht und einfach definiert als Menschen, die kein Gehalt bekommen, sondern einen Stundenlohn – der Anteil der Frauen, der Schwarzen und der Hispanics damals ständig zu. Aber die Mittelklasse wollte sich Arbeiter partout als weiß und arm vorstellen. Bei allen im folgenden untersuchten Klischees der Arbeiterklasse handelt es sich um männliche Weiße – eine Gruppe also, von der man oft meint, man begegne ihr ohne Vorurteile.

Als die Arbeiter entdeckt wurden, war das Bild, das man sich von ihnen machte, vage. Entweder warfen die Soziologen die Arbeiterklasse mit den Armen in einen Topf oder subsumierten sie optimistischerweise in die allumfassende Mittelklasse. Auch die *popular culture* gab wenig her. Der Film der fünfziger Jahre brachte nur zwei eindrucksvolle Arbeiterfiguren hervor, Marty und Terry Malloy in *Die Faust im Nacken*. Beide waren dumm, sympathisch und blöderweise loyal gegenüber ihren Klassengenossen – ein Fehler, der bei Marty durch Heirat behoben wurde und bei Terry durch den Verrat an seinen Kollegen. In den sechziger Jahren kam die Arbeiterklasse im Kino einfach nicht vor, wenn man die Cowboys und den gelegentlichen anachronistischen kriminellen Jugendlichen außer Betracht läßt.

Die Gesellschaftswissenschaften lieferten eine wichtige Reflexion zum Wesen der Arbeiterklasse, Seymour Lipsets Aufsatz »Der Autoritarismus der Arbeiterklasse« aus dem Jahre 1959.[163] Das Autoritäre im Sinne der autoritären Persönlichkeit war durch die Faschismusforschung in der Soziologie thematisiert und in den fünfziger Jahren durch den Antikommunismus am Leben gehalten worden, vor allem durch Wissenschaftler wie Lipset, für die Faschismus und Kommunismus lediglich zwei Manifestationen ein- und derselben Sklavenmentalität der Massen waren. Nach Lipsets Analyse war am Totalitarismus jeder Spielart stets die Arbeiterklasse schuld, denn ihre Angehörigen waren von Natur aus engstirnig, intolerant und vor allem »autoritär«. Die paradoxe und reichlich selbstgefällige Schlußfolgerung war wohl, daß nur die Angehörigen privilegierter Eliten überhaupt für die Demokratie begabt sind. Lipset selbst sagt: »Die Regeln der Demokratie verlangen ein hohes geistiges Niveau und ein hohes Maß an Selbstsicherheit«[164] – ein schwer zu definierendes Kriterium, welches wohl nur Angehörige der neuen Mittelklasse und belesene Vertreter der Geldaristokratie erfüllen.

Lipsets Beschreibung der Arbeiterklassenpersönlichkeit, schon damals von einigen Soziologen als reichlich phantastisch verworfen,[165] ist mittlerweile in allen Einzelheiten widerlegt. Nach dem Historiker Richard F. Hamilton begann beispielsweise der Nationalsozialismus nicht als Bewegung der »Massen« (Kleinbürgertum bzw. Arbeiterschaft), sondern wurde vor allem von reichen Städtern und Großgrundbesitzern gefördert.[166] Hamilton konnte außerdem nachweisen, daß auch andere berühmt-berüchtigte Phasen der Intoleranz, wie z. B. die Lynchjustiz im amerikanischen Süden oder die McCarthy-Zeit in den fünfziger Jahren, eher vom großen Geld lanciert und erst dann von den unteren Klassen aufgegriffen wurden. Im Rahmen einer umfassenden Analyse von amerikanischen Umfragedaten und Wahlergebnissen von den späten vierziger bis zu den sechziger Jahren fand er keine schlüssigen Beweise für die These, die Arbeiterklasse neige von Natur aus zu autoritärer Intoleranz und Feindseligkeit gegenüber demokratischen Spielregeln.[167]

Andererseits bietet Lipsets Untersuchung nach wie vor einen wertvollen Überblick über Vorurteile der Mittelklasse. »Ein Mensch aus niederen Klassen«, sagt Lipset und unterscheidet, wie in den fünfziger Jahren üblich, nicht zwischen Unterklasse und Arbeiterklasse, vereinigt in sich »tiefwurzelnde Feindgefühle ..., die dann in Rassenvorurteilen, politischem Autoritarismus und chiliastischer diesseitswertiger Religion ihren Ausdruck finden«. Schuld an diesen exotisch klingenden Persönlichkeitsdefekten ist weniger der einzelne als vielmehr die Gesellschaft, in der er sich bewegt, nämlich andere Angehörige der Arbeiterklasse. Im Elternhaus hatte er »wahrscheinlich seit seiner frühesten Kindheit Bestrafungen, Mangel an Liebe und eine allgemeine Atmosphäre der Spannung und Aggressivität ertragen« müssen. In der Schule machte das Zusammensein mit anderen »aus dem gleichen Milieu Stammenden« alle Anstrengungen der Lehrer zunichte. Am Arbeitsplatz setzten sich die schlechten Einflüsse fort: Dort ist er »in der Gesellschaft anderer aus einem ähnlich begrenzten kulturellen, bildungsmäßigen und familiären Milieu«.[168]

Kurzum, in der Arbeiterklasse befindet man sich in schlechter Gesellschaft. Lipset zitierte aus dem 1926 erschienenen Buch *Social*

*Differentiation,* um zu belegen, daß das Arbeiterklassenmilieu »Informationsquellen beschneidet, die Entwicklung der Urteilsfähigkeit und des logischen Denkens beeinträchtigt und das Interesse auf die banaleren Dinge im Leben beschränkt«.[169] Für Lipset erklärte der beschränkte geistige Horizont der Angehörigen der Arbeiterklasse – vor allem ihr Interesse für »die banaleren Dinge«, ihr »Nicht-Zuhören-Wollen« und »Bedürfnis nach sofortigem Handeln« – auch die Vorliebe für linke (bzw. andere »extremistische«) politische Bewegungen. Es gab bei dieser These allerdings einen Haken, was auch Lipset ohne weiteres einräumte: Die Geschichte der Arbeiterbewegung ist in Amerika ebenso wie in Europa nicht nur vom Kampf um »banale« materielle Ziele geprägt, sondern vom Kampf für politische Freiheitsrechte wie Frauenstimmrecht, Meinungsfreiheit und Versammlungsfreiheit, Rechte also, die von den allem Banalen abholden Eliten oft hart bekämpft wurden. Für Lipset war dies eine Anomalie, die er folgendermaßen erklärte: Erstens seien die Führer der Arbeiterbewegung oft gebildeter und stärker an bürgerlichen Wertvorstellungen orientiert als ihre Anhänger, zweitens wüßte die dumme Basis ohnehin nicht, wofür sie da kämpfte: »Die Tatsache, daß die Ideologie der Bewegung demokratisch ist, heißt nicht, daß ihre Anhänger auch begreifen, worum es dabei geht.«[170]

Die Angehörigen dieser unkultivierten Klasse waren eben – leider – außerstande, irgendetwas richtig zu machen! Wenn sie sich einer »extremistischen« Bewegung anschlossen, lag es am Druck ihrer »autoritären Persönlichkeitsstruktur«. Wenn sie sich für liberale bürgerliche Grundrechte einsetzten, lag es daran, daß sie nicht wußten, was sie taten. Und wenn sie nach den Maßstäben der jeweiligen Mode der Mittelklasse die richtige Einstellung hatten, so hatten sie dafür die falschen Gründe. 1981 mußte Lipset sich anläßlich einer Neuauflage von *Political Man* mit einer neueren Untersuchung auseinandersetzen, die gezeigt hatte, daß es in der amerikanischen Arbeiterklasse mehr Opposition gegen den Koreakrieg und den Vietnamkrieg gegeben hatte als in der Mittelklasse. Zur Erklärung bot Lipset die These an, diese Haltung der Arbeiterklasse zeige nicht etwa pazifistische, sondern archaische und konservative »isolationistische Gefühle«. In der vergleichsweise kriegsfreundlicheren Haltung der Mittelklasse kam dann wohl ein grundvernünftiger Interventionismus zum Ausdruck?

Lipsets Erklärung dafür, daß die Arbeiterklasse historisch zu weit links gestanden habe, paßt gut zu der Ende der sechziger und Anfang der siebziger Jahre in Soziologenkreisen verbreiteten Sorge, diese Klasse sei mittlerweile zu weit nach rechts gerutscht. Lehrbücher zur Einführung in die Soziologie kauten feierlich die Vorurteile wieder, die Lipset in den Rang politischer Wissenschaft erhoben hatte: Arbeiter sind »ethnozentrischer, autoritätsgläubiger und isolationistischer als Menschen aus höheren Schichten«, hieß es in *Sociology*. In einer anderen Einführung erfahren wir, daß »ein einfacher Arbeiter nur ungern neue Bekanntschaften macht, neue Situationen erlebt oder neue soziale Beziehungen knüpft und vor allem auf einen Unbekannten nicht als erster zugeht. Vielmehr schätzt und sucht er – mehr als jeder andere – Gewohntes, Vertrautes und Berechenbares.«[171]

In den siebziger Jahren war den Soziologen bei ihren Verallgemeinerungen angesichts des Gegenschlags der breiten Massen aus der Arbeiterklasse nicht mehr ganz wohl. Die Arbeiter, die ja als autoritätsgläubig galten, lehnten nämlich *eine* Autorität eindeutig ab – die der Experten aus der Mittelklasse, womöglich sogar die der Soziologen selbst. In einem Lehrbuch aus dem Jahre 1976 stoßen wir denn auch auf die Feststellung, daß Angehörige der Arbeiterklasse (die hier noch als »Unterklasse« firmieren)

> neue Ideen und Verhaltensweisen nur ungern aufgreifen und die Neuerer mit Argwohn betrachten ... Die Unterklasse hat aufgrund unzulänglicher Bildung, Lektüre und Kontakte kaum Zugang zum Wissen um die Gründe für solche Veränderungen, und in Verbindung mit ihrem Klassenstatus macht diese Unkenntnis sie argwöhnisch gegen die »Fachleute« und »Menschheitsbeglücker« aus der Mittel- und Oberschicht, die sich für Veränderung einsetzen.

Warum ging man eigentlich nicht einen Schritt weiter und räumte ein, daß bei der soziologischen Betrachtung gesellschaftlicher Klassen eine Art Heisenbergsche Unschärferelation herrscht, so daß die Beobachtungen der Fachleute aus der Mittelklasse durch die Feindseligkeit der Unterklassen gegenüber eben diesen Fachleuten verzerrt werden – von der Feindseligkeit der Fachleute gegenüber den Untersuchungsgegenständen ganz zu schweigen?

## Klischees auf Leinwand und Bildschirm

Die Soziologie schafft die offiziellen Klischees, Hollywood und die drei großen Fernsehanstalten aber schaffen die einprägsamsten. Kaum hatten die Nachrichtenmedien die Arbeiterklasse entdeckt und als reaktionär, rassistisch und männlich erkannt, machten sich die Drehbuchschreiber ans Werk, um aus dem Unterhaltungspotential dieser interessanten neuen gesellschaftlichen Gruppe Kapital zu schlagen. Das Fernsehen verlegte sich, vereinfacht gesagt, auf das komische Potential, Hollywood auf die angebliche Neigung zur Gewalttätigkeit. So entstanden zwei sich überschneidende Bilder: im Fernsehen der männliche Arbeiter als Clown, im Film der Arbeiterclown als Massenmörder.

Der – natürlich weiße – Arbeiterclown, dessen Paradebeispiel Norman Lears Archie Bunker ist, war der wohl unvermeidliche Ersatz für den ewigen schwarzen Clown à la *Amos'n'Andy.* Jahrzehntelang hatten sich die Weißen über diese griffigen Klischees von Schwarzen lustig gemacht, die rassenbedingt »anders« und obendrein Tölpel vom Lande waren. Doch in den sechziger Jahren wurde durch die Bürgerrechtsbewegung klar, daß »Rassenhumor« rassistisch oder zumindest takt- und geschmacklos ist. Außerdem lebten die meisten schwarzen Amerikaner nicht mehr auf dem Land und sprachen auch nicht mehr so lustig gedehnt wie Amos und Andy; sie sprachen schnell, waren »streetsmart« und lebten in der Stadt (oder wurden jedenfalls immer öfter so dargestellt). In den »Black exploitation«-Filmen der frühen siebziger Jahre wie *Superfly* und in unzähligen späteren sind die Schwarzen cleverer und schicker als die Weißen: Sie sind teuer und elegant gekleidet, leben von dunklen Geschäften und lassen zynische Sprüche los, auf die ein Weißer mit seinem angeblich sicheren, faden Leben nie kommen würde.

Die an den Stadtrand geflohene breite Masse der weißen Amerikaner wirkte dagegen schon fast wie ein neues Landvolk. Glaubte man den Klischees der Unterhaltungsmedien, so fanden sie sich in der Großstadt nicht zurecht, verstanden den dort üblichen harten Slang nicht und beschäftigten sich vor allem mit der degeneriertesten Form von Landwirtschaft – mit der Rasenpflege. Tonangebend in Musik, Sprache und Kleidung waren die Schwarzen in den Städten, während die breite Masse stillos mit weißen Socken und karierten Hosen herumlief. Die demographischen Umbrüche der fünfziger Jahre – Migration der Schwarzen in den Norden und Stadtflucht der Weißen – und daran anschließend der Aufstand der Schwarzen in den sechziger Jahren hatte kulturell eine kaum beachtete Konsequenz: An die Stelle von uralten und nicht mehr spaßigen Witzen über »Nigger« traten jetzt Polenwitze.

*All in the Family* [Im Schoß der Familie], die erfolgreiche Komödienserie mit Archie Bunker als Familienvater, war der langlebigste aller Polenwitze. Der Arbeiter Archie Bunker (Carroll O'Connor) war natürlich weder Pole noch ließ er sich sonst einer ethnischen Gruppe zuordnen (als die Serie 1970 Premiere hatte, hätte man bei einer Komödie auf Kosten einer weißen ethnischen Gruppe bereits mit Demonstrationen und Boykott rechnen müssen). Doch den Vorurteilen der Mittelklasse entsprechend war er provinziell, patriarchalisch, ungebildet und außerstande, Fremdwörter richtig zu verwenden. Außerdem war er – so wollte es die gängige Interpretation der »weißen Konterbewegung« – ein militanter Rassist und Antisemit, war für den Vietnamkrieg und fürchtete sich vor »Emanzen«, »Schwulen« und Hippies.

Die Serie war beliebt und umstritten, letzteres vor allem, weil sie so beliebt war. Schauten die Leute zu, um über Archie zu lachen oder wegen des Schauders, der sie überkam, wenn er zur besten Sendezeit Tabus brach und Schwarze als »Nigger« bezeichnete und

Juden als *kikes*? Oder wollten sie nur versichert bekommen, daß dieser ganze ungewohnte politische Aufruhr beim ständigen heftigen Streit zwischen Archie und seinem liberalen Schwiegersohn, dem Akademiker, eben doch noch »im Schoß der Familie« stattfand? Jedenfalls prägte sich dieses Klischee vom Arbeiter einer ganzen Fernsehgeneration ein. Noch in den achtziger Jahren bezogen sich gebildete und liberale Leute auf *All in the Family* als soziologische Quelle und bezeichneten männliche Arbeiter der Einfachheit halber als »Archie-Bunker-Typen«.

*Joe* (1970), Hollywoods erster wichtiger Beitrag zu diesem Klischee, war ein Archie-Bunker-Typ mit einem Waffenarsenal. In seiner ersten Szene deklamiert Joe für jeden, der es hören will, eine ganze Litanei klassischer Ressentiments der »Konterbewegung«:

> Die Nigger kriegen das ganze Geld. Warum zum Teufel soll einer arbeiten, wenn er fürs Bumsen und Kindermachen auch noch bezahlt wird? ... Die Sozialarbeiter, guckt euch die doch mal an – ganz verrückt sind die nach Niggern ... Ich reiß mir vierzig Stunden die Woche den Arsch auf ... Aber die: Zünd die Städte an, und du kriegst Geld dafür. Schmeiß ein paar Bomben, und du wirst dafür bezahlt ... Die Linken: 42 % sind schwul ... Die reichen weißen Kids – Hippies – leben doch im Schlaraffenland ... Sex und Drogen, und sie scheißen auf Amerika. Ich bring noch mal einen von denen um.

Am Ende bringt er etwa ein hilflos in einer Landkommune zusammengekauertes halbes Dutzend von ihnen um. Doch bis zu diesem schrecklichen Höhepunkt weiß man nicht so recht, ob Joe ein Witz sein soll oder gemeingefährlich. Wie Archie ist er ein Clown. Orgie spricht er mit k aus und möchte ebenso gern bei einer dabeisein wie er scharf darauf ist, die Hippies zu vernichten, die in diesem Film Tag und Nacht Partys feiern. Sogar in der Filmmusik wird er mit einem billigen Refrain verspottet: »He, Joe, kriegst du da nicht Lust auf einen neuen Krieg?« Aber während Archie auch bei seinen übelsten Sprüchen noch sympathisch wirken konnte, stimmt bei Joe etwas grundsätzlich nicht. Als er hört, daß nebenan eine schwarze Familie eingezogen ist (mit »für Farbige« echt schönen Möbeln, wie seine Frau sagt, um ihn zu beruhigen), geht er in den Keller und streichelt seine Waffen. Als er zufällig jemanden kennenlernt, der wirklich einen Hippie umgebracht hat – einen betuchten Manager, der den dealenden Freund seiner Tochter ermordet hat –, weicht er diesem neuen Kumpel kaum noch von den Fersen. Langsam merkt man, daß Joe ein Besessener ist, den seine fade Ehe und seine langweilige Arbeit gerade noch im Zaum halten konnten. Weiß man später, wenn man die Handlung längst vergessen hat, überhaupt noch, daß in *Joe* nicht der Stahlarbeiter als erster einen Hippie umgebracht hat, sondern der Manager, der bei dem Blutbad am Ende auch noch seine Tochter erschießt?

*Taxi Driver* (1976) führte das Thema des wahnsinnigen Arbeiters noch einen Schritt weiter. Travis Bickle (Robert de Niro) ist Repräsentant einer bis zur Unkenntlichkeit degenerierten Arbeiterklasse. Er hat weder Familie noch echte Freunde, keine ordentliche Gewerkschaft und auch keine Kumpel am Arbeitsplatz. Die milieugeschädigte, enge und provinzielle Welt der Arbeiterklasse wird in diesem Film verengt auf einen einzelnen in einer dreckigen Wohnung. Travis ist noch dümmer als Joe oder Archie. Gleich am Anfang wird er beim Einstellungsgespräch als Taxifahrer gefragt, wie er es mit »moonlighting« (Schwarzarbeit) hält; man merkt, daß er keine Ahnung hat, was dieser Ausdruck bedeutet. Er liest keine Zeitungen und versetzt dem Fernseher bei einer langweiligen Liebesszene einen Tritt, daß er umkippt. Nicht einmal eine reaktionäre Ideologie, die seiner Wut Inhalte geben könnte, haben ihm die Drehbuchautoren zugestanden.

Unter ihm liegt das chaotische Leben der Straße – Drogenhandel und Prostitution, repräsentiert durch den Zuhälter mit seinen minderjährigen Mädchen – über ihm die kalte, herablassende Welt der Mittelklasse, vertreten durch einen Präsidentschaftskandidaten, der im verlogen-populistischen Plural erklärt, wie »wir aus dem Volk« unter dem Vietnamkrieg, der Arbeitslosigkeit usw. gelitten haben. Zunächst bleibt offen, gegen welche dieser beiden miesen Gestalten

Travis seine mörderische Wut zuerst richten wird. Den Höhepunkt des Films bildet wie in *Joe* ein Blutbad: Leichen über Leichen, Blut läuft die Wände herab und sammelt sich am Boden zu Pfützen. Travis aber ist mit sich im reinen: ein Arbeiter, der aus Gründen, die dem Publikum unerfindlich bleiben müssen, seine Arbeit getan hat.

Zehn Jahre lang, von 1970 bis in die frühen achtziger Jahre, beschäftigte sich Hollywood mit der Arbeiterklasse. Dieses Milieu gab – wie ein Kampfgebiet – unweigerlich den szenischen Rahmen für Keilereien unter Männern ab. Hollywoods Arbeiter waren ganz unabhängig von ihrem Alter ewige Jungen, die sich umarmten und sich in den Bizeps boxten, ringend zu Boden gingen, und zwar mit einem männlichen Überschwang, wie ihn die meisten Angestellten zuletzt in der High School praktiziert hatten. In *Blue Collar* (1978) gehen die Helden aus der Automobilbranche (Harvey Keitel, Richard Pryor und Yaphet Kotto) saufen, machen einen drauf und geraten sogar in eine Situation, die Joe als »Orgie« bezeichnet hätte.

Wenn Industriearbeiter in Hollywood-Filmen über die Stränge schlagen, gehört aber immer auch das Element der Gefahr dazu. In *The Deer Hunter* (1979) geraten die Metallarbeiter (u.a. Robert de Niro und Christopher Walken) wegen einem Paar Jagdstiefel in einen unwahrscheinlich kindischen Streit. Einer zieht einen Revolver. Doch nach der Verfolgungsjagd löst sich die Spannung, als sie alle ihr Dosenbier schütteln und einander bespritzen. Ein phallisches Spielchen aus den Umkleidekabinen der Schulzeit. In *Saturday Night Fever* (1977) treiben Tony Manero (John Travolta) und seine Freunde ihre Albereien zu weit. Als einer beim Sturz von der Verrazano Bridge ums Leben kommt, besinnt Tony sich auf den sozialen Aufstieg; das angestammte Arbeitermilieu hat sich als Gesundheitsrisiko erwiesen.

In *Looking for Mr. Goodbar* (1977) geht die Heldin (Diane Keaton) an ihrer Vorliebe für mordlustige richtige Kerle aus der Arbeiterklasse zugrunde. In *Assault on Precinct 13* (1976) geht eine rassisch erfreulich durchmischte Angriffswelle von Arbeitern auf die Polizei los, ganz ähnlich wie die Zombiemassen in *Night of the Living Dead*. Der Unterschied zwischen Kriegsfilmen und Filmen aus dem Arbeitermilieu besteht darin, daß im Hollywoodkrieg Jungen zu Männern werden, während bei den Arbeitern Männer zu Jungen werden – oft ganz böse Buben – und es meist lebenslänglich bleiben.

Wenn Hollywood die Arbeiter als gewalttätig und rauh, aber herzlich schildert, erfüllen diese damit auch eine zweite Funktion: Wie die Armen sind sie Symbol der individuellen und kollektiven Vergangenheit. Erstens sind sie passé, d. h. sie hängen noch einem Geschmack an, den die Mittelklasse längst hinter sich gelassen hat. Was sie essen, ist oft ein triviales, aber wichtiges Signal für diese anachronistische Verfassung der Arbeiterklasse. In *The Deer Hunter*, einer Geschichte von Metallarbeitern, die aus einer verschlafenen Kleinstadt nach Vietnam geraten, verzehren die Kumpel feierlich ein in Senf getunktes Twinkie. Die Kombination von gezuckertem Mehl und Senf brachte die ernährungsbewußten bürgerlichen Zuschauer zum Kichern.*

In *Twice in a Lifetime* (1985), wo es auch um Metallarbeiter geht, die mit den Herausforderungen der Gegenwart zurechtkommen müssen, betont die Kamera das Proletariertum der Hauptfigur durch einen Schwenk auf das Weißbrot und das Budweiser-Bier auf dem Eßtisch.

Das archaischste Charakteristikum der Hollywood-Arbeiter aber sind ihre Wertvorstellungen. Sie sind zutiefst loyal – nicht gegenüber abstrakten Idealen oder ethischen Prinzipien, sondern im engen Freundes- und Familienkreis. *The Deer Hunter* ist ein einziger Lobgesang auf Männerfreundschaften in der Arbeiterklasse. In *The Godfather* (1971, *Der Pate*), einem Film über »ethnics«, eine Klischeekategorie, die sich mit der Arbeiterklasse teilweise überschneidet, sind primitive Bündnisse entscheidend, die in der alten Heimat ge-

* 1975 spaltete sich die Linke in Minneapolis – darunter viele ehemalige 68er – im sogenannten »Twinkiekampf«. Es ging um die Frage, ob man in den weitgehend von den Linken organisierten Co-op-Läden Bio-Lebensmittel oder die üblichen Waren wie Twinkies verkaufen sollte. Letzteres galt manchen als die »proletarische Linie«, und sie beschimpften die Ganzkörnler als »Kleinbürger«. Dieser seltsame Streit war typisch für die Auseinandersetzungen innerhalb der gesamten ehemaligen Neuen Linken Mitte der siebziger Jahre. Marxisten-Leninisten setzten damals alles daran, ihre bürgerliche Herkunft zu überwinden und sich zu »proletarisieren«; sie nahmen Hilfsarbeiterjobs und einen Lebensstil an, den sie für proletarisch hielten.

schmiedet wurden. In vielen Filmen mit einem Arbeiter als Helden wird dessen Treue zu alten Werten der Arbeiterklasse auf die Probe gestellt. In *Die Faust im Nacken (On the Waterfront)* muß sich Terry Molloy entscheiden, ob er zu seinen Kumpeln in der korrupten Hafenarbeitergewerkschaft hält oder die bürgerlicheren Wertvorstellungen seiner Freundin übernimmt. Auch Tony Manero steht vor einer ähnlichen Wahl: entweder die jungen Arbeiter oder seine nach oben strebende Tanzpartnerin. Die Hauptfigur in *Bloodbrother* (1978), ein von Richard Gere gespielter Bauarbeiter, muß sich zwischen seiner völlig zerrütteten Familie und einem freundlichen Arzt entscheiden, der die Heilung bedeuten könnte. In *Twice in a Lifetime* ist ein fünfzigjähriger Metallarbeiter (Gene Hackman) zwischen der Enge seiner familienorientierten Herkunft und seiner neuen Liebe hin- und hergerissen. Sein bester Freund und Arbeitskollege rät ihm, bei seiner Frau zu bleiben; sein Sohn, der es beruflich bis in die Mittelklasse und geographisch bis nach Kalifornien mit seinem durch und durch modernen Lebensstil geschafft hat, rät ihm, seinen Gefühlen zu folgen.

Es gibt zwei Arten, mit der Vergangenheit bzw. mit einer gesellschaftlichen Gruppe, der man symbolisch die Last der Vergangenheit aufgebürdet hat, fertig zu werden: sie können als änderungsbedürftig oder überwindenswert gesehen werden oder als ehrwürdig und erhaltenswert. In Filmen wie *Bloodbrother, Saturday Night Fever* und *Twice in a Lifetime* müssen kosmopolitischere Perspektiven an die Stelle des archaischen Arbeiterlebens treten. In *Rocky* (1976) aber triumphiert der Held – die Filmkritikerin Pauline Kael charakterisierte ihn als »fleischgewordene altmodische Reinheit des Herzens«[172] – zumindest im Geist gegen die zynische kosmopolitische Welt, die der schwarze Champion Apollo Creed vertritt. In *The Godfather* verteidigt der Mafia-Patriarch (Marlon Brando) die Werte der alten Welt gegen seinen herzlosen Sohn, der auf dem College war und nur noch an den Reingewinn glaubt.

Die fantastischen Vorstellungen, die sich die Mittelklasse von der Arbeiterklasse machte, liefen in den siebziger Jahren aber nicht nur im Hollywood-Film in diese beiden entgegengesetzten Richtungen.

Aus einer Perspektive war die Arbeiterklasse nicht nur archaisch, sondern völlig überholt; ihre pubertäre Neigung zur Gewalt galt als Beleg für eine Entwicklungsstörung. In *The Greening of America* z. B. attestierte Charles Reich männlichen Arbeitern die niedrigste »Bewußtseinsstufe« – unterhalb derjenigen der konformistischen Angestellten und weit unterhalb derjenigen der psychologisch befreiten »hip types«, für Reich die höchste Entwicklungsstufe des Menschen.[173] Für viele ›aufgeklärte‹ Mittelschichtler diente die Arbeiterklasse der psychischen Müllentsorgung von Ressentiments wie Rassismus, Machismo und plumper Materialismus – Nachzügler der Gesellschaft, die Weißbrot liebten und Schwarze haßten.

Aus der konservativeren Alternativperspektive verwandelten sich die archaischen Züge der Arbeiterklasse in etwas Kostbares – in die »traditionellen Werte« nämlich, die der Mittelklasse selbst zu entgleiten drohten. Das jungenhaft Körperbetonte der Arbeiterklasse repräsentierte eine Männlichkeit, die die Akademiker längst der Bürokratie geopfert hatten. Ihre Provinzialität galt als bewundernswerte Abwehr der Übergriffe einer immer kosmopolitischeren Konsumkultur. Die ökonomische Ungerechtigkeit, die aus Menschen »Arbeiter« machte, ließ sich positiv als kollektive Sucht nach harter Arbeit und Selbstdisziplin deuten. Bei dieser Betrachtungsweise repräsentierte die »vergessene« Arbeiterklasse die Eigenschaften, die die Mittelklasse selbst verloren hatte bzw. ständig zu verlieren drohte: die Fähigkeit zum Verzicht und Bedürfnisaufschub – also genau die Voraussetzungen des Erfolgs in der Mittelklasse.

Beiden Ansichten lag jedoch das gleiche Klischee zugrunde, und beide vermischten sich in den Köpfen der Mittelklasse mit der jeweiligen Erinnerung, dem Bedauern und der Nostalgie des einzelnen. Einem Mann aus dieser Schicht konnte das Klischeebild eines Arbeiters nie so »fremd« sein wie ein Armer, vor allem wenn er schwarz ist. Ein Arbeiter war ein Blutsbruder, im individuellen Gedächtnis personifiziert als der Mitschüler in der Schulmannschaft, der im Heimatort Tankwart geworden war, als der Kriegskamerad in Korea, der hinterher wieder in die Fabrik gegangen war, als der eigene Vater oder Großvater mit seinen schwieligen, geschickten

Händen. Andererseits gab es zwischen diesen Blutsbrüdern, wie man durch die Optik der Medien entdecken konnte, eine Menge böses Blut.

Ein Mann, vor dem Hintergrund der eigenen persönlichen wie gesellschaftlichen Geschichte betrachtet, kann Vater wie Sohn sein, Mann wie Junge, jemand zum Bewundern wie jemand, für den man sich schämt. Das Bild, das die Mittelklasse sich von den Arbeitern machte, enthielt beide Perspektiven, eingefärbt mit Nostalgie, aber auch mit Verachtung. Der »Arbeiter« bedeutete sowohl rückschrittliche, veraltete Wertvorstellungen als auch eine geteilte Wertvorstellung, wie Festhalten an harter Arbeit, nachbarschaftlichem Leben und Fastfood-Ernährung gegen die Verrücktheit der Alternativkultur. Die Arbeiter selbst wurden selbstverständlich nie aufgefordert, sich an den wunderschönen Entdeckungsreisen der Mittelklasse auf der Suche nach sozialen Realitäten zu beteiligen.

## Jenseits der Klischees

In den späten sechziger und frühen siebziger Jahren gab es in Amerika tatsächlich eine Revolte der Arbeiterschaft; sie war allerdings nicht – wie in den Medien geschildert – traditionalistisch und reaktionär geprägt. In den späten sechziger Jahren kam es zur intensivsten Streikwelle seit der Zeit unmittelbar nach dem Zweiten Weltkrieg. Anfang der siebziger Jahre hatte die neue Militanz Arbeiter in der Auto-, der Gummi- und der Stahlindustrie ebenso erfaßt wie Fernfahrer und städtische Angestellte, Krankenhauspersonal und landwirtschaftliche Angestellte, Schlepperfahrer, Totengräber und Postbeamte. Schwarze und weiße Arbeiter demonstrierten gemeinsam, stellten gemeinsam Streikposten auf und arbeiteten in den Gewerkschaften Seite an Seite. Eine derartige Solidarität einer Klasse hatte man seit den dreißiger Jahren in Amerika nicht mehr erlebt. Nixons »schweigende Mehrheit« brüllte, so laut sie konnte – aber keine rassistischen Schimpfwörter, sondern den historischen Slogan beim Streik: »Bis hierher und nicht weiter!«

Gleichzeitig veränderte sich die Arbeiterschaft selbst. Junge Arbeiter aus derselben Generation wie die Rebellen auf dem Campus trugen lange Haare, rauchten Marihuana und stellten die Fabrikhierarchie und den Despotismus der Arbeitswelt in Frage. Stanley Aronowitz berichtete aus den gigantischen General Motors-Werken in Lordstown, Ohio: »Fast alle jungen Arbeiter hier haben lange Haare, rauchen Marihuana und hören Rockmusik.«[174] Durch sie gewann der Aufstand der Industriearbeiter eine neue Dimension – die Ablehnung der endlosen Monotonie am Montageband. Als 1970 bei General Motors 400.000 Arbeiter in den Ausstand traten, lautete ihre entscheidende Forderung »thirty and out«, d. h. das Recht, unabhängig vom Lebensalter nach dreißig Jahren im Betrieb mit einer großzügig bemessenen Pension in den Ruhestand gehen zu dürfen. Die eigentliche Revolte der Arbeiter gegen die Arbeit spielte sich jedoch im Verborgenen und ohne Mitwirkung der Gewerkschaften ab: Die Arbeiter blieben montags zuhause, rauchten Marihuana in der Arbeitszeit und dachten sich immer neue Tricks aus, um die Bandgeschwindigkeit herabzusetzen und sich zwischendurch kurz einmal auszuruhen.[175]

Ende der sechziger Jahre zeichnete sich sogar die Möglichkeit eines machtvollen Zusammengehens von Arbeiterrevolte und Studentenbewegung ab. Viele radikale Studenten träumten von einem solchen Bündnis, und die Mächtigen hatten, wenn sie überhaupt soweit dachten, auch allen Anlaß zur Sorge. Die klassischen Revolutionen waren auf der ganzen Welt von radikalen Studenten im Bunde mit unzufriedenen Arbeitern (bzw. Bauern) ausgegangen. In Frankreich hätten streikende Studenten und Arbeiter (und Angestellte) 1968 beinahe die Regierung de Gaulle gestürzt. In Amerika griffen jetzt die Studenten bei der Wahl ihrer taktischen Mittel (Streiks und Besetzungen) auf die Arbeiteraufstände der dreißiger Jahre zurück, und die Arbeiter ließen sich vom antiautoritären Geist der 68er anstecken. Die Bürgerrechtsbewegung hatte auch bei den schwarzen Industriearbeitern bereits Fuß gefaßt und zur Bildung von militanten Gruppen wie der *League of Revolutionary Black Workers* geführt. Zumindest potentiell hätten sich Studenten und Arbeiter aller Rassen auf die Forderung einigen können, den Vietnamkrieg zu beenden, Demokratie am Arbeitsplatz zu schaffen und die Universitäten für jedermann zu öffnen.

Aber die bürgerlichen Klischeevorstellungen von der Arbeiterklasse trugen dazu bei, ein derartiges Bündnis zu verhindern. Genau wie die ältere Generation ließen sich auch die Studenten davon überzeugen, daß die Arbeiter erzkonservative Rassisten und »Neandertaler« wären. Die nachhaltige Wirkung des Klischees läßt sich mit einer Anekdote aus den frühen siebziger Jahren belegen. Zwei junge linke Absolventen einer Eliteuniversität – ich hatte sie durch gemeinsame Freunde in Boston kennengelernt – waren gerade dabei, sich zu proletarisieren, wie man damals sagte: Sie suchten sich Arbeit in der Fabrik, ließen sich die Haare schneiden und zogen sich frischgebügelte Flanellhemden an. Überrascht mußten sie feststellen, daß die Arbeiter, die sie zu erwecken suchten, niemandem ähnlicher sahen als den Hippies, welche diese beiden ernsten jungen Radikalen auf dem Campus zurückgelassen hatten. Außerdem weigerten sie sich, mit ihnen zu sprechen. Wie sich herausstellte, hielten die Arbeiter die beiden seltsam gekleideten Neuen für Drogenfahnder und machten deshalb einen großen Bogen um sie.

Allenthalben erwies sich das Klischee als zu gefestigt, als daß Tatsachen es hätten beeinträchtigen können. Als *Time* 1970 den Arbeiter-»Blues« schilderte und die Revolte gegen die monotone Arbeit dokumentierte, konnte auch dieses Magazin der Versuchung nicht widerstehen, das gängige Klischee als Aufhänger zu benützen. Zwei Seiten später heißt es zwar, daß »junge Arbeiter sich gegen die Arbeit selbst auflehnen oder zumindest gegen die Arbeitsbedingungen«, doch zunächst wird der amerikanische Arbeiter folgendermaßen beschrieben:

> Psychologen und Gesellschaftswissenschaftler zweifeln heute nicht mehr daran, daß er an Gott und das Vaterland glaubt – aber nicht unbedingt an Gleichheit und das Recht auf eine abweichende Meinung. Harte Arbeit, Sparsamkeit und ein geordnetes Leben sind für ihn die höchsten Tugenden.[176]

Auch in ihrem Wahlverhalten drifteten die amerikanischen Arbeiter zur Zeit ihrer Entdeckung keineswegs nach rechts – genausowenig wie die meisten anderen Amerikaner, außer vielleicht die Meinungsmacher in den Medien, die damals darauf erpicht waren, das Emporkommen eines reaktionären Populismus zu dokumentieren. Die Wahrheit läßt sich an den Ergebnissen der Präsidentschaftswahl 1968 ablesen. Von den befragten Arbeitern und Handwerkern hatten 50 % ihre Stimme Humphrey gegeben, 35 % Nixon und 15 % Wallace; von den vermeintlich liberaleren »Akademikern und Geschäftsleuten« wählten dagegen nur 34 % die Demokraten (nur 2 % mehr als 1956). Derartige Stimmenverteilungen waren bei den Arbeitern seit über einem Jahrzehnt konstant geblieben.[177] Bei der Präsidentschaftswahl 1956 hatten 50 % den Demokraten ihre Stimme gegeben und 50 % den Republikanern.*

Die Medien unterschlugen 1969 bei ihrer Entdeckung der Arbeiterklasse diese Fakten ohne jeden legitimen Grund. Die Arbeiterklasse blieb damals zumindest in den entscheidenden wirtschaftlichen und außenpolitischen Fragen, bei denen die beiden Großparteien sich unterschieden, liberaler als die Mittelklasse – ungeachtet der angeblichen Provokationen seitens der militanten Schwarzen, der Hippies oder der protestierenden Studenten. Selbst Kevin Phillips, der Stratege der Konservativen, der 1969 voller Optimismus den »Trend zur Mehrheit für die Republikaner« (»The Emerging Republican Majority«) proklamierte, mußte einräumen, daß die Stimmen der Arbeiter mehrheitlich den Demokraten gehörten, und zwar aus klarem Klasseninteresse:

> Die Angst, eine republikanische Regierung würde die gesetzliche Altersversorgung, die staatliche Krankenversicherung für die Alten, die Tarifautonomie der Gewerkschaften und die Finanzierung des Bildungswesens aushöhlen, spielte eine ent-

* 1972 sank der Anteil der demokratisch wählenden Arbeiter zwar, lag aber immer noch höher als bei den »akademischen Berufen«. Am Center for Policy Studies der University of Michigan wurde errechnet, daß McGovern bei den befragten Akademikern 34 % erreicht hatte, bei den Facharbeitern 39,4 und bei den ungelernten Arbeitern 52,6 %.

scheidende Rolle dabei, daß sozial konservative Arbeiter und Senioren 1968 dem Kandidaten der Demokraten die Stange hielten.[178]

Auch Richard M. Scammon und Ben J. Wattenberg stellten in ihrer umfassenden Analyse der Wahlergebnisse von 1968 nachdrücklich fest, daß die Klassenkonturen der amerikanischen Politik unverändert geblieben waren wie seit eh und je: Die »Elite« der Ärzte, Banker und Geschäftsleute wählte republikanisch, »die einfachen Leute, die von ihrer Hände Arbeit leben«, demokratisch.[179]

1969 gab es auch keine Beweise für einen allgemeinen Rechtsruck der »breiten Masse«. Zwar stimmt es, daß die meisten Amerikaner in den sogenannten »gesellschaftlichen Fragen« wie Kriminalität, Unsittlichkeit, Demonstrationen und Rauschgift konservativ waren, wie sowohl Phillips als auch Scammon und Wattenberg betonen. Über 80 % der Amerikaner wünschten sich 1968 bei einer Meinungsumfrage strengere Gesetze gegen Unsittlichkeit und eine härtere Gangart bei Studentenunruhen und sprachen sich gegen die Freigabe von Marihuana aus.[180] Um einen Meinungsumschwung kann es sich dabei aber kaum handeln, gab es doch vier Jahre zuvor weder Studentendemonstrationen noch nackte oder kiffende Hippies, die die öffentliche Ordnung hätten stören können. In traditionelleren Fragen wie ökonomische Gerechtigkeit aber wurden die Amerikaner nicht konservativer, sondern liberaler. Vergleicht man Umfragen aus den Jahren 1965 und 1968, so ist ein starker Anstieg der Zahl der Amerikaner zu verzeichnen, die »es schlimm finden«, daß es in Amerika Hunger gibt oder wie die Indianer behandelt werden.[181] Weniger stark, aber immer noch signifikant ist die Zunahme der Zahl derer, die die Zustände in den Slums und die Art, »wie Neger behandelt werden«, bedauern. Am überraschendsten (und bestimmt eine Aussage über eine »gesellschaftliche Frage«) ist vielleicht die Tatsache, daß die Zahl der Amerikaner, die zumindest *sagten,* sie wären bereit, einem schwarzen Präsidentschaftskandidaten ihre Stimme zu geben, nach oben schnellte: von 38 % 1958 über 59 % 1965 bis zur überwältigenden Mehrheit von 70 % im Jahre 1970.[182]

## Gründe für die Wut

In diesem Kapitel ging es vor allem um die Verachtung der Mittelklasse für die Arbeiterklasse – um die überheblichen Klischees, um Snobismus, der sich soziologisch tarnt, um die Blindheit, die die »Entdeckung« der Arbeiterklasse überhaupt erst möglich machte. Das Schockierendste am sogenannten Gegenschlag war die *beiderseitige* Feindseligkeit. Für einen Durchschnittssoziologen gehörte die Antipathie der Arbeiterklasse gegen die neue Mittelklasse zum alten amerikanischen Problem des »Anti-Intellektualismus«, der sich bei ressentimentgeladenen Ungebildeten eben immer wieder einmal regt. Sensiblere Beobachter meinten in den späten sechziger und frühen siebziger Jahren, die Arbeiter hätten durchaus berechtigte und praktische Gründe für diese Feindseligkeit, allen voran den Krieg in Vietnam. Dort kämpften junge Männer aus der Unter- und aus der Arbeiterklasse, während ihre Altersgenossen aus der Mittelklasse, vom Wehrdienst bis zum Abschluß des Studiums zurückgestellt, auf dem Campus nach Herzenslust demonstrieren und ihre Wehrpässe und – wenn ihnen der Sinn danach stand – auch das Sternenbanner verbrennen konnten.

Ein weiterer Grund für die Feindseligkeit war die traditionelle wirtschaftliche Benachteiligung der amerikanischen Arbeiter, ein Umstand, der ihnen durch Bürgerrechtsbewegung und Studentenbewegung – wenn auch auf jeweils andere Weise – wieder einmal schmerzlich vor Augen geführt wurde. In der Wohlstandszeit der sechziger Jahre sanken die Reallöhne der Arbeiter, die vor allem durch die kriegsbedingte Inflation geschmälert wurden.[183] Bürgerliche Linksliberale hatten gemeint, es gebe nur eine benachteiligte Gruppe, die Armen, worunter man in der Vorstellungswelt der späten sechziger Jahre mehr und mehr die Armen schwarzer Hautfarbe verstand. Der Einkommensabstand zwischen neuer Mittelklasse und weißer Arbeiterklasse lag im dunklen und wurde normalerweise ignoriert. In einer der (wenigen) Szenen in *Joe,* die gesellschaftliches Bewußtsein erkennen lassen, fragt der Held seinen neuen Freund, den Manager Bill: »Was kriegste denn die Stunde?« Bill erklärt, daß er keinen Stundenlohn bekommt, sondern ein Jahresgehalt. Er verdient 60.000 Dollar im Jahr (damals zugegebenermaßen ein sehr hohes Gehalt für einen Manager); Joe verdient vier Dollar in der Stunde.

Die relative Armut der weißen Arbeiterklasse im Vergleich zur Mittelklasse trug zu der Fülle rassistischer und antibürgerlicher Ressentiments bei, denen z. B. Wallace-Anhänger aus der Arbeiterklasse häufig Ausdruck gaben. Seit den späten sechziger Jahren ist wiederholt festgestellt worden, daß die linksliberalen Angehörigen der Mittelklasse in ihren Vorstädten von Maßnahmen wie *school busing* und anderen Formen des *social engineering* selbst nicht betroffen waren.[184] Auch von der Forderung der Schwarzen nach Chancengleichheit auf dem Arbeitsmarkt hatten z. B. Manager und Collegeprofessoren wenig zu befürchten. Die allermeisten Schwarzen hatten nicht die geringste Chance auf einen Platz in der Vorstandsetage oder in den Räumlichkeiten der Fakultät; sie wollten eine ganz normale Arbeitsstelle, z. B. am Bau, wo Einstellungen ohne Rücksicht auf die Hautfarbe unter anderem bedeutet hätte, daß ein gewerkschaftlich organisierter weißer Bauarbeiter nicht mehr sicher gewesen wäre, daß er seinen Arbeitsplatz automatisch an seinen Sohn weitergeben kann.

Dies heißt nun nicht, daß Weiße aus der Arbeiterklasse »von Natur aus« rassistischer waren oder sind. Man hört ja oft, der angeblich stärker ausgeprägte Rassismus der weißen Arbeiter erkläre sich dadurch, daß sie bei der Rassenintegration an vorderster Front stehen – in Wohnvierteln, die »sich ändern« oder in Bereichen der Arbeitswelt, wo auch Schwarze sich eine Chance ausrechnen. Eine eingehende Analyse von Daten aus einer Umfrage bei Arbeitern in den nördlichen Bundesstaaten aus dem Jahre 1964 zeigte aber, daß diejenigen, die bei der Arbeit und am Wohnort die meisten Berührungen mit Schwarzen hatten, der Rassenintegration am positivsten gegenüberstanden. Je geringer der Kontakt, desto höher die Intoleranz.[185]

Die Arbeiter hatten nicht etwa deshalb für die Linksliberalen aus der Mittelklasse so wenig übrig, weil sie »Niggerlovers« waren, wie Joe gesagt hätte, sondern weil die Mittelklasse sich denjenigen Weißen moralisch überlegen fühlte und auf sie herabsah, die am Arbeitsplatz und in den Schulen wirklich Schwarzen Platz machen mußten. Robert Coles zitiert in seiner Untersuchung *The Middle Americans* (1971) eine Lehrerin, die aus einer Arbeiterfamilie stammt:

> Sie [die Linksliberalen aus der Mittelklasse] vergießen Krokodilstränen, wenn ein unverschämter Neger bei einer Demonstration die Klappe aufreißt, ... aber wenn wir mal über unsere Probleme sprechen wollen, heißt es, daß wir völlig falsch liegen und »offener« und »verständnisvoller« sein müßten.[186]

Die eigene relative Armut ließ die amerikanischen Arbeiter die Studentenbewegung mit einem gewissen Neid sehen. Wer sich ein College-Studium nicht leisten konnte, dem kamen die protestierenden Studenten leicht wie »Söhne und Töchter reicher Eltern« vor, die einfach nicht kapierten, wie gut sie es hatten. »Ein Bad, ein Haarschnitt und eine ordentliche Tracht Prügel – das würde den meisten wieder Anstand beibringen«, sagte die Frau eines Verkäufers von Sanitäranlagen, der 10.000 Dollar im Jahr verdiente, einem Reporter von *Newsweek*. »Aber die Mütter haben ja keine Zeit, sie zu erziehen, weil sie ständig auf Cocktailparties und in den Bridgeclub müssen.«[187] Selbst Arbeiter, die der gleichen Meinung waren wie die Demonstranten, taten sich schwer, sie sympathisch zu finden. Bei Coles kommt ein 43jähriger Heizungsinstallateur zu Wort; er stimmt seiner Frau zu, daß »da auch gute Kerle dabei sind, die es gut meinen und auf der Seite des Arbeiters stehen und gegen die großen Unternehmen sind.« Trotzdem »schimpfte er [bei den Abendnachrichten im Fernsehen] auf die Demonstranten« und erklärte, »ein bestimmter Typ von Professor« und Student seien arrogante »Snobs«.[188]

Außerdem stellte sich das Problem des Überflusses aus der Sicht der wirtschaftlich benachteiligten Arbeiterklasse ganz anders dar als für die bürgerlichen Intellektuellen, die sich in den späten sechziger Jahren den Kopf darüber zerbrachen und den Wohlstand natürlich als erstrebenswertes Ziel für die Armen, gleichzeitig aber als Hemmnis, wenn nicht gar als Gefahr für die Reicheren sahen. Bei einem

Stundenlohn von vier Dollar aber war materieller Überfluß kein dringendes soziales Problem, und der Kitsch der Massenkultur war für den von *Newsweek* bemühten Klempner, der sich keinen Farbfernseher leisten konnte, kaum ein Affront. *Newsweek* ließ bei einer Meinungsumfrage die Behauptung erörtern: »Amerika wird langsam zu materialistisch.« 54 % der College-Absolventen stimmten zu, aber nur 36 % derer, die nur die Grund- und Hauptschule besucht hatten.[189] Die Mittelklasse wirkte auf die Arbeiter u.a. deshalb so snobistisch, weil sie die Konsumgüter zu verachten schien, die in der Arbeiterklasse noch erstrebenswert waren – Reihenhaus, Wohnzimmergarnitur und Zweitwagen. Der Historiker William Leuchtenberg merkt an:

> Campus-Rebellen mokierten sich über Bürger im Bungalow, während Arbeiter, die sich krummgelegt hatten, um ins Kleinbürgertum aufsteigen und an der Konsumkultur teilnehmen zu können, ihre Besitztümer um jeden Preis verteidigen wollten.[190]

De facto gab es in der Mittelklasse nur sehr wenige erwachsene Rebellen und noch weniger, die bereit waren, den Überfluß durch Verzicht auf ihre eigenen materiellen Annehmlichkeiten zu bekämpfen. Sehr wohl aber gab es den ewigen Kampf um die Neubestimmung des »guten Geschmacks« jenseits der verbreiteten Massenprodukte. Dabei nahm der kulturelle Unterschied der Klassen langsam eine neue Form an: Wer mehr hatte, wollte nun nicht mehr einfach mehr und Teureres, sondern trimmte das Aussehen seiner Besitztümer künstlich auf weniger. Die Mittelklasse fand das Echte im Rotwein und naturbelassenen Nahrungsmitteln (Bœuf bourgignon und andere ursprünglich bäuerliche Gerichte für die Großen, Linsen für die Kleinen); die Arbeiterklasse hielt sich an erschwinglichere Genüsse wie Budweiser-Bier, Thunfischauflauf und TV-Dinner.

## Uralte Gegensätze

Die Feindseligkeit der Arbeiterklasse gegen die Mittelklasse war aber nicht einfach die bittere Frucht eines turbulenten Jahrzehnts. Für die Arbeiterklasse *ist* die neue Mittelklasse eine Elite, und das Geld ist dabei nur ein Aspekt. Der andere Unterschied liegt in der Arbeitsteilung zwischen diesen beiden Klassen begründet – ein Aspekt, mit dem die Mittelklasse sich noch nie gern befaßt hat. In beiden Klassen muß man sich seinen Lebensunterhalt verdienen, aber Arbeit ist nun einmal nicht gleich Arbeit. John Kenneth Galbraith hat festgestellt, daß für die meisten Menschen – er meint die Arbeiter – »die Arbeit ermüdend oder monoton ist bzw. jedenfalls kein besonderes Vergnügen«. Nur in der neue Mittelklassen gilt die Arbeit prinzipiell als befriedigend, kreativ und wichtig – und wird oft auch so erlebt. Den Unterschied zugeben hieße aber laut Galbraith eine beunruhigende, tiefe Ungleichheit zugeben:

> In beiden Gesellschaften [der kapitalistischen und der kommunistischen] beruhigt es das demokratische Gewissen der begünstigten Gruppen, sich mit denen zu identifizieren, die schwere körperliche Arbeit verrichten. Das heimliche Schuldgefühl angesichts des angenehmeren und lukrativeren eigenen Lebens läßt sich oft durch die Bemerkung beschwichtigen: »Ich bin ja auch ein Arbeiter.«[191]

Der Unterschied geht aber tiefer und ist grundsätzlicher. Es geht nicht nur um das bequemere Leben, es geht vor allem um die ungleiche Machtverteilung. Wer einen bürgerlichen Beruf ausübt, befindet sich im Vergleich zu einem Arbeiter in einer Macht- oder zumindest Autoritätsposition. Er hat im weitesten Sinne die Aufgabe zu planen, was andere tun müssen. Der Arbeiter und die Bürokraft hat die Aufgabe, es auszuführen. Die Tatsache, daß es sich dabei um eine Herrschaftsbeziehung handelt (und um oft widerwillige Unterwerfung), wird von der Mittelklasse im allgemeinen nicht erkannt, während sie für die Arbeiterklasse schmerzlich offensichtlich ist. Bei der Erörterung der Feindseligkeit seiner Kollegen gegenüber linken Studenten stellte der Automobilarbeiter John Lippert fest: »Die meisten Fabrikarbeiter wissen aus eigener Erfahrung, daß der Sinn eines Studiums darin liegt, Menschen (z. B. Lehrer, Sozialarbeiter und Ingenieure) dazu auszubilden, die Arbeiter auf Vordermann zu halten.«[192]

Historisch gesehen ist die Feindseligkeit zwischen den Klassen so alt wie die neue Mittelklasse selbst und geht darauf zurück, daß es bei der Entstehung dieser modernen Berufe unter anderem tatsächlich darum ging, »die Arbeiter auf Vordermann zu halten«. Die Zeit von etwa 1870 bis 1920, als diese Berufe Kontur gewannen und die neue Mittelklasse sich bildete, war auch eine Zeit heftigster Konflikte zwischen der Arbeiterklasse und ihrem traditionellen Gegenspieler, der kapitalistischen Klasse. Streik auf Streik – von den Kohlebergwerken in Tennessee über die Erzbergwerke in Colorado bis zu den Textilfabriken in Massachusetts – sahen sich Arbeiter mit der bewaffneten Macht des Kapitals oder seiner Stellvertreter, der Nationalgarde, konfrontiert.[193]

In den achtziger Jahren des 19. Jahrhunderts erklärte *The Noble Brotherhood of the Knights of Labor,* die erste große amerikanische Gewerkschaft mit damals 700.000 Mitgliedern: »Unsere Haltung zum bestehenden industriellen System ist notwendigerweise die des Krieges.« Im ersten Jahrzehnt unseres Jahrhunderts brachten es die revolutionären *Industrial Workers of the World* auf eine Million Mitglieder, und in den Präsidentschaftswahlen 1912 erhielt Eugene V. Debs von der *Socialist Party* 900.000 Stimmen. Die Reaktion der Kapitalisten war jahrzehntelange Repression: Bewaffnete Wächter als Streikbrecher, Schlägertrupps, Inhaftierung und Lynchjustiz, um die militante Führung der Arbeiterklasse zu zerschlagen.

Die im Entstehen begriffene neue Mittelklasse trat in der Rolle des Friedenstifters zwischen die Fronten. Den Kapitalisten gab man zu verstehen, gewaltlose soziale Kontrolle sei auf die Dauer wirkungsvoller als Knüppel und Kugeln. Warum sollten Bergwerke und Fabriken unbedingt der Saatboden des Aufruhrs sein? »Wissenschaftlich« ausgebildete Manager könnten doch für einen reibungslosen

Betrieb sorgen. Weshalb sollten Arbeiterfamilien immer nur Gegner der kapitalistischen Gesellschaft sein? Lehrer und Sozialarbeiter könnten sie doch »amerikanisieren«, Reklame- und Marketingfachleute sie verführen.[194] Fast alle akademischen Berufe oder möchtegern-akademischen Berufssparten, von der Soziologie bis zur Hauswirtschaftslehre, waren bereit, zu der großen Aufgabe der »Zähmung« der amerikanischen Arbeiterklasse das ihre beizutragen.[195]

Akademiker und Manager konnten bei diesem Auftritt in der Rolle des neutralen Vermittlers ihr eigenes Klasseninteresse nur schlecht vertuschen. Amerikas neue Mittelklasse vertrat – im Einklang mit der reformistischen Ideologie der sogenannten *Progressive Era* – die Auffassung, alle sozialen Probleme ließen sich in technische Probleme umwandeln, und technische Probleme seien nur lösbar, wenn man die neue Klasse ausgebildeter Fachleute vergrößerte.[196] Der Historiker und Reformer Frederick Jackson Turner forderte 1910 die Heranbildung starker Trupps von »Verwaltungsfachleuten, Richtern und Experten, ... die objektiv und intelligent zwischen den widerstreitenden Interessen vermitteln sollen«. Der gefährlichste Konflikt – und die größte Herausforderung für die neuen Experten – sei der zwischen Arbeitern und Kapitalisten:

> Wenn Ausdrücke wie »kapitalistische Klassen« und »das Proletariat« in Amerika heute schon verwendet und auch verstanden werden, ist es gewiß an der Zeit, Menschen heranzuziehen, deren Ideal der Dienst am Staate ist und die vielleicht dazu beitragen können, die Wucht des Zusammenpralls zu brechen.[197]

Edward A. Ross, einer der ersten amerikanischen Soziologen, empfahl 1907 *social engineering* zur Kontrolle des Klassenkonflikts und wies warnend darauf hin, daß es bald schon nötig sein könnte, »mit der Verteidigung der Gesellschaft ausgebildete Fachleute zu beauftragen«.[198]

Experten kosten natürlich Geld – Gehälter für Manager und Ingenieure, Spenden für Wohltätigkeitsverbände, Ausgaben der öffentlichen Hand für Lehrer. Letzten Endes aber erkannten die amerikanischen Kapitalisten um die Jahrhundertwende, daß – um es ganz deutlich zu sagen – ein Stab von Experten billiger kommt als ein Heer von Pinkerton-Detektiven.

Der Beruf des Managers wurde im frühen 20. Jahrhundert in den Schützengräben der Schlachten zwischen Arbeit und Kapital geboren, und seine Geschichte illustriert die Spannungen zwischen der Arbeiterklasse und der entstehenden Mittelklasse. Da diese Geschichte von anderen hervorragend beschrieben wurde, genügt hier eine Kurzfassung: Bis zum frühen 20. Jahrhundert gab es in Amerika den Beruf des Managers genausowenig wie z.B. den des Ingenieurs. Der Grund lag, wie Frederick Taylor, der die »wissenschaftliche Betriebsführung« praktisch erfunden hat, später bedauernd anmerkte, darin, daß »die Fabrik eigentlich nicht von den Bossen geleitet wurde, sondern von den Arbeitern«.[199] Körperliche und geistige Arbeit waren noch nicht nach Berufsbildern getrennt. Technik und Organisation des Arbeitsprozesses lagen in der Hand von Facharbeitern. Der Arbeitgeber geriet dadurch in die mißliche Lage, die Arbeit, die er bezahlte, weder zu verstehen noch zu beherrschen. Z.B. konnten nur die Arbeiter beurteilen, wie lange man zur Bewältigung einer bestimmten Aufgabe normalerweise brauchte, d.h. auch, wieviel man dafür bezahlt bekommen sollte.

Taylor zeigte, wie man den Arbeitern die geistige Beherrschung des Arbeitsprozesses entreißen und sie einem zuverlässigeren Stab von bürgerlichen Managern und Ingenieuren überantworten konnte. Mittels einer sorgfältigen Analyse des Produktionsprozesses ließ sich die komplexe, geistig anspruchsvolle Tätigkeit des Handwerkers in einfache Schritte zerlegen, die auch weniger gut ausgebildete Arbeiter ausführen können. Von nun an sollte kein einfacher Arbeiter mehr in der Lage sein, den ganzen Ablauf zu verstehen und zu beherrschen; ihm blieben nur noch ein paar sich ständig wiederholende Handgriffe, beispielsweise mit dem Schraubenschlüssel. Der Manager oder der Ingenieur konnte mit der Stoppuhr daneben stehen, den Ablauf der Arbeit beaufsichtigen, bestimmen, wer was tun sollte und – was das Entscheidende war – wie lange es dauern durfte.

Henry Fords Fließband war der Maschine gewordene Ausdruck der neuen Arbeitsteilung. Die amerikanische Arbeiterklasse wurde jetzt langsam in ein Heer von Schraubenschlüsseldrehern verwandelt, die weder denken noch kreativ sein mußten – und es normalerweise auch gar nicht durften. Die kreativen Tätigkeiten (wie die Entwicklung neuer Produkte) wurden von der Fabrikhalle an den Arbeitsplatz des Ingenieurs verlegt, die tagtäglichen Entscheidungsprozesse in die ruhigen, sauberen Büros der Manager. Die »Rationalisierung« der Produktion führte zwar nicht zur Zähmung der Arbeiterklasse, in der es in den dreißiger Jahren erneut zu militanten Erhebungen kam, wohl aber zu größerer Macht der Arbeitgeber über ihre Abhängigen im blauen Drillich. Außerdem setzte sie – was kein Zufall war – eine ständig wachsende Zahl ausgebildeter Leute mit Schlips und Kragen in Lohn und Arbeit.

Im nichtindustriellen Bereich schufen sich andere Berufssparten neue Aufgabenbereiche durch das Angebot, im Klassenkonflikt zu »vermitteln«, oder durch die Übernahme von Fertigkeiten, über die früher die Arbeiterklasse selbst verfügt hatte. Sozialarbeiter und Lehrer leisteten zwar Außerordentliches für die Armen in den Großstädten, aber eben in einem ideologischen Kontext, in dem »Amerikanisierung« (Patriotismus statt Identifikation aufgrund von Klassenzugehörigkeit oder ethnischer Herkunft) und bürgerlicher Anstand – »right living« – hohen Stellenwert hatten.[200] Die Mediziner sicherten sich ihr Berufsmonopol u.a. durch eine Diskreditierungs- und Illegalisierungskampagne gegen Volksheilkundige, insbesondere gegen Hebammen, die in jeder ethnischen Arbeitergemeinde eine Schlüsselrolle hatten. (Dies war eine dubiose Reform, denn noch 1910 gab es bei den Hebammen weniger Totgeburten und Tod im Wochenbett als bei den Berufsmedizinern, die sie verdrängen wollten.)[201] Öffentliche Gesundheitsämter setzten die Hygienemaßnahmen durch, die letzten Endes die Epidemien ansteckender Krankheiten eindämmten, handelten sich aber durch Zwangsmaßnahmen und allzu amtliches Auftreten in den Einwanderergettos das Ressentiment der Unterklasse ein.[202]

Heute gibt es nur noch wenige Menschen, die diese historischen

Demütigungen der Arbeiterklasse noch aus eigener Erinnerung kennen. Das Ressentiment aber ist geblieben, und zwar in Form der weitverbreiteten Meinung, daß die Fachleute und Manager der Mittelschicht eigentlich nichts *tun* – oder jedenfalls nichts, das ihr höheres Einkommen und Prestige rechtfertigen würde. Die Funktionen dieser Leute im Betrieb – Aufsicht und Management, ja sogar Planung und Entwicklung – blieben ja auch schemenhaft. Arbeitern, die womöglich zu Recht meinen, sie wären ohne so viel Einmischung seitens der Fachleute und Manager produktiver, kommen sie leicht wie Drückeberger vor »richtiger« Arbeit vor.

Dies war auch die erste Lektion, die ich als Kind über die Klasse lernte, in die meine eigenen Eltern aus der Arbeiterklasse aufsteigen wollten. Mein Vater, der bei der Union Pacific Railroad und im Kupferbergwerk in Butte in Montana gearbeitet hatte, war außerstande, das Wort »Arzt« zu sagen, ohne sofort den »Quacksalber« nachzuschieben. Anwälte waren »Winkeladvokaten« und Professoren »Heuchler«. Als Kind verwirrten mich solche Äußerungen, denn mein Vater hatte ja sein ganzes Leben darauf angelegt, der Knochenarbeit zu entkommen und sich zu den Quacksalbern und Heuchlern zu gesellen. Als Erwachsene fragte ich ihn dann einmal, ob diese Meinung bei seinen Arbeitskollegen und Zechkumpanen in Butte in den vierziger Jahren verbreitet war. Natürlich, sagte er, denn jeder konnte sehen, daß Ärzte, Anwälte und Manager »keinen Finger krumm machten« und doch besser bezahlt wurden als die Männer, die jeden Tag im Bergwerk ihr Leben aufs Spiel setzten. Als David Halle in den späten siebziger und frühen achtziger Jahren Arbeiter in der chemischen Industrie befragte, fand er diese Ansicht allgemein bestätigt: Nur Arbeiter arbeiten wirklich. Dazu folgender Dialog:

WISSENSCHAFTLER: Gehören Juristen zur arbeitenden Bevölkerung?

ARBEITER: … Nein! Die arbeiten doch nicht. Die sitzen rum und stellen die Leute ein, die dann die Arbeit machen.

WISSENSCHAFTLER: Gehören Unternehmer zur arbeitenden Bevölkerung?

ARBEITER: Natürlich nicht, die kriegen doch den ganzen Tag den Arsch nicht hoch.

WISSENSCHAFTLER: Gehöre ich (als Professor) zur arbeitenden Bevölkerung?

ARBEITER: (bitter): Nein! Sie gehören nicht dazu ... Sie kriegen doch nicht die Dämpfe in die Lunge, die Chemikalien und den ganzen Dreck.[203]

Bei der Recherche für ihr Buch *The Hidden Injuries of Class* stießen die Soziologen Richard Sennett und Jonathan Cobb auf die gleichen Antipathien. Sie schilderten die Hindernisse, die sie zu überwinden hatten, folgendermaßen:

> Eine Vertrauensbasis ließ sich erst herstellen, als die Leute merkten, daß sie auch ihre Wut über die Klassenschranken zwischen ihresgleichen und unsereins ausdrücken konnten. »Das heißt also, Dick«, sagte ein Klempner zu Richard Sennett, »das heißt also, daß du gutes Geld dafür kriegst, daß du einfach rumsitzt und nachdenkst. Mit welchem Recht eigentlich? Nimm's bitte nicht persönlich – du bist ja bestimmt ein kluger Bursche und so – aber das ist doch das wahre Leben, wenn du dir nicht für andere Leute den Arsch aufreißen mußt.[204]

Das Problem ist nicht nur, daß die Arbeit der Angehörigen der Mittelklasse oft nicht als Arbeit angesehen wird, sondern auch, daß die Arbeit, die sie leisten, oft darin besteht, ihren Untergebenen das Leben schwer zu machen. Mike Lefevre, ein Metallarbeiter, erzählte Studs Terkel im Gespräch folgende Geschichte:

> Wir haben da so einen Vorarbeiter, ein junger Kerl. War auf dem College und hält sich für was Besseres. Der schimpft also auf mich ein, und ich sage: »ja, ja, schon gut.« Da sagt der: »Was soll das heißen, ja, ja schon gut. Jawohl heißt das.« Sag ich zu ihm: »Für wen halten Sie sich eigentlich, für Hitler

vielleicht? Was soll der Quatsch, jawohl? Ich bin zum Arbeiten hier, nicht zum Kriechen. Das ist nicht dasselbe, verdammt nochmal.«[205]

Wegen seiner Selbstbehauptung – einer Eigenschaft, die bei der neuen Mittelklasse hoch im Kurs steht, bei Arbeitern oder kleinen Büroangestellten jedoch normalerweise als »schlechte Haltung« gilt – wurde Lefevre, wie er berichtet, »runtergestuft in eine niedrigere Lohngruppe, 25 Cents weniger Stundenlohn, das ist eine Menge Geld«. Ähnliche Erlebnisse führten zu der Verbitterung, die eine 41jährige Textilarbeiterin im Gespräch mit Sandy Carter folgendermaßen zum Ausdruck brachte:

> Ich weiß schon, daß die (die Techniker und Manager) auch arbeiten, aber nicht so wie ich. Sie passen auf uns auf und sorgen dafür, daß alles glatt geht. Aber die Produktion, die machen wir. Die sind bloß da, um aufzupassen, daß wir es so machen, wie sie es haben wollen.[206]

Der wichtigste Weg der Kommunikation zwischen den Klassen ist das Fernsehen. In den sechziger Jahren waren schon fast alle Amerikaner, auch die ärmsten, in die vom Fernsehen geschaffene homogene, überregionale Kultur eingebunden. Im Fernsehen begegneten sie allen möglichen Leuten bis hin zu *Black Power*-Propheten, protestierenden Studenten und Experten, die sich über Bewegungen und gesellschaftliche Trends ausließen; aber ihresgleichen begegneten sie dort nie. »Im Land der Medien, ob Kino oder Zeitschriften oder Fernsehen«, sagte Floyd Smith, Gewerkschaftsvorsitzender der *International Association of Machinists* 1970 in *Time,* »geht Papi immer ins Büro und nie in die Fabrik.«[207]

Die Fernsehgewaltigen räumten, wie wir gesehen haben, ein, daß sie die Mehrheit, nämlich die Arbeiterklasse, völlig »vergessen« hatten. Über *deren* Aktivismus – die Fülle der Streiks und militanten Maßnahmen im Arbeitskampf Ende der sechziger Jahre – wurde im Vergleich zur Studentenbewegung und den Aktionen von Minderheiten nur wenig berichtet; es war auch nie von einer »Krise« die Rede, von einem interessanten neuen Phänomen mit eigenen Medienpersönlichkeiten und Prominenten. *Time* z. B. brachte zwar 1970 einen Artikel über die brodelnde Unruhe in der Arbeiterschaft, doch es kam kein einziger militanter Arbeiterführer darin vor. Nur auf einem der Fotos, die den Text begleiteten, waren Streikende zu sehen, aber sie blieben namenlos. Die restlichen Fotos – Bauarbeiter, die durch Wall Street marschierten, Charlie Chaplin in *Moderne Zeiten* und ein Filmplakat für *Joe* – gaben das Klischee wieder, hatten mit dem Bericht aber nichts zu tun.

In den sechziger Jahren tat man sich schwer, in den Medien auch nur einen einzigen Arbeiter zu finden. In einem 1971 von der Regierung in Washington in Auftrag gegebenen Bericht *Work in America* heißt es:

> Heute gibt es – anders als in den dreißiger Jahren – praktisch keine wahrheitsgetreue Darstellung von Männern und Frauen in Arbeiterberufen im Fernsehen und im Theater. Statistisch gesehen ist im Fernsehen nicht einmal jede zehnte Figur ein Arbeiter, und diese wenigen werden als nahezu asoziale, grobschlächtige Menschen geschildert. Zudem besteht eine Tendenz, die Klassen klischeehaft darzustellen: Juristen sind gescheit, Bauarbeiter sind Tölpel.[208]

Die Mehrheit der Amerikaner, die Arbeiter, sahen am Vorabend ihrer eigenen Entdeckung im Fernsehen also ein dramatisches neues Bild ihrer Klasse: Menschen trugen lautstark ihre Beschwerden vor, ihre Forderungen nach Gerechtigkeit und ihre Träume von einer besseren Welt – aber es waren nie »Menschen wie wir«. In den Äußerungen der Arbeiter in Robert Coles' Untersuchung sind die Klagen über das Gefühl, ausgeschlossen zu sein und ignoriert zu werden, unüberhörbar. Die Frau eines Feuerwehrmanns sagte: »Alle Welt hört diese Demonstranten mit ihrem Krach. Mich hört keiner und auch sonst keinen, den ich kenne.«[209] Die Frau eines Tankstellenbesitzers sagte traurig:

> Wenn du Student bist auf einem feinen College, brauchst du bloß den Mund aufzumachen, und das Fernsehen ist da und nimmt es auf. Jeden zweiten Abend bringen sie dir diese bekifften Hippies und Radikalen ins Wohnzimmer. Vielleicht sind wir selber daran schuld. Wir wollen nicht auffallen … Vielleicht würden wir ja auch auffallen, wenn wir mehr sagen würden. Aber wen interessiert das schon?[210]

Das Entscheidende war aber die neue Möglichkeit, die das Fernsehen den Akademikern aus der Mittelklasse bot, sich an die Arbeiterklasse zu wenden. Am Arbeitsplatz konnte man Befehle geben, in Schulen und sozialen Institutionen von oben herab ein Urteil abgeben. Jetzt konnte man als Fachmann mitten im Wohnzimmer Kommentare abgeben, mahnend den Zeigefinger heben, Moralpredigten halten und Seitenhiebe austeilen. John, ein Maschinenschlosser polnischer Abstammung, schilderte es so:

> Ich stelle also unseren Kanal ein, und es ist lustiger als bei einer Komödie. Wie die sich da ausdrücken! Der Ansager mit seinem pseudobritischen Akzent! Und was sie sagen, am liebsten würde man die blöde Kiste zertrümmern! Ewig lange Vorträge, und immer »überdenken« die Herrschaften etwas. … Manchmal bin ich ja ganz ihrer Meinung, aber wie sie sich geben ist einfach unerträglich. Ganz schön eingebildet![211]

Aus der Warte der Mittelklasse war es unerfindlich, warum die konservative Gegenbewegung auch die Medien so heftig traf. Vizepräsident Spiro Agnew richtete einige seiner bösartigsten Attacken gegen die Medien, und seither ist ihm jeder reaktionäre Populist darin gefolgt. Es lag nicht etwa daran, daß die Medien »zu links« geworden wären oder daß man dem Boten, der die schlechte Nachricht überbringt, unweigerlich den Kopf abschlägt. Was die Mediengewaltigen nicht erkannten, daß in diesem Fall der Bote selbst tatsächlich das Unerfreuliche war. Er wirkte wie ein »eingebildeter« Professor oder, schlimmer noch, wie ein Manager. Nur konnte man hier nicht einmal 25 Cent weniger Stundenlohn riskieren, um ihm wenigstens einmal die Meinung zu sagen. Den Fernseher kann man bloß anschreien, wie der oben zitierte frustrierte Zuschauer, oder zusammentreten wie Travis Bickle in *Taxi Driver.*

Die wahren Ursachen der sozialen Aggressivität der Arbeiterklasse konnten sich zur Zeit ihrer Entdeckung nur die wenigsten Kommentatoren aus der Mittelklasse vorstellen. Die leichteste Erklärung, zu der auch das Klischee vom Arbeiter gut paßte, war, daß die Arbeiterklasse etwas gegen den Linksliberalismus der Mittelklasse hat; und die leichteste Lösung war, vom Linksliberalismus abzurücken, ein Weg, den viele ehemals linksliberale Intellektuelle, von der Studentenbewegung verprellt, bereits eingeschlagen hatten. Durch das Klischeebild des reaktionären, autoritätsgläubigen Arbeiters ließ sich der eigene Rechtsrutsch auch besser legitimieren. So erfüllte das von der Mittelklasse selbst geschaffene Klischee auch hier eine Funktion – geistiger Prüfstein des nun entstehenden Konservativismus der Mittelklasse und kulturelle Heimat der »traditionellen Werte« der Mittelklasse zu sein.

Bei genauerem Hinsehen allerdings hätte sich an der Wut der Arbeiterklasse ablesen lassen, daß die Mittelklasse in punkto sozialer Forderungen nicht weit genug gegangen war. Gestalt gewonnen hatte diese Einstellung durch die Entdeckung der Armut, ihr Selbstverständnis war geprägt durch das Engagement für die Armen – die man sich normalerweise als winzige, in »pockets of poverty« zusammengekauerte Minderheit vorstellte. Die bürgerliche Linke hatte sich nicht vorstellen können, daß es eine große Anzahl an sich durchaus »normaler« Amerikaner geben könnte, die auf die eine oder andere Weise ebenfalls benachteiligt, vergessen und untengehalten waren. Von »Gleichheit« und der Notwendigkeit »gesellschaftlicher Veränderungen« im Zusammenhang mit einer Minderheit zu sprechen war etwas völlig anderes als sich eine Reform auszumalen, die die Mehrheit im Lande erfassen müßte. Verwirrt wich die bürgerliche Linke vor einer Herausforderung zurück, der sie schlicht nicht gewachsen war.

Die Tatsache, daß die Arbeiterklasse im Augenblick ihrer Entdeckung sozial so aggressiv war, hatte aber für die Mittelklasse – ob links oder rechts oder unentschieden – eine klare emotionale Konsequenz: Sie konnte sich nun nicht mehr einbilden, sie stünde mitten im Zentrum der großen Mehrheit der Amerikaner. Sie konnte nicht mehr so tun, als vertrete sie das allgemeine Wohlergehen und die universelle Perspektive. Die wahre Mehrheit, von deren Existenz man kaum etwas geahnt hatte, war nun ans Licht gekommen, eine wütende, verbitterte Mehrheit, deren Zorn sich offensichtlich in erster Linie gegen die Mittelklasse richtete. Durch die Entdekkung der Arbeiterklasse entdeckte die Mittelklasse ein negatives und absolut unschmeichelhaftes Bild von sich selbst: eine isolierte Elite mit linken Prätentionen, für die schwer arbeitende echte Amerikaner nichts als Verachtung empfanden.

*Kapitel 4*

# Die »Neue Klasse« Prügelknabe der Rechten

Im Präsidentschaftswahlkampf 1988, nahezu zwei Jahrzehnte nach der Entdeckung der Arbeiterklasse, wurde den amerikanischen Wählern eine verblüffende Umkehrung einer gesellschaftspolitischen Kategorie präsentiert. Ein republikanischer Multimillionär – Sproß der alten Yankee-Oberklasse und begeisterter Kämpfer für die arbeitnehmerfeindliche Wirtschaftspolitik der Regierung Reagan – griff seinen Gegner unter anderem mit der Behauptung an, er gehöre zu einer »Elite«. »Es handelt sich hier um den absoluten Triumph der populistischen Revolution in der Politik der Republikaner«, meinte der konservative Kommentator Kevin Phillips. »Der tonangebende Preppie der Nation – Sprößling und Zierde des Establishments – gewinnt als barfüßiger Populist.«[212]

George Bush warf seinem Gegner vor, der soganannten »linken Elite« anzugehören. Damit griff er die bedeutendste Erkenntnis der amerikanischen Rechten seit den siebziger Jahren auf – die These nämlich, daß Linksliberale nicht die Bedürfnisse von »gewöhnlichen« Menschen und »Durchschnittsbürgern« vertreten, sondern ganz im Gegenteil die Interessen einer Elite. Etwas anders formuliert, erstrahlt diese These erst in voller Orwellscher Pracht: Die Vorstellungen der Linken von ökonomischer Gerechtigkeit und Gleichheit dienen nur dazu, den Ehrgeiz einer kleinen und egoistischen gesellschaftlichen Elite zu kaschieren.

Bis in die frühen siebziger Jahre war die amerikanische Rechte klein und dem Temperament nach aristokratisch. In innenpolitischen Fragen war sie für die Unternehmer, gegen die Arbeitnehmer und gegen linksliberale Maßnahmen zugunsten der Armen oder gegen die Rassendiskriminierung. Die Neue Rechte, die Mitte der siebziger Jahre hervortrat und mit der Wahl Reagans 1980 ihre ganze Macht entfaltete, lag in Wirtschaftsfragen genau auf der gleichen Linie; die Interessen von Big Business und Geldaristokratie waren auch bei ihr bestens aufgehoben. Neu war nur der Kampf gegen eine andere Elite, eben die »linke Elite«, die vorher schon Wallace und später Agnew im Wahlkampf aufs Korn genommen hatten. Dadurch stilisierte sich die Neue Rechte verbal zum Verbündeten des »kleinen Mannes«, der breiten Masse und sogar der Arbeiter gegen die zynischen Manipulationen des »linken Establishments«.

In den politischen Theorien der Rechten ist die linksliberale Elite nicht einfach ein politischer Gegner, sondern eine Klasse, die sogenannte Neue Klasse. Die Rechte ist sich über die Definition der Neuen Klasse nicht ganz einig, aber in jedem Fall wird sie als Teil der neuen Mittelklasse definiert, wobei man bei der Eingrenzung sorgfältig darauf achtet, z. B. höhere Angestellte und Freiberufler nicht dazuzurechnen, die ja schon Ihres Berufes wegen eher unternehmerfreundlich und gegen die liberale Linke sind.

Paradoxerweise gehören einer derartig definierten Neuen Klasse an sich auch die rechten Intellektuellen an – Journalisten, Kommentatoren, Wissenschaftler in Denkfabriken, Autoren, Ghostwriter und dergleichen. Falls es wirklich eine herrschsüchtige, böse Neue Klasse gibt, gehören diese Leute ja genauso dazu wie die gescholtenen Linksliberalen. War der »Klassenverrat« dieser Rechten dann etwa schierer Opportunismus? Die Entwicklungen in den sechziger Jahren zeigten, daß die Mittelklasse zu liberalen Vorstellungen tendierte, die – wohlgemerkt größere – Arbeiterklasse hingegen zu rassistischen und reaktionären. Wenn das stimmte – und die Entdeckung der Arbeiterklasse durch die Medien schien es zu bestätigen – dann war es für politisch ehrgeizige Angehörige der Mittelklasse die naheliegendste Strategie, sich von ihresgleichen abzusetzen und mit dubiosen Populisten à la Spiro Agnew oder neuerdings George Bush gemeinsame Sache zu machen.

Die Haßtiraden der Rechten gegen die Neue Klasse entsprangen aber nicht nur dem Opportunismus, sondern spiegelten die in den siebziger Jahren in der neuen Mittelklasse um sich greifende Verunsicherung angesichts der zunehmenden Einsicht, daß man selbst einer den Sorgen »normaler« Amerikaner aus der Arbeiterklasse entfremdeten Elite angehörte. Gleichzeitig erntete die Mittelklasse auch am linken Flügel des politischen Spektrums mehr und mehr Mißfallen und wurde von ehemaligen Achtundsechzigern mit klassisch leninistischer Nomenklatur als egoistisches und unberechenbares »Kleinbürgertum« beschimpft. Das eben erst entstehende Klassenbewußtsein der Mittelklasse, als einer Klasse unter anderen, degenerierte in den siebziger und achtziger Jahren anscheinend zu Selbsthaß.

Am rechten Flügel signalisierte die Begriffsprägung Neue Klasse zwar auch einen Hauch von Bewußtwerdung, aber aus dieser leisen Ahnung wurde dann doch nichts. Als Neue Klasse gilt vielmehr immer »jemand anderer« – eine fremde Gruppe, deren eindeutige Hauptfunktion darin besteht, im Kampf gegen die Linke den Prügelknaben abzugeben. Zumindest auf der verbalen Ebene hat das bisher bestens funktioniert: Der Begriff links, nun schon seit Jahren mit Elite und einer böswilligen Neuen Klasse in Verbindung gebracht, ist diskreditiert und nahezu nutzlos geworden. In diesem Kapitel geht es um eben diesen Begriff der Neuen Klasse – von seinem Ursprung in der Linken bis zu seiner tragischen Umkehrung in der Politik der Rechten.

## Die Neokonservativen und die Neue Klasse

Die Vorstellung von einer linksorientierten und machthungrigen Neuen Klasse entstand in einer kleinen Gruppe von Intellektuellen im Umfeld der Zeitschriften *Commentary* und *Public Interest*. Als *Newsweek* diese »Neokonservativen« 1977 vorstellte, hieß es:

> In intellektuellen Kreisen hat inzwischen den Gesellschaftstheoretikern, die früher die treibende Kraft des linksliberalen Flügels der Demokratischen Partei waren – Leute also wie Arthur Schlesinger jr., und John Kenneth Galbraith – eine Gruppe »neokonservativer« Professoren den Rang abgelaufen.

> Viele von ihnen sind Flüchtlinge aus der liberalen Linken, wie z. B. Daniel Bell, Nathan Glazer, Irving Kristol, James Q. Wilson, Edward Banfield, Seymour Martin Lipset und der New Yorker Senator Daniel Patrick Moynihan.[213]

Die ursprüngliche politische Heimat einiger von ihnen war der Marxismus gewesen, und viele hatten die Reise nach rechts bereits in den sechziger Jahren angetreten, als sie, wie wir gesehen haben, die »Unterklassen« analysierten und die Studentenbewegung denunzierten. Die Vorstellung einer Neuen Klasse hatten sie ursprünglich bei der Linken gefunden, jetzt präsentierten sie sie im Neuen Gewand, um die Linke damit zu diskreditieren.

Schon der Begriff Neue Klasse läßt seine Herkunft erkennen, denn nach dem üblichen marxistischen Schema gibt es im Kapitalismus nur zwei erwähnenswerte Klassen – Proletariat und Bourgeoisie. Aus streng marxistischer Sicht mußte jede andere Gruppe, der man den Status einer »Klasse« zubilligen wollte, neu sein, denn Marx konnte etwas derart Wichtiges wie eine ganze gesellschaftliche Klasse wohl kaum übersehen haben. Die ketzerische Vorstellung, es könnte in industriellen Gesellschaften u. U. doch eine bislang übersehene gesellschaftliche Klasse geben, war in dem Teil der Linken gereift – man sprach vom antistalinistischen bzw. trotzkistischen Flügel – der bei der Beurteilung der Sowjetunion den Kommunisten nicht folgen wollte. Für diese war die Sowjetunion ein »Arbeiterparadies«, für die Trotzkisten bestenfalls ein »deformierter Arbeiterstaat«, schlimmstenfalls das linke Pendant zum Faschismus.

Von den dreißiger bis zu den fünfziger Jahren schlug sich in New York ein kleiner Haufen von Trotzkisten mit der Frage herum, was nach der russischen Revolution schiefgegangen war und wie man das enttäuschende Ergebnis charakterisieren sollte. Was war die Sowjetunion eigentlich? Kapitalistisch war sie offensichtlich nicht, aber um eine »Diktatur des Proletariats« handelte es sich auch nicht, wenn diese unglückliche Wendung bedeuten sollte, daß die Arbeiterklasse das Sagen hat. Wer war dort eigentlich an der Macht? Oben saßen offensichtlich Bürokraten und Leute, die man vielleicht der Intelligenz zurechnen konnte, aber wer – marxistisch begriffsstreng gefragt – waren die?

Die Antwort lautete schließlich, die Sowjetbürokratie stelle eine völlig neue und von niemandem vorhergesehene gesellschaftliche Klasse dar.[214] Eine wichtige Bestätigung dieser Deutung lieferte das Buch *Die neue Klasse* des jugoslawischen Dissidenten Milovan Djilas, das 1957 in englischer Übersetzung erschien. Djilas war während der jugoslawischen Revolution der zweite Mann nach Tito gewesen; jetzt erklärte er, die Revolution sei von einer in der »Politbürokratie« verwurzelten neuen Klasse verraten worden. Alle kommunistischen Revolutionen, lautete seine These, seien gleich verlaufen: Man habe den Sieg des Proletariats ausgerufen, nur um dann die alte kapitalistische Klasse durch eine neue Manager- und Bürokratenelite zu ersetzen:

> Lange Zeit hindurch verbargen die kommunistische Revolution und das kommunistische System ihre wahre Natur. Das Auftreten der neuen Klasse wurde hinter einer sozialistischen Phraseologie versteckt und, was noch wichtiger ist, hinter der neuen Form des Eigentumbesitzes. Das sogenannte sozialistische Eigentum ist ein Vorwand für die wirkliche Ausübung des Eigentumsrechtes durch die sozialistische Bürokratie.[215]

Daß es eine ähnlich gerissene Klasse auch in einer kapitalistischen Gesellschaft wie in den USA geben könnte, war zunächst keineswegs offensichtlich. Zwar benützten in den fünfziger und sechziger Jahren einige wenige Intellektuelle den Begriff Neue Klasse als Bezeichnung für die neue Mittelklasse, ohne sich jedoch über deren mögliche politische Ziele zu äußern. David Bazelon, ein ehemaliger Trotzkist, der Wirtschaftsanwalt und dann freiberuflicher Kommentator geworden war, beschrieb in den sechziger Jahren die Neue Klasse als politisch heterogenen Haufen, der das politische Spektrum vom rechten Nuklearstrategen Herman Kahn und Mitgliedern der rechtsextremen John Birch Society bis zu Reformdemokraten und dem linksradikalen Strafverteidiger William Kunstler abdeckte.

Eine linkslastige Neue Klasse in den Vereinigten Staaten auszumachen, blieb den Neokonservativen vorbehalten, die dafür auch die beste Ausgangsposition hatten. Viele von ihnen kannten als ehemalige Trotzkisten den Begriff, diente er doch zur Erklärung der Machtstrukturen in der Sowjetunion. Einige kannten auch Bazelons Theorien, die er ursprünglich in *Commentary* vorgetragen hatte, einer bei ihrer Gründung in den fünfziger Jahren noch linken Zeitschrift. Außerdem hatten sie die »Exzesse« radikaler Studenten aus der Mittelklasse unmittelbar miterlebt. Als Konservativer brauchte man nur noch die naheliegende Schlußfolgerung zu ziehen: Die radikalen Achtundsechziger-Studenten repräsentierten eine amerikanische Neue Klasse, die nicht weniger rücksichtlos und potentiell diktatorisch war als ihr kommunistisches Pendant.

Michael Novak, ein Exlinker, der inzwischen in einer rechten Denkfabrik gelandet war, schlug bei diesem verblüffenden geistigen Durchbruch die erste Bresche. Bei Michael Harrington, der in *Toward a Democratic Left* (1968) die amerikanische Neue Klasse positiv als potentielle »Partei des Gewissens« darstellte, stieß Novak auf Bazelons These der Neuen Klasse und erkannte sofort, daß sie sich als Waffe gegen die Linke nützen ließ. Seine Argumentation in einem *Commentary*-Aufsatz von 1972 ist ein syllogistisches Schmuckstück: Die linken Studenten gehören einer bestimmten Klasse an. Diese Klasse verfolgt ihre eigenen Interessen. Ergo zielt alles, was die Linke tut, auf die Durchsetzung dieser Interessen ab. Im Wortlaut:

> Die Neue Klasse überzuckert ihre politischen Kampagnen … mit einer derart dicken Schicht Moral, daß vor hundert Jahren sogar die selbstgerechten Angelsachsen vor Neid erblaßt wären. Da zwei ihrer Hauptanliegen – die Bürgerrechtsbewegung (wozu auch der Kampf gegen die Armut zu rechnen ist) und der Widerstand gegen den Krieg in Indochina – moralisch untadelig sind, konnte sie bisher auch ihre eigene Machtgier und ihre eigenen Klasseninteressen verbergen, zumindest vor sich selbst.[216]

Das wichtigste Klasseninteresse war dabei die »Ämterpatronage«. Unter Bezug auf den von Präsident Johnson proklamierten »Kampf gegen die Armut« behauptete Novak, die Linke trete für »eine engagiert für ›Veränderung‹ kämpfende Regierung« ein. Und warum? Weil dadurch »Stellen und Chancen zu hundertausenden« für Leute geschaffen würden, »die darauf brennen, Gutes zu tun und sich nach einer ›relevanten‹ Nutzung ihrer Talente, ihres Könnens und ihrer Lebensjahre sehnen«.

Bald nach dem Erscheinen von Novaks Artikel identifizierten die *Commentary*-Mitarbeiter Lipset und Kahn ihre politischen Gegner in der Terminologie des Klassenkampfes als »die neue Intelligenz« und »die Progressiven aus der Upper Middle Class«.[217] Norman Podhoretz beschrieb diesen neokonservativen Erkenntnisprozeß später fast schon als Rebellion eines heroischen Dissidententrupps:

> Angewidert von Szenen aus den sechziger Jahren, welche bereits ahnen ließen, welche Kultur der Gegner [gemeint ist die Neue Klasse] erst in voller Aktion – oder gar an die Macht gelangt – entfalten würde, trat eine Gruppe intellektueller Dissidenten auf den Plan, um die bürgerlichen Werte [gemeint sind die gängigen] als unverzichtbare Grundlage der Freiheit, der Demokratie, des allgemeinen Wohlstands und einer breiten Palette menschlichen Anstands zu verteidigen.[218]

1975 tauchte der Begriff der Neuen Klasse schließlich auch in den Massenmedien auf, in einer Kolumne von Irving Kristol im *Wall Street Journal*. Nach seiner Definition bestand die Neue Klasse aus

> Wissenschaftlern, Lehrkräften und Verwaltungsbeamten im Schul- und Hochschulwesen, Journalisten und anderen Leuten im Kommunikationswesen, Psychologen, Sozialarbeitern, den Juristen und Medizinern, die sich für eine Laufbahn im expandierenden öffentlichen Dienst entschieden haben, Stadtplanern, Mitarbeitern der größeren Stiftungen, hohen Regierungsbeamten usw.[219]

Der neokonservative Kommentator Kristol selbst konnte sich als Publizist und ehemaliger Professor natürlich als vollwertiges Mitglied dieser Gruppe zurechnen, die er den Lesern aber nicht deshalb vorstellte. Er stellte sie vor bzw. bloß, um vor ihr zu warnen. Kristol zufolge hatte die Neue Klasse ein politisches Programm, zu dem auch die Zerstörung des kapitalistischen Systems gehörte. Er meinte sogar, die Macht der Neuen Klasse sei fast schon größer als die der Wirtschaftselite. »Bei jedem offenen Schlagabtausch mit der ›Neuen Klasse‹«, warnte er seine Leser aus der Wirtschaft in einer späteren Kolumne, »wird die Wirtschaft unweigerlich den kürzeren ziehen.«[220]

Für die Männer (und manche Frauen), die eiligst von links nach rechts überliefen, wurde in den siebziger Jahren fast zur Pflichtübung, die Neue Klasse zu beschimpfen – als handle es sich dabei um das Pendant der Kommunistischen Partei; wollte man als zuverlässiger Staatsbürger gelten, mußte man sie verurteilen. Neokonservative benutzten den Begriff oft anstelle von »Linksliberale« oder »die Linke«, als wäre es eben doch keine Klasse, sondern eine Partei, in die man nach Lust und Laune eintreten und aus der man ebenso wieder austreten kann. Und genau wie in früheren Jahrzehnten die Abtrünnigen der Kommunistischen Partei bildeten sich die Neokonservativen nur allzugern ein, sie wären die umzingelten Rebellen, die sich tapfer gegen ein mächtiges Establishment wehren. Der charakteristischen Illusion der amerikanischen Linken, sie habe »die Masse des Volkes« auf ihrer Seite, entspricht die Illusion der Rechten, sie sei ein verwegener kleiner Haufen, der den Kapitalismus verteidigt, während die Kapitalisten selbst zu schwach oder zu konfus sind, sich zu wehren.

Warum aber bezeichnete man den ideologischen Gegner als Klasse, wo es sich doch um eine ganz anders konstituierte Gruppe handelte, die weniger durch gesellschaftliche oder wirtschaftliche Merkmale als vielmehr durch mutmaßliche politische Sympathien definierbar war?[221] Durch ihre Definition der Neuen Klasse als Medienleute und Intellektuelle – nebst angestellten Managern und Akademikern im öffentlichen Dienst und in gemeinnützigen Einrichtungen – zeigten die Neokonservativen eine potentiell bedeutsame Unterteilung der neuen Mittelklasse auf. In der freien Wirtschaft tätige Angehörige der Mittelklasse neigen im ganzen wohl eher zu wirtschaftsfreundlichen, d. h. konservativen politischen Ansichten.

Klassenzugehörigkeit ist aber nicht einfach eine Frage des Berufes, und ganz bestimmt kommt es dabei nicht einfach darauf an, wo man gerade arbeitet – ob z. B. im privaten oder im öffentlichen Sektor. Man wechselt nicht die gesellschaftliche Klasse, wenn man von einem Verwaltungsposten in Washington zu einer ähnlichen Position bei der Industrie- und Handelskammer überwechselt. Die Neue Klasse der Neokonservativen war überhaupt keine Klasse, sondern eine Untermenge »suspekter« Berufe, bei deren Auswahl man z. B. darauf geachtet hatte, die meisten Leser des *Wall Street Journal* herauszuhalten.

Offenbar war es aber außerordentlich befriedigend, den ideologischen Gegner als »Klasse« zu bezeichnen; das hatte doch eine andere Dimension als ein Ausdruck wie »die Linke«! In *The Neoconservatives* meint Peter Steinfels dazu, die Vorstellung von einer Klasse bedeute eine »Aura des Massiven und Bedrohlichen«.[222] Meines Erachtens war es auch ein reiferer Beschimpfungsstil als der, den man gegen die Studentenbewegung eingesetzt hatte. Damals stand die Jugendlichkeit der Rebellen im Mittelpunkt, und die schärfsten Waffen kamen aus dem Arsenal der Psychologie: Die Jugend war verhätschelt bzw. von ungelösten ödipalen Konflikten getrieben. Mittlerweile waren die meisten dieser Jugendlichen fast dreißig. Außerdem erklärten die Theorien von den verhätschelten Kindern nicht die vielen »Mitläufer«, wie Podhoretz sie nannte, aus der älteren Generation – Professoren und Prominente wie Dr. Benjamin Spock, die sich mit den radikalen jungen Leuten solidarisiert hatten. Das Problem ließ sich lösen, wenn man die Studentenbewegung der sechziger Jahre als Taktik des Willens zur Macht der Neuen Klasse auffaßte. Hören wir dazu Podhoretz:

> Die Neue Klasse setzte ihre jungen Leute als Kommandos ein, die sich auf der Straße mit den feindlichen Truppen (Polizei

und Nationalgarde) schlagen sollten, während die »Ältesten« in der Etappe die Strategie planten und den politischen Krieg gegen die herrschende Macht in weniger gefährlicher Form führten.[223]

In ihrem Eifer, jeden unerfreulichen Aspekt der Linken bzw. des Linksliberalismus der Neuen Klasse in die Schuhe zu schieben, verfielen die Neokonservativen in einen Sprechblasen-Marxismus, bei dem alle Handlungen und Überzeugungen von Menschen flugs auf ihr ökonomisches Eigeninteresse reduziert werden. Aus dieser »vulgärmarxistischen« Sicht, wie die Linken sagen, genügt es, die Klasse eines Menschen zu benennen, um seine Ansichten über alles mögliche, von der Rüstungskontrolle bis zum sozialen Netz, voraussagen zu können. Eigentlich hätten die Neokonservativen es besser wissen müssen; ihre Klassenanalyse, die alle ihre Gegner in Grund und Boden zu argumentieren schien, konnte sie selbst nicht erklären.

Für jeden, der kein Vulgärmarxist ist, versteht es sich von selbst, daß Angehörige der Neuen Klasse bzw. der ganzen neuen Mittelklasse alles schreiben können und werden, wofür es einen Markt gibt, und sei es eine Polemik gegen ihre eigenen Brüder. Klassenverrat ist auf jeder sozioökonomischen Ebene eine Option, vom Industriearbeiter, der zum Betriebsschutz geht und dann Streikende schikaniert, bis zum Millionenerben, der zum Mäzen der Linken wird. Die Achtundsechziger, die den Rechtsruck der Neokonservativen ausgelöst hatten, hatten mit ihren Angriffen auf die Universität in einem gewissen Sinn auch Klassenverrat begangen. Sie jetzt als »Kommandos« der Neue Klasse anzugreifen war im Grunde kaum etwas anderes; die Neokonservativen verrieten bzw. denunzierten damit ihre eigene Klasse. Ein seltsamer Schritt, aber kein beispielloser.

Man kann die These vertreten, die Feindseligkeit der Neokonservativen gegen ihre eigene Klasse sei durchaus mit den Interessen dieser Klasse vereinbar – jedenfalls so, wie die Neokonservativen diese Interessen verstanden. Sie hüteten sich ja, die Eckpfeiler der Autorität der Mittelklasse, Professionalität und Sachkenntnis, in Frage zu stellen. Hätten sie die neue Mittelklasse oder deren Untergruppe, die Neue Klasse, wirklich untergraben wollen, so hätten sie z. B. die Abschaffung einer liebgewordenen Bastion wie der unkündbaren Professur fordern oder ihren Einfluß geltend machen können, um die Papierberge abzubauen, welche die Zulassung zu den freien Berufen einschränken. Sie hätten auch die Forderung der Schwarzen unterstützen können, die Aufsicht über Schulen und Krankenhäuser und andere wichtige Dienstleistungsinstitutionen zu dezentralisieren und sie ihnen selbst statt fernen Fachleuten zu überlassen.

Die Neokonservativen dachten natürlich gar nicht daran. Zu den Waffen eilten sie erst, als die Studentenbewegung den Professionalismus aufs Korn nahm. Daniel Patrick Moynihan war noch gar kein Neokonservativer, als er sich Mitte der sechziger Jahre dafür aussprach, den »Kampf gegen die Armut« zu einer Arbeitsbeschaffungsmaßnahme für Fachleute umzufunktionieren. In einem berühmt gewordenen Aufsatz in *Public Interest* setzte er sich für »die Professionalisierung der Reform« ein und meinte damit in erster Linie den Kampf gegen die Armut. Angesichts des »exponentiell wachsenden Wissens« freue er sich auf den Tag, an dem nur noch Experten sich mit gesellschaftlichen Veränderungen befassen; »dumme Streitereien« sowie »ellenlange Petitionen und Massenkundgebungen« seien dann nebst anderen traditionellen Erscheinungsformen öffentlichen Engagements wohl ein Ding der Vergangenheit.[224]

Die Schimpftiraden der Neokonservativen gegen die Neue Klasse lassen sich mit David Bazelon auch als Ankündigung einer »neuen Strategie« der neuen Mittelklasse interpretieren.[225] Mitte der siebziger Jahre nahm im öffentlichen Dienst und im Bildungswesen der Bedarf für Fachleute bereits deutlich ab. Den »Kampf gegen die Armut« hatte der Krieg in Vietnam abgelöst, Anzeichen einer drohenden »Steuerrevolte« verhießen nichts Gutes für finanzträchtige Vorhaben der öffentlichen Hand, und eine Konjunkturschwäche bei gleichzeitiger Inflation sowie die Ölkrise deuteten auf ein »Zeitalter der Grenzen« hin. Es war schwerer geworden, sich – wie die Neokonservativen die Methode der Neuen Klasse in den sechziger Jahren charakterisierten – erst ein soziales Problem auszudenken und sich dann den Auftrag zu seiner Lösung erteilen zu lassen. Haushaltsmittel für Programme zur Bekämpfung der Armut wurden gekürzt, die Planungsstäbe und Denkfabriken, in denen sie entworfen und betreut wurden, waren bedroht. Die geistige Avantgarde der neuen Mittelklasse brauchte eine neue Klientel, und die Neokonservativen hatten auch schon eine ausfindig gemacht – die Führungskräfte der Wirtschaft.

Das Verhältnis zwischen neuer Mittelklasse und Geldelite war allerdings immer schon gespannt und zweideutig. Die Reichen hatten als Taufpaten der Mittelklasse die Professionalisierung der freien Berufe mitgetragen und die Hochschulen finanziert, an denen man sein Handwerk lernte. Unternehmer wie John Hopkins, Leland Stanford, Andrew Carnegie und John D. Rockefeller kamen für die Kosten der immensen Expansion im Hochschulwesen im späten 19. und frühen 20. Jahrhundert auf. Nun gehören zum Selbstverständnis und zur Selbstdarstellung der Akademiker aber Autonomie und die Vorstellung, der Macht nicht verpflichtet zu sein. Wer kauft schon einem Bediensteten Objektivität und Neutralität ab? Der Streit um die Freiheit von Forschung und Lehre im frühen 20. Jahrhundert spiegelt diesen Kampf um Autonomie wieder; Kontrahenten waren dabei die Fakultätsmitglieder und die Kapitalisten im Kuratorium.

Auch außerhalb der Universität kam es bei vielen Fragen zu Zusammenstößen zwischen der entstehenden Mittelklasse und den Wirtschaftseliten. Beim »Verbraucherschutz« – vor verunreinigten Nahrungsmitteln und gefährlichen Produkten z. B. – gerieten bürgerliche Reformer und unwillige Unternehmer aneinander. Mit der Forderung nach dem »gerechten Staat« sollte der Einfluß des Großkapitals (aber auch der der politischen Apparate, deren Basis die Arbeiterklasse war) beschränkt und die Macht der Experten in Stadtverwaltungen, Brain Trusts und Gutachterfunktionen gestärkt werden. Auch das »wissenschaftliche Management« hatte mit einem Angriff auf Verschwendung und mangelnde Effektivität in der Wirtschaft angefangen.[226]

Hinter solchen Scharmützeln lag ein tieferer Konflikt. Die neue Mittelklasse legt traditionell großen Wert auf Wissenschaftlichkeit, Effektivität und »Rationalität« – Schlagwörter, mit denen sich ihre Dienstleistungen gut verkaufen lassen. Zur Rationalität gehört aber eine gewisse Verantwortlichkeit gegenüber der Öffentlichkeit, der man ja schlecht unterstellen kann, sie könne einer vernünftigen Argumentation gar nicht folgen. Die Wirtschaft jedoch hat keinen Grund, solche Werte über den Profit zu stellen. Anfang des Jahrhunderts bekämpfte sie sogar die Einführung des metrischen Systems als unerbetene Einmischung der Fachleute. Es dauerte noch einige Jahrzehnte, bis das Großunternehmen in seiner modernen Form als eine Art Klassenkompromiß etabliert war, wobei die Kapitalisten als Eigentümer zwar das letzte Wort haben, die tagtäglichen Entscheidungen aber von Managern, Ingenieuren und Fachleuten aus der Mittelklasse getroffen werden.

Spannungen gibt es aber immer noch, und oft genug kommt es zum Streit, wenn ein Fachmann auf seine Autonomie pocht. Ein Professor, der eine unbequeme Meinung vertritt, ein Manager, der öffentlich auf Sicherheitsmängel eines Produkts hinweist oder bei einem Verfahren moralische Bedenken anmeldet, kann seinen Job schnell los sein. Selbst die geistige Hackordnung innerhalb der Mittelklasse ist verräterisch: Professoren fühlen sich über Manager erhaben, »reine« Wissenschaftler über ihre Kollegen in der Industrie, Journalisten über Werbetexter. Hinter diesem Snobismus steckt der schwer greifbare Wunsch der Mittelklasse nach selbstbestimmter Arbeit und Autonomie im Beruf, wo innere Grundsätze wichtiger sein sollten als äußerliche Prioritäten wie Profit. Genau da aber setzten die Neokonservativen den Hebel an.

In einer Kolumne im *Wall Street Journal,* die auch das Begleitschreiben zu einer Stellenbewerbung hätte sein können, diente Irving Kristol sich fast unverhohlen den Wirtschaftseliten an. Warum wahllos für gemeinnützige gute Zwecke spenden, hinter denen vielleicht wieder ein Mitglied der wirtschaftsfeindlichen Neuen Klasse steckte? Da hatte er einen besseren Vorschlag:

> Ein positiverer Schritt wäre es natürlich, wenn ein Unternehmen diejenigen Elemente der »Neuen Klasse« unterstützt (die es auch gibt), die sich für die Erhaltung eines starken privatwirtschaftlichen Sektors einsetzen. Die Neue Klasse ist nämlich gottseidank nicht völlig homogen. Es gibt in ihren Reihen Männer und Frauen, ... die die Freiheit des einzelnen ernst nehmen und die kollektivistischen Tendenzen in unserer Gesellschaft mit Sorge beobachten ...
> Manager fragen oft: »Aber wie können wir solche Leute ausfindig machen und woran erkennt man sie?« Nun, wenn man Öl finden will, sucht man sich einen sachkundigen Geologen, und hier ist es ganz ähnlich. Wenn man im akademisch-wissenschaftlichen Bereich produktiv investieren will, holt man sich Rat bei einem sachkundigen Intellektuellen oder Wissenschaftlern – sozusagen bei den »Dissidenten« der »Neuen Klasse«.[227]

Da fehlte eigentlich nur noch die Telefonnummer, wie Steinfels anmerkte.

Wenn das Verrat war, war es ein besonders raffinierter. »Wir sind alle Karrieremacher«, sagt Bazelon über die Mittelklasse. »Wir sind sehr leicht zu kaufen. [Kristol] hat nur eine neue Karrierevariante erschlossen.« Gleichzeitig war es ein Vorgriff auf die von der Jugend der Mittelschicht in den achtziger Jahren bevorzugten Berufe – Banker oder Manager statt Soziologe oder Beamter. Namens der exklusiven geistigen Avantgarde, der er angehörte, hofierte Kristol die Unternehmer, die ja ohne sachkundige Hilfe »bei jedem offenen Schlagabtausch« mit der Neuen Klasse »unweigerlich den kürzeren ziehen« würde. B. Bruce Biggs, der Herausgeber einer neokonservativen Anthologie über die Neue Klasse, formulierte es folgendermaßen: »Wenn Intellektuelle die Wirtschaft angreifen, müssen Intellektuelle die Verteidigung übernehmen; gegen aktive Bürokraten müssen dynamische Lobbyisten antreten.«[228]

Vor allem mußte die Wirtschaft den Gegner genau kennenlernen. Bald wimmelte es von Neokonservativen, die Führungskräfte durch Vorträge und Seminare auf die Gefahren der Neuen Klasse hinwiesen – was »natürlich selbst ein Paradebeispiel für die Aktivitäten der Neuen Klasse« ist, wie ein solcher Redner anmerkte. Kristol selbst wurde für seine Bemühungen überreich belohnt, z. B. mit dem von der Wirtschaft finanzierten *Institute for Educational Affairs,* welches u. a. die Bedrohung durch die Neue Klasse erforscht.

Den so umworbenen Führungskräften dürfte der Wirbel um die Neue Klasse nicht immer ganz koscher vorgekommen sein. »Für den ist die Politik ausschließlich eine Auseinandersetzung unter Intellektuellen«, beklagte sich ein Spitzenmanager nach einem einschlägigen Vortrag eines Neokonservativen. In der Wirtschaft hatte man sich zwar über die Studentenbewegung nie dermaßen echauffiert wie in manchen Hochschullehrer- und Intellektuellenkreisen, aber manche Folgeerscheinungen in den siebziger Jahren waren doch besorgniserregend, insbesondere die Ökologie- und die Verbraucherschutzbewegung. Mochten die Universitäten bis auf die Grundmauern niederbrennen – das Geschäft lief weiter. Aber wenn der Ruf nach sichereren Produkten und saubereren Fabriken nicht verstummte, würde der Gewinn Schaden nehmen.

Ihre wichtigsten Anhänger fand die neokonservative Theorie der Neuen Klasse auf die Dauer aber nicht in den Vorständen der Großunternehmen, sondern unter ehrgeizigen konservativen Politikern. Um den Konservativismus als geistige Tradition war es im 20. Jahrhundert in Amerika nicht gerade gut bestellt. Sicher, es gab William F. Buckley jr., der sich gern auf den österreichischen Volkswirtschaftler Friedrich von Hajek berief, aber wen gab es sonst? Konservativen Politikern wie Nixon und Agnew waren Intellektuelle unsympathisch, welche sie ihrerseits, wie sie richtig bemerkten, im allgemeinen verachteten. Das änderte sich, als das rechte Lager Zulauf von links bekam und die Neuankömmlinge als Gastgeschenk das kostbarste Erbe der Linken mitbrachten, den Begriff der Klasse. Plötzlich wurde klar, weshalb es keine konservative intellektuelle Tradition gab und warum ein guter Konservativer Intellektuelle sowieso nicht ausstehen konnte: Sie gehörten zur Neuen Klasse, und die haßte Amerika.

Bevor wir uns der neuen Generation politischer Denker zuwenden, die mit dem Begriff der Neuen Klasse ins Geschäft einstiegen, eine kleine Vignette: Daniel Patrick Moynihan, dem wir zuletzt begegneten, als er die »Professionalisierung der Reform« propagierte, nahm 1969 einen Posten als Berater Nixons an. Eine Aktennotiz, in der Moynihan die »Dienstleistungsgruppen in unserer Gesellschaft – Lehrer, Sozialarbeiter, Städteplaner, Ernährungsfachleute usw.« angriff – genau die Fachleute also, denen er eben erst nahegelegt hatte, politisch mitzumischen, imponierte dem Präsidenten gewaltig. Ihr Geschäft war das »Geschäft mit Ressentiments«; »sie verdienen gut daran, daß sie allen schwarzen Armen das Gefühl vermitteln, daß man auf ihnen herumhackt, was zwar oft stimmt, aber nicht immer.«[229] Nixon war von Moynihans Darlegung der Motive der Neuen Klasse so angetan, daß er sich zur »amerikanischen Führungsklasse« in seinem Tagebuch notierte:

> Es ist schon widerlich wenn ich sie im Weißen Haus empfangen muß was ja oft passiert und dann jammern und jaulen sie. Das ist auch ein Grund daß ich lieber Gewerkschaftsführer empfange und Leute aus der breiten Masse die noch Charakter haben und Kerle sind und irgendwie patriotisch.[230]

Da hat man, ohne Punkt und Komma, den Kern der späteren Strategie der Neuen Rechten: Schulterschluß mit der Arbeiterklasse und der Wirtschaft und Ausgrenzung der »widerlichen« Neuen Klasse.

## Die Neue Rechte und die Neue Klasse

Die Neokonservativen waren und sind eine kleine, mit ihren Zeitschriften, Instituten und Tagungen vollauf beschäftigte Intellektuellenschar. Die Neue Rechte war eine Bewegung (oder wollte eine sein) mit potentiellen Mitgliedern in fundamentalistischen christlichen Sekten und in allen möglichen Gruppen. In der Neuen Rechten traute man den Neokonservativen nie so ganz; sie galten als zu weltläufig, zu intellektuell, und möglicherweise auch zu sehr von Juden beeinflußt. Trotzdem kupferten die geistigen Köpfe der Neuen Rechten genau dort ihre Ideen ab, insbesondere die der Neuen Klasse. Zunächst nur im Reich der Gedanken angesiedelt, wurde der Begriff Neue Klasse mit dem Vordringen der Neuen Rechten in den achtziger Jahren schließlich ein Eckpfeiler der politischen Praxis.

Die Neue Rechte selbst gibt als ihr Geburtsjahr 1974 an. Damals koordinierten vier relativ neue Organisationen in und um Washington erstmals ihre Aktivitäten: der Konservative Kreis im Kongreß (Conservative Caucus), RAVCO (Richard Vigueries Firma, die durch Direktmailings um Spenden wirbt), das Komitee Rettet den Freien Kongreß (Committee for the Survival of a Free Congress, das sich mittlerweile Free Congress Political Action Committee nennt) und das National Conservative Political Action Committee. Geldgeber waren reiche Reaktionäre wie Joseph Coors und Richard Mellon Scaife sowie von RAVCO und ähnlichen Organisationen angesprochene Einzelpersonen. Hunderttausende spendeten, und das Geld floß reichlich. Schon Ende der siebziger Jahre war die Neue Rechte ein Gebilde mit einem aufgeblähten Verwaltungsapparat, in dem sich Scharen von Intellektuellen, Bürokraten und politischen Experten tummelten.

Die Neue Rechte verfügte über eigene Denkfabriken (am bekanntesten ist die Heritage Foundation), ein wachsendes Netz sympathisierender Initiativen – für die freie Wirtschaft, für Recht und Ordnung, für die Familie, aber gegen Waffenscheinpflicht. 1979 betrieben die weltlichen Führer der Neuen Rechten die Bildung einer rechten religiösen Organisation: Die Moral Majority nahm Mitglieder auf und schuf sich nach und nach eine Anhängerschaft bei protestantischen Fundamentalisten weißer Hautfarbe. Schon 1980 wurde ihr Lieblingskandidat – als solcher eventuell nur noch von Senator Jesse Helms übertroffen – mit ihrer Hilfe zum Präsidenten der Vereinigten Staaten gewählt.

Ideologische Väter der Neuen Rechten waren zwei völlig verschiedene Männer: Barry Goldwater, der 1963 als konservativer Präsidentschaftskandidat der Republikaner ins Rampenlicht rückte, und George Wallace. Goldwater hielt sich an die traditionellen Themen der Konservativen – militärische Stärke, Antikommunismus, Gewährleistung echter »Freiheit« der Wirtschaft durch Reduzierung staatlicher Eingriffsmöglichkeiten. Die Väter der Neuen Rechten erkannten jedoch, daß mit traditionellen konservativen Positionen, insbesondere in der Wirtschaftspolitik, keine Wählermassen zu gewinnen sind. Wollte die Rechte sich nicht einfach mit der Klientel der Reichen im Smoking begnügen, mußte sie in die Bresche stoßen, die Wallace bei seinem Sturm auf die Industriestädte und Arbeitervorstädte geschlagen hatte. Neue Themen mußten her und – wenn man die Ressentiments der breiten Masse ausschlachten wollte – ein neuer Feind.

Fündig wurde man zunächst bei den Themen der antiliberalen Conterbewegung, deren sich Wallace und – mit größerem Erfolg – Agnew bedient hatten. Der Kampf gegen *School Busing* und angeblich linke Schullektüre hatte allenthalben wütende Amerikaner aus der breiten Masse auf die Beine gebracht, welche die Neue Rechte jetzt nach Kräften für sich nützte.[231] Als der Feminismus Anfang der siebziger Jahre langsam zur Massenbewegung wurde, lieferte auch er der Rechten neue Ziele: Die vom Obersten Gerichtshof 1973 entkriminalisierte Abtreibung sowie das *Equal Rights Amendment,* das die Gleichberechtigung von Mann und Frau in der Verfassung verankern sollte; es war zwar 1972 im Kongreß schnell durchgegangen, mußte aber noch von den Einzelstaaten ratifiziert werden. Weitere Themen griff die Neue Rechte Ende der siebziger Jahre auf, als sie protestantische Fundamentalisten umwarb: Opposition gegen die

Rechte der Homosexuellen, gegen Evolutionslehre und Sexualkunde an den Schulen und die Forderung nach Wiedereinführung des offiziellen Schulgebets. Die Führung der Neuen Rechten hatte klar erkannt, daß man nur durch die Thematisierung derartiger gesellschaftlicher Fragen die Arbeiterklasse und die breite Masse für eine Wirtschaftspolitik gewinnen konnte, die aus dem Lehrbuch der alten Rechten stammte – wirtschaftsfreundlich und arbeiterfeindlich.

Nun war nur noch ein Feindbild vonnöten. Das kaum verdeckte Ziel der erfolgreichen Kampagne Nixons und Agnews für Recht und Ordnung waren die Schwarzen. An die Juden – in der amerikanischen Rechten von Father Coughlin in den dreißiger Jahren bis zu Lyndon LaRouche in den achtziger Jahren als Sündenbock verteufelt – wagte man sich nicht heran. Seit dem Nazismus gilt Antisemitismus in Amerika außer bei einigen, gelegentlich auch paramilitärisch organisierten rechtsextremen Randgruppen als unfein. Offen zur Schau getragener Rassismus war dermaßen aus der Mode, daß selbst ein Verfechter der Rassentrennung wie Wallace im Präsidentschaftswahlkampf auf die Beschimpfung der Schwarzen doch lieber verzichtete; er hatte allerdings in den »eierköpfigen Professoren« ein alternatives Ziel gefunden. Nun galt es, sich aus den politischen Gegnern des Jahres 1968 – radikale Studenten und ältere Linke – einen dauerhafteren Feind zu basteln.

Dafür konnte die Neuen Rechte, als sie sich Mitte der siebziger Jahre formierte, auf die von den Neokonservativen bereits entwickelte Theorie der Neuen Klasse zurückgreifen und ihr Feindbild modernisieren: Man hatte es nicht mehr mit einer Verschwörung von Intellektuellen zu tun (wie z. B. die John Birch Society meinte), sondern mit einer ganzen Klasse – eigentlich eine einleuchtendere These.

Für die Neue Rechte gab es nun also vier Klassen. Ganz oben die Eigentümer und Spitzenmanager, gleich darunter – nicht so reich, dafür aber mächtiger – die Neue Klasse, an dritter Stelle die Arbeiterklasse (zu der man auch Autohändler, Kleinbetriebe und überhaupt die breite Masse rechnete) und ganz unten natürlich die Armen, nach der neuesten Definition der Neuen Rechten eine zementierte Unterklasse, der man von der Geburt bis zum Tod angehört. Da die Neue Klasse mit den Armen und den Minderheiten im Bunde war, ergab sich der Bündnispartner der Republikaner – die Arbeiterklasse – wie von selbst.

Aus der Sicht der Neuen Rechten polarisierte sich die amerikanische Gesellschaft also in zwei mächtigen Blöcken: die Neue Klasse und die Armen gegen die Reichen und die mit ihnen verbündeten Arbeiter und breiten Massen. Um diese reichlich unrealistische Vorstellung plausibel zu machen, brauchten die Intellektuellen der Neuen Klasse allerdings eine bessere Analyse als die von den Neokonservativen übernommene. Es galt die finsteren Absichten der Neue Klasse samt ihrer perversen Sympathie für die Armen bloßzulegen, und zwar auf eine Weise, die der ressentimentgeladenen breiten Masse unmittelbar einleuchten würde.

Das Gefährlichste an der Neuen Klasse war aus neokonservativer Sicht ihr Ehrgeiz. Das Theater um die Armut diente dem Zweck, Stellen für sich selbst zu schaffen und sich zu bereichern. Es ging um Macht, nicht um die Armen, denen beim Kampf gegen die Armut nur eine Statistenrolle zugedacht war. Diese Analyse machte sich die Neue Rechte im wesentlichen zu eigen, hatte aber im Gegensatz zu den Neokonservativen, die den Wohlfahrtsstaat doch nicht ganz über Bord werfen wollten, für die Armen nicht das Geringste übrig. Ende der sechziger Jahre trat an die Stelle der liberalen Vorstellung einer Kultur der Armut das konservative Entsetzen vor den schwarzen Armen – diesen unsteten, gewalttätigen Leuten mit ihrer Sucht nach Almosen aus der öffentlichen Hand. Wenn die Armen mit der Neuen Klasse im Bunde waren, mußte es zwischen beiden eine bisher ungeahnte Wahlverwandtschaft geben, eine Verbindung, die den sichtbaren Gegensatz zwischen extremem Ehrgeiz und extremer Faulheit Lügen strafte.

William A. Rusher, einer der Vordenker der Neuen Rechten, deckte 1975 in seinem Buch *The Making of the New Majority Party* die verborgene Grundlage der neuen Allianz auf. Rusher, ein in Yale ausgebildeter reicher Jurist und Verleger,[232] ist ein begeistert-populistischer Verfechter der Arbeiterklasse. Amerika, so verkündete er, setzt sich nicht aus Besitzenden und Besitzlosen zusammen, sondern aus »Produktiven« und »Unproduktiven«. Produktiv sind die Arbeiter, die Dinge herstellen, und die umsichtigen Kapitalisten, die sie dafür bezahlen. Zusammen sorgen sie für alle anderen – die immer größer werdende Gruppe der Unproduktiven.[233]

Nach diesem Schema gehören die Armen, die müßig von der Stütze leben, natürlich in die Kategorie der Unproduktiven. (Daß über 40 % der über vierzehnjährigen Armen »beschäftigte Arme« sind, nehmen die Rechten selten zur Kenntnis. Wo bleiben denn auch die »traditionellen Werte«, wenn man begreift, daß sich für Millionen Amerikaner harte Arbeit keineswegs bezahlt macht?) Und damit war die Wahlverwandtschaft zwischen der Neuen Klasse und den Armen einleuchtend erklärt: Beide Gruppen sind parasitär und gerissen und halten nichts von den »Grundwerten« der Produktiven – ob diese nun zur besitzenden Klasse gehören oder nicht.

Die Neue Klasse als unproduktiv zu bezeichnen, ist bester Populismus; Arbeiter halten Akademiker, wie wir gesehen haben, sowieso für Menschen, die nicht arbeiten, jedenfalls nicht ernsthaft und konstruktiv. Die Rechte hatte bereits mit einigem Erfolg Ressentiments gegen »faule« Wohlfahrtsempfänger geschürt und versprach sich wohl einiges von einer ähnlichen Taktik gegen die Neue Klasse. »Rusher hat recht«, hieß es im *Conservative Digest*. »Die Arbeit zu respektieren und zu belohnen muß zum wirtschaftlichen *Grundprinzip* der neuen [politischen] Partei werden.« Bedauerlich sei nur die weitverbreitete »Apathie« der Arbeiter angesichts der Gefahr für die Wirtschaft, die von der Neuen Klasse ausgehe.[234]

Rusher selbst schrieb: »Die produktiven Amerikaner – Geschäftsleute, Arbeiter und Farmer – haben ein gemeinsames Interesse daran, das Wachstum dieser raffgierigen neuen unproduktiven Klasse zu begrenzen.«[235]

Das klingt irgendwie ominös. Warum eigentlich bei einer heimtückischen, unnützen Klasse nur »das Wachstum begrenzen«? Ohne genau zu sagen, wie mit ihnen zu verfahren sei, benannte Rusher drei »Ziele« der Rechten: erstens die Sozialhilfeempfänger und zweitens die linken Studenten und ihre Professoren (ungeachtet der

Tatsache, daß Linke und Liberale jeder Couleur 1975 kaum mehr eine Rolle spielten). »Und dann«, warnte er, »kommen die anderen Unproduktiven dran, die es neuerdings für ihr gutes Recht halten, von der Großzügigkeit der arbeitenden Amerikaner zu leben.«

## Permissivität – die Sünde der Neuen Klasse

Im Laufe der siebziger Jahre erhob die Neue Rechte weitere, immer wildere Vorwürfe gegen die Neue Klasse. Um christliche Fundamentalisten besser umwerben zu können, zeichnete die Rechte die Neue Klasse nicht nur als machthungrig, sondern auch als areligiös (»weltlicher Humanismus«), liederlich und darauf erpicht, die ganze Gesellschaft mit ihrer laxen Moral und ihrem Hedonismus anzustecken. Die Neue Klasse hatte, um George Gilder, einen Intellektuellen der Neuen Rechten zu zitieren, »eine Establishment-Kultur im Sumpf hedonistischer Weltlichkeit« geschaffen.[236]

Für die weltlichen und religiösen Führer der Neuen Rechten steckte Amerika in einem moralischen Verfallsprozeß; das Land hatte die biblischen Gebote aufgegeben und sündigte unentwegt. Reverend Jerry Falwell, die Hauptfigur der *Moral Majority,* sagte rückblikkend:

> Wenn Gott jemals Hilfe brauchte, dann in den sechziger und siebziger Jahren. Es ging um die Zukunft unseres Landes ... Ich bin fest davon überzeugt, daß Satan seine Heerscharen mobilisiert hatte, um Amerika durch die Abkehr von der jüdisch-christlichen Ethik, die Säkularisierung unserer Gesellschaft und die Entwertung menschlichen Lebens durch die Legalisierung von Abtreibung und Kindermord zu vernichten. Gott mußte Stimmen sich erheben lassen, um das Volk vor dem inneren moralischen Zerfall zu retten.[237]

Weltlicher gesinnten neuen Rechten ging es weniger um den Verrat an Gott als um den an »traditionellen Werten« wie Arbeit, Verzicht und Familiensinn. »Hedonismus – das ist der Zeitgeist«, monierte der Kolumnist Patrick J. Buchanan 1978.[238] Grassierten nicht Abtreibung, Homosexualität, Promiskuität und Pornographie, Drogen, Gottlosigkeit und Feminismus – letzterer aus der Sicht der Neuen Rechten nichts weiter als eine immense Woge des weiblichen Egoismus? Die entscheidende Ursache dieses allgemeinen moralischen Zusammenbruchs sei ein zentrales Versagen der Kultur – die »Permissivität«. Diesen Begriff übernahm die Neue Rechte von den Kritikern der Studentenbewegung und wendete ihn auf die ganze Neue Klasse an, die ihr ja als personifizierter Linksliberalismus galt.

*Permissivität* ist vielleicht die unverzichtbarste Vokabel im Wortschatz der Neuen Rechten. Was immer auch das Problem sein mag – von der Promiskuität bis zu überhöhten Ausgaben der öffentlichen Hand – dahinter steckte die Permissivität. Der Begriff taucht in der Literatur der Rechten so häufig auf, daß man sich kaum vorstellen kann, daß er noch eine konkrete Bedeutung hat oder zu einer Erklärung taugt. Als Verallgemeinerung, die alles erklärt, spielte er die gleiche Rolle wie fast zwanzig Jahre früher in der linksliberalen Amerikakritik der *Überfluß*. Darin hatte man, wie im ersten Kapitel dargelegt, ein allgegenwärtiges Phänomen gesehen, das die Gesellschaft zu ersticken drohe. Das gleiche galt nun auch für die Permissivität, die sich als heimtückisches Destillat des Überflusses begreifen ließ. In der Ideologie der Neuen Rechten war sie allgegenwärtig und erklärte alles, die Persönlichkeit und das Verhalten des einzelnen nicht weniger als sämtliche kulturellen Konturen der amerikanischen Gesellschaft. Auf jeder Ebene der gesellschaftlichen Organisation begegnet man der Permissivität, beim einzelnen, in der Familie, im Volk. Im *Conservative Digest* lamentierte ein Autor:

> [George] Washington war nicht permissiv. Er kam auch nicht aus einer permissiven Familie. Also waren die Vereinigten Staaten ursprünglich keine permissive Gesellschaft. Ist es zu spät, um zu unseren Anfängen zurückzukehren?[239]

Der vor 1966 eigentlich nur im Zusammenhang mit Kindererziehung gebräuchliche Begriff Permissivität wurde in der Kritik der Studentenbewegung derart strapaziert und ausgeweitet, daß er in den siebziger Jahren alles Mögliche bedeuten und evozieren konnte. Alles konnte jetzt *permissiv* sein, ein Mensch, eine Klasse, eine Gesellschaft, eine Verhaltensweise. Wer eine politische Linie permissiv nannte, meinte vor allem Nachgiebigkeit und ein – allerdings nur oberflächliches – Seid-nett-zueinander. Hatte nicht die antiautoritäre Erziehung eine ganze junge Generation »verdorben«? Hatte nicht eine nachgiebige Sozialpolitik alle möglichen gesellschaftlichen Übel freigesetzt, von der Kriminalität über das Fluchen bis hin zur sexuellen Hemmungslosigkeit? Nachgiebigkeit kennzeichnete den allerverlogensten Führungsstil – Grausamkeit im Gewand des Mitleids – und war nichts weiter als vergiftete Liebe: verführerisch allgegenwärtig und letzten Endes tödlich.

Zeigte die Nachgiebigkeit darüber hinaus nicht auch, wie verdorben die waren, die sie praktizierten? Ist das ständige irregeleitete Nachgeben etwa nicht schädlich? Verrät es nicht eigentlich nur mangelnde Selbstbeherrschung? Wer Kindern, Jugendlichen und Armen gern unangebrachte Freiheiten gewährt, ist der nicht wahrscheinlich selbst zügellos und undiszipliniert? Für die Mittelklasse sind die Armen das gesellschaftliche Pendant zur Jugend, und psychologisch gesehen sind beide ein Es-Ersatz. Wenn eine dieser drei Kräfte entfesselt wird, brechen auch die beiden anderen aus. Daher war die Nachgiebigkeit nicht nur ein Übel, sie war auch das Zeichen des Übels, unter dem sich der nachgiebige Richter und der liberale Abgeordnete mit dem Drogenhändler und dem Pornographieproduzenten zusammenfanden.

Die in ganz Amerika herrschende Nachgiebigkeit stammte – natürlich – aus der Neuen Klasse selbst. Irgendwie hatte die Neue Rechte herausgefunden, daß die linksliberalen bürgerlichen Akademiker – an den Universitäten, in den Stiftungen, in den Medien und wo sonst noch die Rechte die Neue Klasse vermutete – persönlich zur Zügellosigkeit neigen; die Permissivität der Gesellschaft beruht also auf der individuellen Dekadenz der Angehörigen der Neuen Klasse. Alan Crawford schildert in *Thunder on the Right* den in der Neuen Rechten verbreiteten Argwohn, daß »die Leute an der Ostküste [gemeint sind in erster Linie Angehörige der Neuen Klasse] ein ausgelasseneres Leben führen als sie selbst und daß diese Dekadenz ihre linksliberale Einstellung erklärt.«[240]

Viele Rechte meinten, die Dekadenz der Neuen Klasse sei vor allem in der Alternativbewegung der sechziger Jahre deutlich zutage getreten. Daß auch viele linksliberale ältere Angehörige der neuen Mittelklasse die Hippies unsympathisch gefunden hatten, störte sie bei ihrer Analyse genausowenig wie die Tatsache, daß die Alternativbewegung schon seit Jahren nur noch Gegenstand der Nostalgie war, als die Rechte die Dekadenz der Neuen Klasse entdeckte. Das Bild von kiffenden Demonstranten, nackten BachantInnen und Orgien in Woodstock lebte auf der Rechten noch lange fort. Noch 1975 machte Kevin Phillips aus der ganzen Neuen Klasse eine Hippie-Horde (wobei ihm allerdings die Hippies und die Beatniks der frühen sechziger Jahre durcheinandergerieten):

> In der Meinung, sich von den Fesseln der Vergangenheit befreit zu haben, glaubte die neue Elite, die ganze *Gesellschaft* könnte entfesselt und alte Zwänge über Bord geworfen werden. Mit Hilfe der revolutionären Antibabypille warf man von der King's Road in London bis zum North Beach in San Francisco ethische Normen beiseite. Was eben noch Promiskuität war, galt jetzt als offen, natürlich und frei ... Drogenkonsum wurde geduldet, wenn nicht gar gefördert.[241]

Die Charakterisierung der Neuen Klasse durch die Neue Rechte enthält einen massiven Widerspruch: Wie können derart genußsüchtige Leute eigentlich mit solchem Erfolg allen anderen ihren Willen aufzwingen? Wie schafften sie es nur, mit dem Beat des Rock'n Roll im Kopf regelmäßig immerhin lesbare Aufsätze zu verfassen, wie konnten die sexuell übersättigten Technokraten der Neuen Klasse sich überhaupt noch ans Reißbrett schleppen? Samuel T. Francis, Vordenker der Neuen Rechten, ließ sich durch solche Paradoxien nicht beirren, als er 1982 die Dekadenz der Neuen

Klasse scharf angriff. Er sah zwischen ihrer Dekadenz und ihrem Ehrgeiz einen logisch zwingenden Zusammenhang:

> Derartige Lebensweisen, Wertvorstellungen und Ideale … sind die logische Folge ihrer Strukturinteressen: ein mächtiger Staat, der im Bündnis mit Firmen, Universitäten und Stiftungen, Massenmedien, Gewerkschaften und anderen Bürokratien den sozialen Umbau betreibt.[242]

Staat, Universitäten, Stiftungen – der ganze bürokratische Machtapparat der Neuen Klasse – beruhen hier auf geheimnisvolle Weise auf einer verborgenen Libertinage, die sie dem Rest der Gesellschaft in Form der Permissivität verordnen wollen.

### Permissivität contra traditionelle Werte

Genau wie am Überfluß kristallisierte sich an der Nachgiebigkeit die Angst der Mittelklasse, weich zu werden, einzulenken und irgendwann den eigenen Erfolgswillen einzubüßen. Während die liberalen Kritiker des Überflusses eine neuartige Herausforderung herbeigesehnt hatten, um der neuen Mittelklasse wieder Schwung zu verleihen, glaubte die Neue Rechte, die Mittelklasse – oder zumindest ihr angeblich liberaler, der Neuen Klasse zugehöriger Teil – sei nicht mehr fähig, sich von innen heraus zu regenerieren. Für sie lag die einzige Hoffnung darin, den für den Erfolg der Mittelklasse so entscheidenden traditionellen Werten wieder Geltung zu verschaffen – wenn nötig mit Hilfe von Gesetz und Zwang.

Welche Veränderung in den fünfziger und sechziger Jahren hatte denn der Furcht vor dem Überfluß – oder vielmehr der Furcht, ihm zu erliegen – so viel Nachdruck und Intensität verliehen? Der »Überfluß« selbst hatte sicherlich nicht zugenommen. Die Fünfziger waren Wohlstandsjahre gewesen, in denen steigende Einkommen die Norm waren. Die siebziger Jahre dagegen waren ein Jahrzehnt der Stagnation und des Rückgangs: eine weltweite Wirtschaftskrise, zunehmende Arbeitslosigkeit und Inflation bestimmten die Lage in den USA; die Möglichkeiten für die neue Mittelklasse schrumpften.

Eine »sexuelle Revolution« hatte stattgefunden, spürbar auch für Unbeteiligte durch die Aufweichung traditioneller Normen. In den frühen sechziger Jahren hatte der Staat seinen jahrzehntelangen Kampf gegen obszöne Literatur so gut wie aufgegeben, und Bücher wie *Lady Chatterley* und *Der Wendekreis des Krebses* konnten endlich ihren Weg zu den amerikanischen Lesern finden. In den sechziger Jahren schockierten Bestseller-Romane durch ihre unverhüllte Deutlichkeit, und Kinofilme, allen voran *Bonnie und Clyde* (1967) und *Die Reifeprüfung* (1967), behandelten die Themen Gewalt, Drogen und in zunehmendem Maße auch Sex in immer härterer, kaum noch »jugendfreier« Weise.[243] In den Siebzigern waren Nacktheit und obszöne Sprache schon ein so alltäglicher – wenn nicht zwingender – Bestandteil von Hollywood-Filmen, daß Präsident Nixon den »Kampf gegen den Schund« proklamierte. Es gab mehr und mehr Bücher, die sich direkt mit Sexualität befaßten, und sie waren leichter zu haben als früher. Ganz im Gegensatz zu den Eheratgebern der fünfziger Jahre schlugen die Sex-Klassiker der Siebziger, wie Alex Comforts *Joy of Sex* und Nancy Fridays *Die sexuellen Phantasien der Frau,* keinen trockenen medizinischen Ton an, sondern vermittelten eine zur Lust ermunternde Einstellung, die allen sexuellen Spielarten positiv gegenüberstand.[244] Nur das Fernsehen blieb während der sechziger Jahre langweilig und prüde; erst Mitte der Siebziger, mit der Ausstrahlung von Norman Lears Comedy-Serien für Erwachsene, *Maude* und *Mary Hartman,* kam Leben in die Fernsehlandschaft.

Die sexuelle Revolution trug, auch mit viel Abstand betrachtet, zu dem beunruhigenden Gefühl bei, Amerikas Gesellschaft ließe immer mehr Freizügigkeit zu. Aber Verführung ist nicht dasselbe wie Erlaubtsein. Wenn es eine eindeutige, allgegenwärtige Ursache der Freizügigkeit – im altmodischen, enggefaßten Sinne – gibt, so ist sie nach wie vor in der Konsumkultur zu suchen. Die amerikanische Wirtschaft basiert auf der Bereitschaft der Amerikaner, Dinge zu kaufen, die sie nicht brauchen (oder noch gestern nicht zu brauchen glaubten), und die sich nicht einmal unbedingt leisten können. Das setzt in der Tat das Gefühl des »Erlaubtseins« voraus. Eine stete Überzeugungskampagne soll uns vermitteln, es sei völlig in Ordnung, Geld auszugeben und sich etwas zu gönnen, während Belohnungsaufschub einfach Quatsch sei.

Man muß den Neokonservativen zugutehalten, daß sie – in unterschiedlichem Maße – begriffen hatten, daß der moderne Kapitalismus sich nicht mit ihren traditionellen Werten – wie harter Arbeit, Selbstverleugnung und Familiensinn – verträgt. Daniel Bell – ein Neokonservativer, bis er Mitte der achtziger Jahre dieser Bezeichnung abschwor – schrieb ein Buch über die »Kulturkrise des modernen Kapitalismus«, worunter er den Konflikt zwischen traditionellen Werten und dem Credo der Konsumgesellschaft, Permissivität und Hedonismus, verstand. In einem späteren Artikel schrieb er: »Der moderne Kapitalismus ist durch den weitverbreiteten Hedonismus, der weltliche Belange statt transzendentaler Bindungen ins Zentrum des menschlichen Daseins gerückt hat, verwandelt worden. Ohne den durch Massenkonsum stimulierten Hedonismus würde diese Wirtschaftsstruktur in sich zusammenbrechen.«[245]

Wenn im Lauf der fünfziger und sechziger Jahre etwas zur Ausbreitung der Freizügigkeit der amerikanischen Gesellschaft beigetragen hatte, so war es die Konsumkultur. Die Werbung faßte Mut, und der Schwerpunkt der Vermarktungs-Strategien verlagerte sich weg von der Familie mit ihren Waschmitteln und Küchengeräten hin zum einzelnen mit seinen interessanteren und individuelleren Bedürfnissen. Man muß sich ins Gedächtnis rufen, daß die Werbung in den fünfziger Jahren am »Problem der Kreativität« aufgelaufen war. Die Werbemacher, denen die Vermarktung des klassischen Produktensembles fürs Eigenheim langweilig geworden war, wahrscheinlich weil sie sich im Haus am Stadtrand selbst langweilten, produzierten fade Texte und einschläfernde Werbespots. Dann, 1965, ereilte die Madison Avenue ein kollektiver Inspirationsschub, in der Branche »die kreative Revolution« genannt. Der Historiker Stephen Fox hat dies so beschrieben:

> Die Werbespots wurden immer frecher und wagten sich an Tabus: die Freiheitsstatue, angetan mit einem »Talon«-Reißverschluß.[246]

Die Werbung wurde auch immer markiger: Avis fand das Motto »Wir tun unser Bestes«, und Alka-Seltzer bescherte uns den reumütigen Freßsack mit dem Geständnis »Nicht zu fassen, was ich alles gegessen hab'«. Das Werbegenie Mary Wells, von der es heißt, sie habe die kreative Revolution ins Rollen gebracht, zeigte die neue Richtung, als sie die Braniff Airlines umkrempelte: Die Flugbegleiterinnen steckte sie in knappgeschnittene, peppige Uniformen von Pucci; die Flugzeuge wurden in Pastellfarben gestrichen.[247]

Die »Revolution«, die ohnehin im Gange war, erhielt auch zusätzliche kreative Impulse aus der Gegenkultur. Newsweek zitierte dazu einen Pendler aus Conneticut:

> Seit Jahren fährt ein Werbemanager im selben Zug wie ich nach New York. Er steigt in Darien ein, immer korrekt im Flanellanzug, weißes Hemd und kurze Haare. Aber jetzt hat er plötzlich ein geblümtes Jackett an, trägt einen breiten Schlips und ellenlange Koteletten. Auf der Madison Avenue weht jetzt wohl ein anderer Wind.[248]

Gleichzeitig begann die junge, trendbewußte Szene, die irgendwo zwischen der Alternativkultur und der studentischen Linken stand, in die Madison Avenue vorzudringen. »Oh Gott!« stöhnte ein Werbemanager im selben *Newsweek*-Artikel, »wir haben kürzlich einen neuen Werbetexter eingestellt, wirklich ein begabter Bursche, und dann kommt er barfuß zur Arbeit.«[249]

In einem Wandlungsprozeß, der uns heute gar nicht mehr bewußt ist, wurde die Werbung, die einen manchmal geradezu aus der Fassung bringen konnte, phantasievoller und aggressiver. In den sechziger Jahren zeigte ein berühmter Spot für Ringe eine Hand mit sechs Fingern. Zu einer Zeit, in der ethnische Konflikte in der Hauptsendezeit noch tabu waren, behauptete eine New Yorker

Bäckerei: »Man muß kein Jude sein, um Levy's zu lieben.« Ein Zigarettenhersteller beglückwünschte Frauen mit dem Satz: »Jetzt bist du am Ziel, Baby.« Rockmusik, von nicht mehr jugendlichen weißen Kritikern eben noch als obszöne »Dschungel-Musik« abgetan, war bald in jeder Art von Werbung, von Bier bis zu Autos, zu hören. In Fernsehspots und in Illustrierten-Anzeigen tauchten immer öfter schwarze Gesichter zwischen den weißen auf; das Bild einer glücklicheren Welt, in der sich schöne, reiche Menschen beider Hautfarben ohne weiteres vorurteilslos zu einem Drink treffen.

Und langsam aber sicher eroberte auch der Sex die Werbung. 1969 löste eine Anzeige von Vitabath, in der eine Nackte diskret im Profil zu sehen war, zwar eine wahre Flut von Protestbriefen aus, war aber sehr erfolgreich. Mary Wells übernahm die Vorstellung von »love power« aus der Alternativbewegung und kreierte den typisch permissiven Slogan »Wer könnte heute nicht ein bißchen mehr Liebe gebrauchen?« In den achtziger Jahren konnte diese Art Werbung natürlich niemanden mehr beeindrucken. Die Grenzen des Erlaubten verlagerten sich unaufhaltsam von der nur angedeuteten Darstellung von Sex vor der Ehe hin zu Bildern verführerischer Kindfrauen in Dessous oder hautengen Jeans.

Man kann nicht wissen, in welchem Maße die Sexualisierung der Werbung und andere Aspekte der kreativen Revolution den Eindruck der Neuen Rechten bestärkten, die Nachgiebigkeit sei unaufhaltsam auf dem Vormarsch. Bei der Aufzählung von Symptomen des moralischen Niedergangs, von Abtreibung über Homosexualität und Scheidung bis zu Drogenmißbrauch, wie man sie von den Rechten immer wieder hört, fehlt die Werbung ebenso wie andere ganz normale Erscheinungen des Kapitalismus. In den fünfziger Jahren hatte die Produktpalette für den Familienhaushalt im Vorort im Mittelpunkt der Konsumkultur gestanden, von den Cornflakes bis zur Waschmaschine. Eine Pluralität von »Lebensstilen« gab es nicht, sondern nur eine einzige akzeptable Lebensweise, definiert durch den Vollwaschautomaten, die Wohnzimmergarnitur und den Kombi – Produkte, die von der ganzen Familie genutzt wurden.

In den letzten drei Jahrzehnten hat sich der Konsum-Zirkus jedoch unerbittlich ausgedehnt und dabei schnellebige Produkte in den Vordergrund geschoben, die außerhalb jedes Familienzusammenhangs nur dem einzelnen Spaß machen sollen. Die sogenannten »Freizeit- und Luxus-Produkte« – also Reisen, Wein und Spirituosen, Sportwagen – stehen für einen ganz und gar anderen Lebensstil. Sie sind für Singles, Wohlhabende und all jene gedacht, die – unabhängig von Alter und Lebensumständen – vor allem den Genuß suchen. Und zumindest die Gruppe der Singles vergrößerte sich rasch: Zwischen 1970 und 1982 verdoppelte sich die Zahl der alleinlebenden Amerikaner nahezu – von 10,9 Millionen auf 19,4 Millionen.[250]

So mußten die amerikanischen Unternehmer, die in den verschiedenen Lebensphasen schon immer mit viel Einfallsreichtum eine reine Abfolge von Absatzmöglichkeiten gesehen hatten, nur noch erkennen, daß die Situation des Alleinlebenden nicht etwa nur den Mangelzustand des Ledigseins bedeutete, sondern kommerziell nutzbar war. In den fünfziger Jahren waren die Teenager zu einer eigenen Zielgruppe erklärt worden, was tiefgreifende Auswirkungen auf das Selbstbild der Jugendlichen als soziale Gruppe hatte. In den Siebzigern entdeckte man die jungen, der Mittelklasse zugehörigen Singles als unverbrauchten und vielversprechenden Markt. Singles konnten ihr Geld genau wie Teenager für das Vergnügen statt für die Familie ausgeben; aber ihnen standen Einkommen zur Verfügung, die für die Ernährung einer Familie gereicht hätten.

Daß die Singles wie Erwachsene verdienten und gleichzeitig frei von Verantwortung wie Kinder waren, machte sie zur potentiell konsumfreudigsten, am stärksten an Lustgewinn orientierten Bevölkerungsgruppe. In einem Marktreport über die neue Käufergruppe der Singles stellte *U.S. News and World Report* George Drapeau III als den »typischen« Single vor:

> ... ein 30jähriger Vertriebsberater, der in einer Dreizimmer-Eigentumswohnung in Mamaroneck im Staat New York lebt. Da er alleinstehend ist, kann er sich sowohl um seine Karriere kümmern als auch häufig übers Wochenende zum Skilaufen fahren, sich alle paar Jahre ein neues Auto anschaffen und

trotzdem noch im Urlaub nach Europa fahren. »Man braucht eben keinen Zweitwagen und auch keinen zusätzlichen Platz in der Wohnung – und man muß niemanden durchfüttern«, sagt Drapeau.[251]

Die Vertriebsfachleute hatten sehr schnell verstanden, daß junge Leute wie Drapeau nicht mehr einfach als Junggesellen einzustufen waren (oder, noch schlimmer, als Sitzengebliebene), die von der Hand in den Mund lebten, bis sie endlich den richtigen Partner fanden. »Wir rechnen mit einer hervorragenden Kursentwicklung im Bereich der Produkte Güter und Dienstleistungen für Alleinstehende«, sagte ein Börsenbeobachter 1979 gegenüber dem *Pacific News Service*.[252] Die New Yorker Werbeagentur *Young and Rubicam* rechnet zu diesem Bereich Spirituosen, Stereoanlagen, Bücher, ausländische Autofabrikate, Sportausrüstung, Freizeitkleidung, und Feinschmekkerkost.[253] Schon 1969 hatte die Zeitschrift *Advertising Age* dem »Markt für Freizeitprodukte« für Singles eine blühende Zukunft vorhergesagt und vor möglicherweise negativen Auswirkungen auf die Produktgruppe der normalen, familienorientierten Durchschnittswaren gewarnt: »Was wird dieser Trend – um nur ein kleines Negativbeispiel zu nennen – auf dem Markt für Rasenmäher bewirken?«[254]

Rasenmäher wurden durch die Freizeitprodukte nie ganz vom Markt verdrängt, unter anderem weil die Mittelklasse-Singles der achtziger Jahre (die dann in der Gruppe der »Yuppies« aufgingen) selbst Häuser im Grünen kauften.[255] Aber Mitte der siebziger Jahre, als die Neue Rechte sich ihr Netzwerk familien- und unternehmensfreundlicher Organisationen schuf, war der Widerstreit der gegensätzlichen Lebenstile voll entbrannt: Singledasein contra Familie; Freizeitprodukte zur Steigerung des Lebensgenusses gegen haltbare, aber stumpfsinnige Haushaltsanschaffungen. Der Konflikt hatte noch eine dritte Dimension: Geldausgeben gegen Sparen. Der familienorientierte Lebensstil erforderte mindestens soviel Rücklagen, daß man die Anzahlung auf das Eigenheim aufbringen konnte. Aber um ein Leben nach Single-Art zu führen, mußte man – solange man leidlich wohlhabend war – lediglich sein frei verfügbares Einkommen so rasch wie möglich in Umlauf bringen.

Das Entstehen des Freizeitgüter-Marktes trug nicht weniger als die kreative Revolution in der Werbung dazu bei, der Permissivität die Türen zu öffen. Ziel der Marktstrategen war es schon immer gewesen, die Amerikaner zum Kaufen statt zum Sparen zu bringen, und hier tat sich eine unerschöpfliche Fülle von Gründen auf, ohne Gewissensbisse hier und jetzt zu konsumieren. War angesichts des neuen Lebensstils und der auf ihn abgestimmten Produktpalette Belohnungsaufschub etwas anderes als Verleugnung der ureigensten Wünsche und Verzicht auf naheliegende Lebensfreuden? 1975 brachte eine an die Adresse der Werbebranche gerichtete Anzeige für *Psychology Today* den neuen Hedonismus ganz unverblümt zum Ausdruck. Zu sehen war eine junge Frau, die – absurd dekoriert mit Taucherbrille, Schwimmflossen, Ski-Stöcken und Tennisschläger – im Wohnzimmer auf dem Fußboden sitzt. Dazu der fettgedruckte Text *»Ich liebe mich.« – »Ich bin nicht eingebildet«,* versichert sie uns:

> Ich bin mir nur selbst ein guter Freund.
> Und tue gern, was mir Spaß macht.
> Früher hing ich rum und verschob immer alles auf morgen.
> Morgen kauf ich mir die neue Ski-Ausrüstung und schau mich mal nach einem neuen Auto um. Und besorg mir auch gleich diesen neuen Photoapparat.
> Das Dumme ist nur, daß es am nächsten Tag immer wieder »morgen« hieß.
> Nie hatte ich »heute« Spaß …
> [Aber jetzt] *mach ich meine Träume heute wahr, und nicht erst morgen.*[256]

Meistens muß die Widerlegung unserer traditionellen Werte natürlich gar nicht so ausbuchstabiert werden, damit wir bereit sind zu glauben, daß die aerobic-trainierten jungen Menschen aus den Werbespots oder die grüblerischen Dandies der Giorgio-Armani-Werbung um ihr erfülltes Leben zu beneiden sind. Die Welt der

Werbung führt uns auch weiterhin die Nur-Hausfrau vor, die sich mit der Wahl des richtigen Waschmittels quält; und den redlichen Familienvater, der zwischen Lebensversicherungen abwägt. Aber sie redet auch laufend einer ganz entgegengesetzten Art zu leben das Wort – selbstbezogener, spontaner, lustvoller. Im Jahre 1986 verspricht eine Anzeige für eine Lebensversicherung sogar eher Lebenslust als Sorglosigkeit. Über den Bildern von einem Flügel, einem edlen Oldtimer, einem Hubschrauber und einer Yacht liest man die Botschaft: »Jede Lebensversicherung bietet Vorsorge für Ihre Kinder. Mit unserer können sie auch für sich selbst Spielzeug kaufen.« Tatsächlich haben die statistische Erhöhung des durchschnittlichen Heiratsalters und das Ansteigen der Scheidungsrate nicht nur den Boom der Freizeitprodukte in Gang gebracht, sie wurde auch ihrerseits durch diesen Boom verstärkt. Seit mindestens zwei Jahrzehnten versichert man uns in der Werbung, die »traditionelle Familie« mit ihren »traditionellen Werten« sei nur *eine* mögliche Wahl, aber keinesfalls die aufregendste, die uns das Leben bietet.

Im Kampf der Rasenmäher gegen die Freizeitprodukte nahm die Neue Rechte für Haus, Familie und Sparbuch Partei. Ihre Vorstellung von unserer Gesellschaft hat der Historiker Allen Hunter als »Pastorale am Stadtrand« bezeichnet,[257] eine wehmütige Beschwörung des angeblich so wohlgeordneten Wohlstandslebens der Weißen im Grüngürtel – der Inbegriff der fünfziger Jahre also. MTV mit seinen ans Pornographische grenzenden Rock-Videos liegt nur einen kurzen Druck auf die Fernbedienung entfernt vom *Christian Broadcasting Network,* wo rund um die Uhr ein Mix aus fundamentalistischen Revival-Shows und Nostalgie pur geboten wird: Comedy- und Western-Serien aus den fünfziger Jahren laufen als Wiederholung, dazwischen brave Werbespots für Cornflakes, Küchengeräte und Kopfschmerztabletten.

Aber mit dieser Utopie einer ehrlichen, vom Materialismus unverdorbenen christlichen Lebensführung bietet die Neue Rechte schwerlich eine Alternative zur Konsumkultur. Man braucht sich nur Frances Fitzgeralds Schilderung der Gemeinde von Reverend Jerry Falwell in Lynchberg, Virginia anzuhören:

> Einige Gemeindemitglieder der Thomas Road Church leben am Stadtrand in neugebauten Wohnsiedlungen, in komfortablen Häusern im typischen Vorortstil mit jeweils 2.000 $m^2$ Rasenfläche, alle mit Klimaanlage und Einbauküche, wie man sie aus der Waschmittelwerbung kennt … Eine Frau, Nancy James, zeigte mir stolz ihre nagelneue Sitzgruppe fürs Wohnzimmer; eine andere, Jackie Gould, hatte sich eine neue Küche bestellt und sie einbauen lassen, ohne, wie sie kichernd bemerkte, ihrem Mann auch nur ein Wort davon zu sagen.[258]

Dieser Lebensstil ist nicht minder auf Konsum ausgerichtet als der der sportlichen und lebensfrohen jungen Dame aus der *Psychology Today*. Die Konsumgüter und die Botschaften, wie man leben und was man kaufen muß, sind zwar nicht identisch, aber in beiden Varianten geht es darum, seinen Wünschen nachzugeben. Bei Jackie Gould ist dieses Bedürfnis so stark, daß sie sich dazu verleiten läßt, ohne die ausdrückliche und persönliche Zustimmung des Familienoberhauptes zu handeln.

Wieso tolerierte die Neue Rechte diese Nachgiebigkeit gegen die eigenen Konsumwünsche? Der Grund liegt in einer entscheidenden Unehrlichkeit. Man war keinesfalls bereit, dem Kapitalismus die Schuld an der Permissivität zu geben. Die geistigen Führer der Neuen Rechten hatten zwar in ihr die Wurzel aller amerikanischen Übel entdeckt, konnten aber die wirkliche Ursache der permissiven Ideologie dieser Gesellschaft nicht beim Namen nennen und schon gar nicht bekämpfen. Die Neue Klasse zum Schuldigen zu erklären machte die Verlogenheit nur extremer. Zur Neuen Klasse, oder im weiteren Sinne zur neuen Mittelklasse, gehören ja auch die Marktstrategen, Werbetexter und diversen Angestelllen, die die permissive Botschaft der Konsumkultur formulieren. Aber die gleiche Klasse bringt auch die schärfsten Kritiker dieser Ideologie hervor, von den liberalen Intellektuellen, die der Überfluß der fünfziger Jahre in Sorge versetzte, bis zu den Vertretern der Neuen Rechten selbst.

### Die Armen im sozialen Netz

Statt den Kapitalismus machte die Neue Rechte den Staat für die Permissivität verantwortlich. In ihren Augen bot das schockierendste und gefährlichste Beispiel der Nachgiebigkeit der amerikanischen Gesellschaft der Staat mit seinen Programmen zur Unterstützung der Armen. Die Sozialfürsorge sei ein beredtes Beispiel, die in den sechziger Jahren begonnenen Programme zur Bekämpfung der Armut seien der krasseste Ausdruck falschverstandener permissiver Freigebigkeit.[259] Da die Neue Rechte ihre Kritik fast ausschließlich gegen die Sozialhilfe-Programme richtete, war sichergestellt, daß natürlich nicht etwa die Unternehmer oder die verhaßte Neue Klasse ins Schußfeld der rechten Politik geraten würden, sondern jener Teil der amerikanischen Gesellschaft, der am allerwenigsten in den Genuß der Konsumfreuden und einer nachgiebigen Einstellung kam – die Armen.

1980 konnte die Neue Rechte ihre Vorstellungen, wie abwegig oder vorurteilsbeladen sie auch sein mochten, zur Regierungspolitik machen. Ronald Reagan – der Mann, dem 1976 selbst Barry Goldwater seine Unterstützung verweigert hatte, weil er ihm zu extrem erschien[260] – wurde zum Präsidenten gewählt. In Reagans Mannschaft waren Vorschläge, die von weit rechts kamen, nicht nur willkommen; es gab auch kaum andere. Männer, die der Neuen Rechten verbunden waren, rückten in Washington in Schlüsselpositionen, und die *Heritage Foundation* der Neuen Rechten wurde zum wichtigsten innenpolitischen Berater. Zu den Vorstellungen, die sich die neue Regierung aus tiefster Überzeugung zu eigen machte, gehörten die recht ungewöhnlichen Armutstheorien der Neuen Rechten, denen zufolge die Armut seltsamerweise erst durch die Versuche, sie aus der Welt zu schaffen, entstanden war – insbesondere durch den von der Neuen Klasse lancierten »Kampf gegen die Armut«.

Die Neue Rechte übernahm die Auffassung der Neokonservativen, der »Kampf gegen die Armut« sei eine pure Erfindung der Neuen Klasse gewesen und ein Fehler, der den Armen selbst nicht zum Vorwurf gemacht werden könne. Für George Gilder, den Ideologen der Neuen Rechten, dessen Buch »Reichtum und Armut« aus dem Jahre 1981 Präsident Reagan stark beeindruckt hatte, bestand die Neue Klasse im Grunde aus Absteigern aus reichem Hause, die nur deshalb gegen die freie Wirtschaft waren, weil sie sich beim Geldverdienen nicht so ins Zeug legen wollten wie ihre Väter. Ihre Parteinahme für die Armen sei ein Ausdruck von Defätismus bzw. des Bestrebens, »sich das trendgerechte Image der progressiven ›Neuen Klasse‹ zuzulegen«.[261] Auch Charles Murray, einer der angesehensten sozialpolitischen Kritiker der Neuen Rechten, sah den Ursprung des »Kampfes gegen die Armut« bei der »Intelligenzija«, die aus unklaren Gründen das Vertrauen in das System des freien Unternehmertums verloren und es zeitweise »chic« gefunden habe, liberal zu sein.[262]

Die beliebteste Erklärung für die politischen Maßnahmen zur Armutsbekämpfung blieb aber die alte These der Neokonservativen, es habe sich dabei lediglich um eine Methode der Neuen Klasse gehandelt, sich selbst Vorteile zu verschaffen. In einem vielbeachteten Angriff erhob Patrick Buchanan, »Kommunikationsdirektor« im Weißen Haus, gegen den Gouverneur des Staates New York folgenden Vorwurf:

> Mario Cuomos unablässiges Reden von den Armen, den Unglücklichen am Ende der sozialen Leiter und den Kranken mündet regelmäßig in der Forderung nach mehr Mitteln, die der Macht seiner politischen Klasse zugute kommen, den Vertretern des sozialstaatlichen Dirigismus.[263]

Die Armen selbst galten, wenn man sie überhaupt zur Kenntnis nahm, als völlig passiv. Tyrrell stellte die Behauptung auf, man müsse ihnen regelrecht nachstellen, um sie zum Mitmachen zu bewegen: »Manchmal mußten die, die neuerdings Anspruch auf Leistungen hatten, von staatlich beauftragten Treibern richtiggehend aus ihren Verstecken getrommelt werden.«[264] Für William Rusher waren die Armen nichts als ein »Begriff«, eine Rechtfertigung für die Selbstverherrlichung der Neuen Klasse. Er belegt dies mit einem Zitat aus einem Leitartikel im *National Review:*

> Es gilt einmal klarzustellen, wer »die Armen« eigentlich sind – die potentielle Klientel der Neuen Klasse nämlich, die sich die Umverteilung angelegen sein läßt und sich als Mittler der sozialen Gerechtigkeit versteht. Analysiert man den Begriff »die Armen«, so zeigt sich, daß er auf gleiche Weise das Machtstreben dieser Mittler aus der Neuen Klasse legitimiert wie »das Proletariat« den Machtanspruch der Leninisten legitimiert.[265]

Das Bild der Armen als einer konturenlosen Masse, die sich dem Walten sozial Bessergestellter passiv fügt, ähnelt dem Bild, das sich die liberalen Reformer in den sechziger Jahren von ihnen machten. Die Neue Rechte ging jedoch noch viel weiter, indem sie den Armen jede Bereitschaft absprach, ihr Schicksal selbst in die Hand zu nehmen. Für die Neue Rechte hatten die Vertreter der Neuen Klasse die Armut nicht nur entdeckt, sondern sie im buchstäblichen Sinne erfunden.

Ihre Analyse beginnt mit der bei der Entdeckung der Armut entstandenen Annahme, die Armen seien Opfer einer »Kultur« oder eines »Syndroms«, das sie unfähig macht, nach sozialem Aufstieg zu streben. Nach Auffassung der Rechten ist die Ursache dieses Syndroms nicht in der verzweifelten Lage der Betroffenen zu suchen, sondern in der übertriebenen Großzügigkeit der Wohlfahrts- und Sozialhilfe-Programme, für die sich die Liberalen der Neuen Klasse einsetzen. Demnach ist also die Sozialhilfe bzw. jegliche staatliche Hilfe die *Ursache* der Armut. George Gilders etwas makaberer Analyse zufolge verkrüppeln Fürsorgeleistungen ihre Empfänger, indem sie Männer ihrer angestammten Ernährerrolle berauben, sobald ihre Ehefrauen oder Freundinnen auf Stütze gehen. Dies führt bei den Männern (zumindest bei Schwarzen, auf die Gilder sich ausschließlich bezieht) zu »Resignation, Wut, Eskapismus und Gewalttätigkeit, einem beschränkten Horizont und Promiskuität.«[266]

Der Erklärungsansatz der Neuen Rechten für den Zusammenhang von Armut und Fürsorge wurde zeitweise zur allseits akzeptierten Sichtweise. Der Kampf gegen die Armut sei gescheitert, die Sozialhilfe habe versagt. Diese Maßnahmen hätten sogar Schaden angerichtet, denn die, denen sie eigentlich hatten helfen sollen, seien statt dessen in noch größerem Ausmaß von »Scheidungen, Alkoholismus, Drogenmißbrauch, psychosomatischen Leiden, Neurosen und Selbstmord« betroffen – und sie wären nur weiter verarmt.[267] In einem Bericht der Regierung Reagan aus dem Jahr 1986 hieß es, der liberale Wohlfahrtstaat habe »die amerikanische Familie in ihren Grundfesten erschüttert« und uns »mehr Kriminalität, uneheliche Kinder, Drogenabhängigkeit, Schwangerschaften bei Minderjährigen, Scheidungen, Geschlechtskrankheiten und Armut« beschert.[268] Die Vernunft gebiete die schnelle Abschaffung dieser schlimmen Programme, um weiteren Schaden zu verhüten. Und genau das hatte die Regierung Reagan vor. Von 1981 an setzte sie dramatische Kürzungen durch: das Hilfsprogramm für kinderreiche Familien AFDC *(Aid to Families with Dependent Children)*, Lebensmittelmarken, Wohngeld, Programme, die die ausreichende Ernährung von Säuglingen und werdenden Müttern sicherstellen sollten, und andere Sozialleistungen, die man als politische Irrtümer einstufte, waren davon betroffen.

Ist etwas dran an der Behauptung der Neuen Rechten, daß die bereitwillige Gewährung sozialer Hilfen Armut erst produzierte, indem sie die moralischen Werte der Armen aushöhlte? *Leider* nicht. Leider, schon weil die Bemühungen zur Bekämpfung der Armut in Amerika zu armselig und halbherzig waren, um überhaupt die Folgen zu zeitigen, die ihnen zugeschrieben wurden. Die Zahl der alleinerziehenden Mütter in der schwarzen Bevölkerung hatte in den siebziger Jahren zugenommen, und Murray führte diese Tatsache auf die Sozialhilfeleistungen zurück. Dabei fiel diese Entwicklung in eine Zeit, als die AFDC-Beihilfen geringer wurden: Im Lauf der siebziger Jahre gingen die Leistungen aus dem AFDC-Programm inflationsbereinigt landesweit um fast 30 % zurück.[269] Noch bevor die Regierung Reagan die Ausgaben für sozial Schwache Anfang der achtziger Jahre massiver denn je kürzte, waren der Gesamtwert der Leistungen aus AFDC und Lebensmittelmarken in keinem Staat der USA hoch genug, um den Status einer bedürftigen Familie auch nur bis zur Armutgrenze anzuheben.[270]

Zudem ist es bisher in keiner Studie gelungen, einen direkten Zusammenhang zwischen der Höhe staatlicher Unterstützung und den Symptomen des »moralischen Verfalls« nachzuweisen, der angeblich dazu führt, daß sich der Anteil an Armen vergrößert. Wenn es beispielsweise durch Sozialhilfeleistungen tatsächlich mehr uneheliche Kinder gäbe, müßte die Zahl der von armen Frauen unehelich zur Welt gebrachten Kinder in den Staaten größer sein, die höhere Beihilfen gewähren. Großzügigere Staaten wie Kalifornien müßten ein Abgrund der Verkommenheit sein, Mississippi aber ein Muster protestantischer Tugend. Eine unangefochtene Untersuchung aus dem Jahre 1986 kam aber zu dem Ergebnis, daß keinerlei Verbindung zwischen der Höhe der Sozialleistungen und der Zahl unehelicher Geburten bestünde.[271] Genausowenig hat sich bisher nachweisen lassen, daß sich Sozialhilfeleistungen in erwähnenswertem Maße auf die Arbeitsmoral der Armen auswirken.[272] Eine vor kurzem veröffentlichte Untersuchung des amerikanischen Bundesrechnungshofes, die sich auf die Auswertung von über hundert Untersuchungen und darüberhinaus auf umfangreiche eigene Ermittlungen stützt, kam zu dem Ergebnis, daß Sozialhilfezahlungen keinerlei Einfluß auf die Zahl der Trennungen oder der unehelichen Kinder haben und die Einstellung zur Arbeit nur völlig unerheblich verändern.[273]

Die Amerikaner bräuchten nur einen Blick über die eigenen Landesgrenzen hinaus zu werfen, um festzustellen, wie absurd die Theorie der Neuen Rechten über den Zusammenhang von Armut und Sozialleistungen sind. In den meisten kapitalistischen europäischen Ländern sind die Unterstützungsleistungen, die Arbeitslose und Alleinerziehende in Anspruch nehmen können, weit großzügiger als in den USA;[274] trotzdem gibt es dort weniger Kriminalität, weniger Drogenabhängige und weniger Schwangerschaften bei Minderjährigen.[275] In Frankreich zum Beispiel stehen Alleinerziehenden staatliche Bezüge in Höhe von 79 % der französischen

Durchschnittslöhne zu. In Schweden sind es sogar 94 %. Trotzdem nehmen in diesen Ländern Armut, sozialer und moralischer Verfall nicht überhand – Probleme, an denen nach Ansicht der Rechten unser »nachgiebiger« Wohlfahrtsstaat schuld ist.

Daniel Patrick Moynihans Beschreibung der »verwilderten Slums im Nordosten Irlands im 19. Jahrhundert« ist in diesem Zusammenhang erwähnenswert: »Trunkenheit, Verbrechen und Korruption, Ungerechtigkeit, das Zerbrechen der familiären Bindungen und Jugendkriminalität« waren dort an der Tagesordnung,[276] ohne daß ein staatliches Wohlfahrtssystem dazu hätte beitragen können. Ob diese Erscheinungen nun als »sozialpathologische« Phänomene einzuordnen sind oder ob man in ihnen eine Anpassungsleistung sozialer Gruppen an Armut und Entwurzelung sehen muß, mögen Soziologen entscheiden, die sich auf abweichendes Verhalten spezialisiert haben. Entscheidend ist jedenfalls, daß Armut der Grund ist, warum die Armen nicht wie die Mittelklasse leben, und nicht etwa die Sozialhilfe oder sonstige Maßnahmen liberaler Sozialpolitik.

Während der Reagan-Ära hatte die Neue Rechte acht Jahre lang Zeit, ihre Armuts- und Fürsorgetheorien an der Wirklichkeit zu überprüfen. Die Regierung setzte die systematischen Kürzungen der Sozialleistungen für Arme durch, ganz nach dem Vorbild der Ideen von Gilder und Murray. Gerechtfertigt wurden die Kürzungen nicht nur mit dem Argument, sie würden helfen, die Armen wieder in die soziale Verantwortung zu nehmen, sondern auch als Mittel zur Reduzierung des Haushaltsdefizits. Tatsächlich machten Ausgaben für sozial Schwache 1981, also bevor die Kürzungen begannen, nur 15 % des gesamten Bundeshaushalts aus.[277] Reagans damals für die Haushaltsplanung zuständiger Mann, David Stockman, hat inzwischen zugegeben, daß das Defizit – durch Steuererleichterungen und höhere Militärausgaben – sogar ganz bewußt aufgebläht wurde, um massivere Kürzungen im Sozialetat wirklich notwendig erscheinen zu lassen.[278]

Die staatlichen Leistungen wurden nie so stark reduziert, daß es den Vorstellungen der Neuen Rechten voll entsprochen hätte, da die Regierung mit dem organisierten Widerstand von Gewerkschaften, Interessengruppen von Minderheiten und der Frauenbewegung zu kämpfen hatte. Zudem mußte sie mit Beunruhigung erkennen, daß der Großteil der Bevölkerung die Auffassungen der Rechten zum Thema Armut nicht teilte. Aus der Analyse von Meinungsumfragen aus den Jahren 1980 bis 1984 folgerte Seymour Martin Lipset – der selbst bestimmt kein Liberaler war – daß »die Amerikaner zwar bei Präsidentschaftswahlen konservativ wählen, liberalere Reformprogramme aber befürworten«.[279] Auf die Frage, ob sie Ausgabenkürzungen eher im militärischen Bereich oder bei den Sozialleistungen dulden würden, antwortete die Mehrheit der Befragten, man solle das Geld lieber dem Pentagon als den Armen streichen. Selbst bei den Programmen, die den Rechten der größte Dorn im Auge waren, die in ihren Augen für einen Staat standen, der »sich melken ließ« – nämlich AFDC und die Lebensmittelmarken – ergab sich, daß 57 % eher auf die Reduzierung des Haushaltsdefizits verzichten würden, als diese Programme zu kippen.[280]

Trotzdem überschritten die Streichungen, die die Reagan-Regierung vornahm, die Schmerzgrenze. Wären die Wohlfahrtsgelder für die vorhandene Armut verantwortlich gewesen, wie es die Theorie der Neuen Rechten besagte, hätte die Armutsrate mit dem Abbau der Sozialhilfeprogramme zurückgehen müssen. Dies war nicht der Fall. Die Armutsrate war während der sechziger Jahre gefallen und in den späten siebziger Jahren (einer Zeit, in der die Höhe der Leistungen, gemessen am Realwert, abgenommen hatte) wieder gestiegen. Anfang der achtziger Jahre stieg sie – kaum verwunderlich – steil an. 1983 war der Prozentsatz von armen Amerikanern so hoch wie seit 1965 nicht mehr. Mit dem Wirtschaftsaufschwung im Jahre 1984 sank die Rate wieder leicht ab, blieb seitdem aber konstant höher als sie seit Ende der sechziger und während der gesamten siebziger Jahre gewesen war. Ob jemand durch den heilsamen Effekt der Kürzungen vor der Armut bewahrt blieb, wissen wir nicht. Sicher ist jedoch, daß dank der »Reagonomics« rund 11 Millionen Amerikaner unter die Armutsgrenze sanken.[281]

Die Kürzung der Mittel nach dem Rezept der Neuen Rechten

sorgte nicht nur dafür, daß *mehr* Menschen in Armut lebten; sie lebten auch in größerer Armut. 1969 mußten die 20 Prozent der amerikanischen Familien, die am ärmsten waren, mit ca. 91 % des angenommenen Grundbedarfs auskommen. 1983 waren es amtlichen Angaben zufolge nur noch 60 % dessen, was nur für die Deckung der elementarsten Bedürfnisse notwendig war.[282] Zur Zeit des Kampfes gegen die Armut hatte die schwarze und hispanische Bevölkerung der städtischen Ballungszentren vor allem für Gesundheitsversorgung und bessere Schulen gekämpft. In den düsteren Jahren der Reagan-Zeit wurden diese Dinge zu schier unerreichbarem »Luxus«. In den achtziger Jahren bedeutete arm zu sein nicht nur schlechte Gesundheitsversorgung und mäßige Schulen, sondern Hunger und Obdachlosigkeit. Unter dem Banner des Kampfes gegen Hedonismus und Permissivität war es der Neuen Rechten gelungen, unzählige amerikanische Arme auf Lebensbedingungen wie in der Dritten Welt herabzudrücken: als Bettler, auf der Straße oder in Hütten aus Wellpappe und Sperrmüll leben zu müssen.

Nicht nur die Armen waren Opfer der Sozialpolitik der Neuen Rechten. Auch deren einstige Helden – die einfachen Arbeiter – wurden durch Reagans sozialhilfe- und gewerkschaftsfeindliche Politik schwer getroffen. Frances Fox Piven und Richard Cloward haben belegt, daß der Abbau von Sozialleistungen für Arme immer einhergeht mit einer Verschlechterung der wirtschaftlichen Lage der Arbeiter, und das nicht nur, weil gewerkschaftliches Engagement und Streiks riskanter werden.[283] In der Rezession von 1982/83 wurden dann wirklich Millionen von Arbeitern entlassen und so der Armut preisgegeben. Als Arbeitslose mußten sie feststellen, daß vom sozialen Netz wenig übriggeblieben war: Die Voraussetzungen, um in den Genuß von Arbeitslosengeld, Lebensmittelmarken und *Medicaid* – dem Gesundheitsprogramm für Bedürftige – zu kommen, schlossen viel mehr Anwärter als früher von Leistungen aus. Wem dennoch etwas zustand, der bekam weniger denn je. Der Neuen Rechten, die sich in der Rolle der Hüterin traditioneller Werte der Arbeiterklasse gefiel, konnte es nur gelegen kommen, daß dazu auch die Selbstverleugnung gehörte.

Betretenes Schweigen war die gängigste Reaktion der liberalen Reformer auf die Innenpolitik Reagans und der Neuen Rechten. Einzeln bezogen zwar eine ganze Reihe prominenter Politiker und Intellektueller öffentlich Stellung gegen die arbeiter- und fürsorgefeindliche Regierungspolitik, aber eine konzertierte, ideologisch untermauerte Widerlegung der ökonomischen Prämissen der Rechten blieb ebenso aus wie ein Angriff auf die grundsätzliche Verlogenheit des rechten Populismus. Viele frühere Reformer distanzierten sich eilends von Forderungen, die seit den sechziger Jahren ihre politische Haltung geprägt hatten.

Die Demokratische Partei verteidigte weder ihren ehemaligen »Kampf gegen die Armut« noch griff sie das rechte Pendant dazu, Reagans »Kampf gegen die Armen«, während dessen Amtszeit entschieden an. Eine einflußreiche Gruppe nannte sich jetzt in Anlehnung an die Neokonservativen »neoliberal«. Randall Rothenberg, ein führender Verfechter dieses neuen Etiketts, stellt fest: »Der auffälligste Aspekt dieses neuen Liberalismus war die Beiläufigkeit, mit der man die früheren gesellschaftspolitischen Programme der Demokratischen Partei behandelte, welche in den Augen der Öffentlichkeit den Reformliberalismus geradezu definiert hatten.«[284]

Mitte der achtziger Jahre war auch die Wortprägung »neoliberal« schon überflüssig geworden. Kaum jemand bezeichnete sich noch öffentlich als linksliberal, und wer es doch tat, hatte sich von den alten Zielen Gleichheit und soziale Gerechtigkeit inzwischen sowieso klammheimlich verabschiedet. Der neue »pragmatische« Reformismus hatte keinerlei Probleme mit der reaktionären Armutstheorie und war auch bei der Strafexpedition gegen das Sozialhilfesystem begeistert dabei; ein angesehener Reformer bezeichnete sie als »überparteilichen historischen Durchbruch«.[285]

Für die Benachteiligten – ob Arme, ob aus der Arbeiterklasse – interessierte sich kaum noch einer. Das *Wall Street Journal* lieferte anläßlich einer Reportage aus einer Krisenregion im Westen von Pennsylvania folgende Beschreibung des »neugestylten«, »postindustriellen« Liberalen (dessen Prototyp Michael Dukakis war, der Präsidentschaftskandidat der Demokraten im Jahre 1988):

> Er ist selbständig, maßvoll und vor allem ein Managertyp. Er könnte auch ein erfolgreicher Unternehmer sein, wie man ihm in der Zeitschrift *Fortune* begegnet. Schon die Wörter, die er gerne in den Mund nimmt – »investieren«, »Partnerschaft«, »konkurrenzfähig« – passen besser in eine Chefetage als hierher ins Tal des Monongahela, wo Kilometer um Kilometer am Flußufer ein riesiges Stahlwerk neben dem anderen steht, verlassen, dunkel und leblos.[286]

Mitte der achtziger Jahre war der Reformliberalismus praktisch tot. Der Humorist Russel Baker, selbst ein eingefleischter Linksliberaler, sprach von einer aussterbenden Gattung: »Bei einer amtlichen Zählung kam man im November auf 20 Männchen und 17 Weibchen.«[287] 1985 ließen die *New York Times* und *CBS News* in einer Meinungsumfrage fünf politische Kategorien bewerten: Am unbeliebtesten war – nach *»populist«,* was viele vielleicht gar nicht verstanden – der Begriff *»liberal«*.[288]

Die Kampagne der Rechten gegen die linke Sozialpolitik wäre kaum derart erfolgreich gewesen, hätten die nach wie vor progressiv eingestellten Intellektuellen der Mittelklasse weniger an sich selbst gezweifelt.

Daß gegen die rechte Theorie der Neuen Klasse und ihrer Motive im Kampf gegen die Armut kein Widerspruch laut wurde, lag auch daran, daß sich viele Linksliberale inzwischen tatsächlich voller Schuldgefühle für Angehörige einer isolierten, durch frühere Fehler disqualifizierten Elite hielten. Selbst Sar A. Levitan, der den Kampf gegen die Armut eigentlich bis zuletzt entschlossen verteidigt hatte, räumte 1985 ein:

> Durch Ronald Reagan erkannten wir, daß wir in manchem zu weit gegangen waren … Die Permissivität ist in diesem Zusammenhang der entscheidende Begriff. Wir verzichteten auf traditionelle Normen wie den Schutz der Familie und die Bestrafung des Verbrechens.[289]

In den Presseorganen des linksliberalen bis linken Spektrums kam es zu einer Flut von Selbstbezichtigungen, wie die Journale der Neuen Rechten sie nicht schöner hätten formulieren können: Sie seien Teil einer »kosmopolitischen« Elite ohne Kontakt zur Mehrheit, sie hätten sich übermäßig für den Ausbau des sozialen Netzes engagiert und darüber die »traditionellen Werte« – Fleiß und Familie – aus dem Auge verloren. In einem Artikel über das »Dilemma der liberalen Linken« warf der Historiker Fred Siegel den Intellektuellen »das Verabsolutieren von Rechten ohne die entsprechende Anerkennung von Pflichten« vor – ein Rechter hätte da einfach von Permissivität gesprochen. Den Grund für dieses Verhalten sah er in der gleichen moralischen Blindheit, die die Rechten bei der Neuen Klasse ausgemacht hatten.

> Die Selbstsucht wurde zu einem moralischen Imperativ erhoben und dem einzelnen ein absolutes Recht zugesprochen, sein Verhalten ohne Rücksicht auf die gesellschaftlichen Folgen nach eigenem Gutdünken zu bestimmen.[290]

Derartige Angriffe zeigten vor allem deshalb Wirkung, weil sie mit der ständigen Angst der neuen Mittelklasse zu tun hatten, infolge des Überflusses Schwäche zu zeigen und den Leistungswillen zu verlieren. Die rechten Intellektuellen verstanden solche klassentypischen Ängste nur zu gut. Ihren Angriff auf die Armen hatten sie unter dem Deckmantel einer moralischen Kampagne gegen Permissivität und Selbstsucht gestartet, Vorwürfe, gegen die die linken Liberalen sich nicht zu verteidigen wußten – nicht etwa, weil sie tatsächlich zu nachgiebig und zu genußsüchtig gewesen wären, sondern weil sie genau davor Angst hatten.

Wenn es wirklich das Ziel der Rechten war, die »parasitäre« und »raffgierige« Neue Klasse in ihre Grenzen zu verweisen oder gar zu vernichten, so ging der Schuß weit daneben. Die Neue Rechte erwies sich nämlich – trotz aller populistischen Beteuerungen – bald als riesiges Trainingslager für Angehörige der neuen Mittelklasse. Von dem vielen Geld, über das die Neue Rechte verfügte, kam nur wenig denen zugute, deren Sache zu vertreten man angeblich angetreten war: rebellische Amerikaner aus der breiten Masse, die vor Ort für Schulgebet und Rassentrennung, für Schulbuchzensur und den Schutz der Familie kämpften. Statt dessen schuf die Neue Rechte eine vernetzte Infrastruktur von Denkfabriken und Stiftungen, Zeitschriften und Lobbyverbänden, bei denen Juristen und Journalisten, Professoren, Publizisten und Verwaltungsleute zu Tausenden Brot und Arbeit fanden. Charles Murray, der sich seine Sporen im Manhattan Institute, einer Denkfabrik der Neuen Rechten, verdient hatte, startete seinen Angriff auf die Sozialhilfe mit 125.000 Dollar, die rechtslastige Stiftungen gespendet hatten.[291]

Von dem Eifer, mit dem die Neue Rechte ihre Intellektuellen umsorgte, konnten linke und progressive Intellektuelle nur träumen. Schon auf dem College warb man sie an und finanzierte ihnen eine Studentenzeitung, schulte sie auf Tagungen und Seminaren und brachte sie in der wuchernden Bürokratie in Washington unter. Die Neue Rechte hat die Unternehmen als unerschöpfliche Milchkuh fest im Griff. Ein konservativer Intellektueller kann lebenslänglich die fette Milch der rechten Denkungsart schlürfen – von seiner Jugend als engagierter rechter Student bis ins hohe Mannesalter in einer stilsicher ausgestatteten Denkfabrik.

Den Beteiligten entgeht auch dieser Widerspruch. Sidney Blumenthal liefert folgende Beschreibung einer Tagung von Neokonservativen und Neuen Rechten im Jahre 1985 mit dem Schriftsteller Tom Wolfe als Festredner:

> Zunächst wurden die ideologischen Beutegeier – konservative Intellektuelle mit Pfründen in einer Denkfabrik, leitende Herren aus Stiftungen, Lobbyisten und hohe Beamte – zu ihrem »Mut« beglückwünscht, bei diesem Edelempfang zu erscheinen … Dann kam die auswendig vorgetragene Attacke auf die Neue Klasse, die eigentlich an der Macht sei, »eine Klasse führender Intellektueller, die geschult sind, ein Land zu beherrschen«, wie Wolfe ausführte … Die Neokonservativen klatschten Beifall, verschwanden im nächtlichen Washington

und erschienen am nächsten Morgen wieder an ihrem *New Class*-Arbeitsplatz.[292]

Die Selbsttäuschung der Rechten hinsichtlich ihres Verhältnisses zur Neuen Klasse war vielleicht unumgänglich, um nicht die Selbstachtung zu verlieren. Wenn – wie man seit den siebziger Jahren wohl behaupten durfte – die neue Mittelklasse eine Elite war, wollten die intellektuellen Kader der Neuen Rechten nicht dazugehören. Ihr Windmühlenkampf gegen die Neue Klasse gab ihnen zweifellos das Gefühl, moralisch im Recht zu sein, denn sie waren auf alle Fälle – was immer sie taten – auf der Seite der kleinen Leute, der breiten Masse, der Arbeiterklasse. Wenn die Vorschläge, mit denen sie als politische Vordenker Karriere machten, auf Kosten der Arbeiter und der Benachteiligten gingen, geschah doch alles im Namen der Bekämpfung einer schlimmen »progressiven Elite« (die glücklicherweise kaum sichtbar und machtlos war).

In den achtziger Jahren allerdings machten sich immer weniger Angehörige der Mittelklasse die Mühe, ihre Raffgier und Karrieresucht noch irgendwie ideologisch zu verbrämen. Jetzt kamen Irving Kristols geistige Kinder: gut ausgebildeter bürgerlicher Nachwuchs, der es kaum erwarten konnte, sich auf die Seite des Big Business zu schlagen. Den Yuppies – wie man sie eine Zeitlang nannte – machte es gar nichts aus, als gesellschaftliche Elite zu gelten. Sie wollten sich den Wirtschaftseliten nicht à la Kristol andienen – sie wollten selbst dazugehören.

*Kapitel 5*

# Die Yuppie-Strategie

Wie jede andere gesellschaftliche Gruppe, die vorübergehend das Interesse der Öffentlichkeit auf sich zieht, wurden die Yuppies nicht nur entdeckt, sondern auch erfunden. In der Presse diente der Begriff ursprünglich nur dem bescheidenen Zweck, Gary Harts unerwarteten Erfolg in den Präsidentschafts-Vorwahlen von 1984 zu erklären. Irgendwelche Wähler hatten ihm ihre Stimme gegeben, junge, in der Stadt lebende Angehörige der neuen Mittelklasse, und die Demokraten wiegten sich eine Zeitlang in der Hoffnung, diese neue Gruppe würde eine dringend benötigte neue Wählerschicht für sie abgeben. Doch die zunächst wertfreie demographische Kategorie wurde schnell zum Schimpfwort. Vier Jahre nach der »Entdeckung« der Yuppies schrieb Hendrik Hertzberg in *Esquire:*

> *Yuppie* ist heute fast ausschließlich eine Beleidigung. »Sie sind ein Yuppie« heißt nicht etwa: »Sie sind ein ›young urban professional‹«, sondern: »Ihre Wertvorstellungen sind widerlich.«[293]

*Yuppie* ist eine Mischkategorie aus Alter, Wohnort und Klasse. Die Mittelklasse stellt sich ja auch andere gesellschaftliche Klassen als Altersgruppen vor – die Armen als Kinder, die Arbeiter als strenge, aber irgendwie bedauernswerte Väter. Doch da Yuppies per definitionem junge Erwachsene waren, waren sie auch den moralischen Urteilen ausgesetzt, die Ältere und Etablierte automatisch über die Jugend fällen. Einerseits waren sie die artigen Kinder, die Neokonservative wie Midge Decter in den sechziger und frühen siebziger Jahren so bitter vermißt hatten. Weder vergeudeten sie Zeit mit

»Selbstfindung« noch fand man sie in einer radikalen Bewegung. Sie stürzten sich direkt ins Wirtschaftsleben und verdienten ihr Geld nicht minder eifrig als sie es ausgaben. Für *Newsweek* war das begeisterte »Packen wir's an!« der Yuppies ein gutes Zeichen für die »Yuppietugenden Phantasie, Wagemut und Unternehmergeist«.[294]

Andererseits wirkten die Yuppies wie die allermißratensten Kinder, leibhaftige Verkörperungen der bösen Vorahnungen der Mittelklasse über die schlimmen Folgen des Überflusses. Man verzichtete zwar bei der Diagnose auf das Stichwort »Freizügigkeit« – vielleicht weil man in den achtziger Jahren darunter schon viel mehr verstand als nur antiautoritäre Erziehung, aber die »Unfähigkeit zum Belohnungsaufschub« – dieses schreckliche Charaktermerkmal, das man von den Armen kannte – war bei Ihnen ebenso unübersehbar wie das hemmungslos »Orale«, das Oscar Lewis einst in der Kultur der Armut entdeckt hatte. Die Yuppies verbrachten ihre Jugendjahre nicht mit »der geduldigen Selbstüberwindung, mit der man sich Errungenschaften erarbeitet«, die Decter als die Voraussetzung für ein Leben als Erwachsener in der Mittelschicht postuliert hatte. Statt zu lernen bildeten sie »Netzwerke«. Statt zu sparen gaben sie Geld aus, und zwar nicht für ein eigenes Haus oder einen Kombi, sondern für Rolex-Uhren, Porsches, Kurzurlaube auf Aruba und – was das schlimmste war – für Schickeria-Delikatessen. *Newsweek* lokalisierte sie in einer Titelgeschichte »The Year of the Yuppie« »auf einer neuen Bewußtseinsebene, nämlich der des transzendentalen Kaufrauschs«.

Natürlich konnten sich die Linken unter den Yuppies keine neuen Wählerschichten erschließen. Ihre »positiven Eigenschaften« – Unternehmergeist und Erwerbslust – ließen die meisten zu Konservativen werden, wenn auch nicht im harten ideologischen Stil der Neokonservativen oder der Neuen Rechten. Ihr Selbstverständnis war das einer Elite, deren Interessen früher oder später mit denen der unteren Klassen in Konflikt geraten mußten. Sie wohnten in Vierteln, aus denen die unappetitlichen Armen eben erst durch Luxussanierung vertrieben worden waren, und arbeiteten bei Firmen, die es sich angelegen sein ließen, die »Arbeitskosten« für Arbeiter und Büroangestellte möglichst niedrig zu halten. Die Arbeit schlechtbezahlter Angehöriger der Dienstleistungsberufe (häufig Einwanderer) wie Putzfrauen, Angestellte in der Gastronomie, Boten und »Laufburschen« trugen zu ihrem Lebensstil bei. Zwar hatten sie in gesellschaftspolitischen Fragen wie Abtreibung und Gleichberechtigung der Frauen andere Vorstellungen als die Neue Rechte, doch aus Eigeninteresse bleiben sie zuverlässige Wähler der Republikaner.

Doch trotz ihrer konservativen politischen Einstellung spürte man, daß die Yuppies irgend etwas mit den sechziger Jahren zu tun hatten, der Zeit, wo junge Leute das letzte Mal aufbegehrt hatten. Manche Kommentatoren stellten sie als erwachsen gewordene Radikale dar, die heimlich das Erbe der sechziger Jahre in den harten Konkurrenzkampf der achtziger Jahre einbrachten. Es war ja auch möglich, sich in diesen Jahren vom Radikalen zum egozentrischen Geschäftemacher zu wandeln. Der geläuterte Rebell Jerry Rubin war der lebendige Beweis; das Wort *Yuppie* war 1983 ursprünglich auf ihn gemünzt worden, um seinen Wandel vom Yippie – so das Akronym für die Anarcho-Hippies der Youth International Party, die Rubin zusammen mit Abbie Hoffman auf die Beine gestellt hatte – zum prototypischen »young urban professional« zu charakterisieren. Für *Newsweek* waren die Yuppies »die Vorhut der Generation des Babybooms«; sie waren »durch die sechziger Jahre marschiert« und »lassen sich jetzt a tempo auf dem Rücksitz einer Limousine zum Flughafen und in die achtziger Jahre chauffieren«.

Der typische dreißigjährige Yuppie des Jahres 1984 war in den sechziger Jahren allerdings wahrscheinlich eher durchs Viertel geradelt als demonstrierend durch Washington marschiert. Mit ebenso souveräner Ignoranz im Hinblick auf die Dauer einer Generation wurden die Yuppies oft als rebellische Kinder der 68er vorgeführt, die jetzt ihrerseits gegen die eigenen Eltern losschlugen und sie durch ihren Egoismus und politischen Konservativismus entgeisterten. Den Schauspieler Michael J. Fox – der einzige echte Yuppie, der in der *Esquire*-Titelgeschichte »Days of Wine and Sushi« abgebildet wurde – sieht man am häufigsten in einer Unterhaltungsserie, die auf einem einzigen Witz aufbaut: auf dem komischen Konflikt zwischen Fox und seinen sanftmütigen und sensiblen Eltern, die in den sechziger Jahren jung waren.

Eines hatten Yippies und Yuppies gemeinsam: ihre Klasse. Zwar wurden Yuppies und die Kinder des Babybooms häufig nicht auseinandergehalten, aber die Yuppies – definiert durch Lebensstil und Einkommen – machten nur etwa 5 % ihrer Generation aus.[295] Typisch waren sie nicht für ihre Generation, sondern für ihre Klasse, die gleiche neue Mittelklasse, aus der die radikalen Studenten gekommen waren. Genau wie diese waren auch die Yuppies eine Art Avantgarde ihrer Klasse; sie legten neue Themen fest und bestimmten eine neue Richtung. Auf ihre Art waren auch sie Rebellen; wie damals die Radikalen lehnten auch sie den in der Mittelklasse üblichen langen Weg zum Erfolg ab. Aber der Enthusiasmus der Yuppies hatte ein anderes Ziel: Sie wollten in die Klasse der Reichen aufsteigen.

Yuppies waren nach der demographischen Definition – zwischen 1945 und 1959 geboren, Jahreseinkommen als Selbständiger oder Manager über 40.000 Dollar, Wohnsitz in der Stadt – nur etwa eineinhalb Millionen Amerikaner, viel zu wenige, um sich groß aufzuregen. Sah man sie darüber hinaus als oberflächliche Raffkes, die wie in der *Newsweek*-Titelgeschichte ununterbrochen von den Wonnen des Immobilienmarktes schwärmten, so gab es im ganzen Land wahrscheinlich nur 113, wie ein Kommentator in der *New Republic* feststellte.[296] Andererseits hatten die Yuppies ohne Zweifel einen erkennbaren eigenen Arbeits- und Konsumstil und eine typische Erfolgsstrategie. Nach diesen Kriterien waren viele tausende Angehörige der Mittelklasse mehr oder minder Yuppies. Wenn ich von Yuppies spreche, meine ich nicht die demographische Kategorie, sondern Leute, die diese Strategie anwendeten und sich mehr oder weniger diesem Lebensstil verschrieben hatten.

Während man einem einzelnen natürlich kaum die volle Last des Klischees aufbürden sollte, spielt eben dieses Klischee bei unserer Chronik des entstehenden Klassenbewußtseins doch eine wichtige Rolle. Die normalerweise unsichtbare und normalerweise »normale«

Mittelklasse erhielt nämlich in den Medien mit dem Yuppie-Image endlich eine eigene Ausprägung als Gruppe mit besonderen Wohngebieten, ganz bestimmten Zielvorstellungen und eigenem Geschmack beim Essen und Joggen. Die Klasse, die eigentlich das Vorrecht hat, Klassen zu entdecken und zu klassifizieren, war nun selbst von den Medien entdeckt und – ohne große Rücksicht auf ihre Würde – mit einem Diminutiv belegt worden, das sich auf Chappi reimt.

Natürlich repräsentierten die Anhänger der Yuppie-Strategie nicht ihre gesamte Klasse. Sie waren ein ausgewähltes Segment, genau wie die Neue Klasse der Rechten eine ausgewählte Untergruppe der viel umfassenderen neuen Mittelklasse gewesen war. Im Grunde waren diese beiden Gruppen – die Yuppies und die Neue Klasse – komplementär. Nach der neokonservativen Definition gehörten zur Neuen Klasse diejenigen Angehörigen der Mittelklasse, die ihre berufliche Heimat in den Medien, im öffentlichen Dienst und in der steuerfreien Welt der Universitäten, der Stiftungen und der Wohlfahrtsverbände finden; diese Klasse war nach der Definition der Rechten eindeutig und unbelehrbar links.

Die Yuppies repräsentierten dagegen die über 60 % der Mittelklasse, die ihr Geld dadurch verdienen, daß sie sich in den Dienst der freien Wirtschaft stellen: Manager, Anwälte und andere in der Wirtschaft beschäftigte Akademiker, Berater und Makler. Sie erfüllten den Traum der Neokonservativen vom »Intellektuellen« bzw. Angehörigen der neuen Mittelklasse, der das Interesse an den unteren Klassen aufgibt und zum treuen Diener der Wirtschaftselite wird.

Allerdings lenkte die vieldiskutierte Frivolität der Yuppies auch von den tiefgreifenden Veränderungen ab, die ihr Erscheinen eigentlich signalisierte. In den achtziger Jahren verschob sich das Klassenprofil der amerikanischen Gesellschaft fast wie bei einem Erdbeben. Die Ränder – Armut und Reichtum – drifteten weiter auseinander und im Boden zwischen diesen Extremen taten sich Risse und Spalten auf, als wäre die Spannung zu groß geworden. Ganze Berufsgruppen und Subpopulationen – Farmer, Metallarbeiter, ledige Mütter – rutschten langsam in die Tiefe, während andere – kleine Angestellte und auch manche Akademiker samt Familie – sich abstrampeln mußten, um nicht auch ins Rutschen zu geraten.

Angesichts dieser unübersichtlichen Lage schien, abgesehen von den wirklich Reichen, nur eine Gruppe eine klare Erfolgsstrategie zu haben; zu dieser Strategie gehörte der Verrat an traditionellen Wertvorstellungen der Mittelklasse und eine bedingungslose Hingabe an Profitdenken und Konsumlust. Lag hier vielleicht der Grund dafür, daß die Medien die Yuppies so schnell aufs Korn nahmen? Die halb spöttische, halb nachsichtige »Entdeckung« der Yuppies durch die Medien deutet darauf hin, daß die Liberalen doch zu ahnen begannen, daß die Yuppie-Strategie womöglich doch nicht die richtige sein könnte.

## Die Polarisierung Amerikas

Bis Anfang der achtziger Jahre konnte ein wohlhabender Amerikaner die Gesellschaftsschichten als eine Variante kultureller Vielfalt betrachten – vergleichbar verschiedenen Volksgruppen oder »Lebensweisen«. Man war es gewohnt, die *Kultur* der Armut zu betonen oder die angeblich beschränkte Subkultur der Arbeiterklasse. Die Massenmedien vermittelten gern den Eindruck, eine Klasse sei nichts weiter als eine bestimmte Art zu leben bzw. eine Alternative, die Farbe und Abwechslung in die zunehmend homogener werdende amerikanische Gesellschaft bringt. 1985 z.B. überschrieb *U.S. News and World Report* eine Spalte »Beatniks, Popper und Punker: unsere Vorliebe für Schubladen«. Als gleichberechtigte »Kategorien« stellte die Zeitschrift Modemitläufer neben ökonomisch definierte Gruppen:

> Valley Girls, 1981 ... materialistische, lebenslustige Teenager mit eigenem Modestil (Stulpen, Sweatshirts mit ausgeschnittenen Löchern) ...
> Unterklasse, 1982 ... amerikanische Bevölkerungsgruppe, die

anscheinend im Sumpf der Armut steckengeblieben ist. … Yuppies, 1984 … »young urban professionals … [bekannt für ihren] konsumorientierten Lebensstil.[297]

Klassen kann man natürlich weit nüchterner und wertneutraler kategorisieren; der Index ist dann schlicht und einfach Geld – wer es hat und wer nicht. In den achtziger Jahren wurde es schwieriger denn je, vor dieser brutaleren Auffassung von Klassen die Augen zu verschließen. Die Lage hatte sich seit der »Entdeckung« der Armut verändert: Diejenigen, die Geld hatten, hatten mehr denn je, diejenigen, die keines hatten, waren zahlreicher und noch ärmer geworden.

Irgendwann in den späten sechziger Jahren war die amerikanische Gesellschaft auf dem Marsch zum *American Dream* von Reichtum und Gleichheit vom Wege abgekommen. Es sollte – was damals natürlich niemand ahnen konnte – die letzte Zeit gewesen sein, in der die Ungleichheit bei den Amerikanern abnahm. Kurz nach dem Ende des Zweiten Weltkriegs setzte eine Entwicklung hin zur Gleichheit ein. In den späten sechziger Jahren vollzog sich eine Kehrtwende, und seither entfernen sich Arme und Reiche immer weiter voneinander, während die in der Mitte an Boden verlieren.[298] Einige Wirtschaftswissenschaftler sagen sogar voraus, daß die Mittelklasse – definiert schlicht als diejenigen mit einem mittleren Einkommen – ganz verschwinden könnte, so daß mitten durch Amerika eine Kluft zwischen einer im Überfluß lebenden Minderheit und einer Armee von Bettelarmen verlaufen würde wie in vielen Ländern der Dritten Welt.

Im statistischen Sinn gibt es die »Mittelklasse« noch. Die Kurve der Einkommensverteilung hat immer noch die Form einer Glocke, d. h. sehr viel mehr Amerikaner liegen im Bereich der mittleren Einkommen als an den beiden Enden. (Würden die mittleren Einkommen wirklich wegfallen, hätte die Kurve zwei Höcker statt einen Scheitelpunkt in der Mitte.) Doch im Lauf des letzten Jahrzehnts ist die Kurve links steiler und am Scheitelpunkt flacher geworden, so daß sie nun nicht mehr wie ein symmetrischer Hügel aussieht, sondern eher wie ein gestrandeter Wal. Für den Laien wirkt diese Verschiebung nicht beunruhigend, aber Einkommenskurven verändern sich nicht ohne Grund. *Jede* Veränderung verlangt erhöhte Aufmerksamkeit.

Die Veränderung ist offensichtlich, egal wie man die Bevölkerung aufteilt – ob man das oberste Fünftel mit dem untersten vergleicht oder die obersten 40 % mit den untersten, ob man Individualeinkommen betrachtet oder Haushaltseinkommen oder so geheimnisvoll anmutende Meßlatten der Ungleichheit anlegt wie den »Gini-Koeffizienten« der Wirtschaftswissenschaftler. Im Jahre 1985 konnte beispielsweise das oberste Fünftel der amerikanischen Familien (Jahreseinkommen über 48.000 Dollar) 43 % des Gesamtfamilieneinkommen für sich verbuchen, den höchsten Prozentsatz seit Ende des Zweiten Weltkriegs. Das unterste Fünftel (Jahresfamilieneinkommen unter 13.200 Dollar) bekam nur 4,7 %, den geringsten Anteil seit 25 Jahren. Familien, die man einer etwas willkürlich definierten mittleren Einkommensgruppe (15.000 bis 35.000 Dollar) zuordnete, deren Anteil am Gesamtfamilieneinkommen 1970 noch bei 46 % lag, kamen 1985 nur noch auf 39 %.[299] Laut *Census Bureau,* dem amerikanischen Bundesamt für Statistik, das derartige Berechnungen seit 1946 anstellt, war der Einkommensabstand zwischen den reichsten und den ärmsten Familien Mitte der achtziger Jahre größer als je zuvor.

Daß sich die Kluft zwischen arm und reich immer weiter auftut, liegt vor allem daran, daß die Regierung Reagan bewußt eben darauf hinarbeitete. Während die Mittel für Sozialprogramme erbarmungslos und kontinuierlich gekürzt wurden, bescherte man gleichzeitig den wohlhabenden eigenen Wählern eine großzügige Steuersenkung nach der anderen. Die Kombination von Ausgabenkürzungen für die Armen und Steuerkürzungen für die Reichen führte zu einer staatlich gesteuerten massiven Umverteilung des Volksvermögens von unten nach oben. Allein zwischen 1980 und 1984 verzeichnete das reichste Fünftel aller amerikanischen Familien ein Einkommensplus von 25 Milliarden Dollar, während das ärmste Fünftel sechs Milliarden einbüßte.[300]

Gleichzeitig öffnete sich die Schere zwischen den höchsten und den niedrigsten Einkommen immer weiter. Die Armen wurden mit durch den Mindestlohn niedrig gehaltenen Löhnen abgespeist; dieser schäbige Standard lag in den achtziger Jahren die meiste Zeit bei 3,35 Dollar oder umgerechnet 6.900 Dollar im Jahr – über 4.000 Dollar unter der amtlichen Armutsgrenze für eine vierköpfige Familie. *U.S. News and World Report* hatte ja früher einmal die bloße Existenz der »Armut« in den USA angezweifelt, mußte Anfang 1988 aber doch zugeben, daß es mittlerweile neun Millionen berufstätige Erwachsene gab, deren Löhne so niedrig waren, daß sie samt ihren Familien unterhalb der Armutsgrenze blieben:

> Dazu gehören Leute wie Glen Whitbeck, Koch in einem Schnellimbiß, dessen Jahreslohn von 8.000 Dollar nicht für die Arztrechnungen seiner beiden kleinen Töchter reicht. Oder der Bauarbeiter Charlie Scott, dessen Geldsorgen ihn und seine Frau zwangen, ins Obdachlosenasyl zu ziehen, was schließlich zur Trennung des Paares führte. Oder auch Pamela Kelly, ehemalige Sicherheitsbeamtin bei der Fluggastkontrolle, die sich und ihre zweijährige Tochter daheim nur noch von Konserven ernährt, weil Fleisch unerschwinglich geworden ist.[301]

Scheinbar fassungslos meldete das Nachrichtenmagazin ferner, daß die Armen der achtziger Jahre gar nicht den Klischees entsprechen, die das Gerede von der »Armutskultur« und die Ideologen der Neuen Rechten propagiert hatten. Die Vorstellung, die Armen seien »unstete männliche Schwarze in der Großstadt, die zu einer festen Arbeit unfähig sind, bzw. alleinerziehende Mütter, die in den Slums von der Sozialhilfe leben und deren einzige Berufserfahrung im wiederholten Gebären und Aufziehen unehelicher Kinder besteht«, war, wie *U.S. News and World Report* einräumte, »erschrekkend einseitig«.

Am oberen Ende der Einkommensskala, wo »Lohn« gemeinhin etwas eleganter mit »Vergütung« umschrieben wird, gibt es selbstverständlich kein Pendant zum Mindestlohn, einen »Höchstlohn« etwa, der die Gier derjenigen zügeln könnte, die schon alles haben. In den achtziger Jahren, als das mittlere Einkommen amerikanischer Familien bereits deutlich zurückging, stiegen die Vergütungen von Topmanagern in schwindelerregende Höhen. 1986 verdienten sie durchschnittlich 679.000 Dollar im Jahr, 9 % mehr als im Vorjahr.[302] Für ein Vorstandsmitglied war ein Einkommen von über einer Million – Gehalt plus diverse Bonuszahlungen – durchaus keine Seltenheit mehr; Staunen erregten nur noch Jahreseinkommen über 10 Millionen. In einem Bericht der *New York Times* über die Vergütung des damaligen Vorstandsvorsitzenden von NCR Inc., William S. Anderson – 33.229.000 Dollar – hieß es trocken:

> Eine Vergütung, wie Anderson sie erhält, führt zu heftigen Reaktionen derer, die der Meinung sind, daß die Spitzenmanager der Wirtschaft maßlos überbezahlte Angehörige einer Elite sind, in der man die eigenen Gehälter praktisch in Eigenregie festsetzt.[303]

In diesem politisch reaktionären Jahrzehnt schien weder Gewissen noch Schamgefühl und offensichtlich auch nicht Angst vor den Besitzlosen die Superreichen zu mäßigen. Im Mai 1987 gab Malcolm Forbes, Herausgeber des *Forbes Magazine* (»Das Handwerkszeug des Kapitalisten«) eine Party, die in einer Gesellschaftskolumne folgendermaßen beschrieben wurde:

> Bei Mr. Forbes' letzter Highland-Extravaganz (der Forbes-Clan stammt aus Schottland) trat u. a. ein Regiment von 140 Dudelsackpfeifern und Trommlern im Kilt auf, die durch Kunsteisnebel marschierten. Als Dekoration dienten Kulissen im schottischen Feudalstil, die ein Opernbühnenbildner hingezaubert hatte. Es gab turmhohe Blumenarrangements aus lila und weiß blühenden Onopordon-Disteln, ein Grucci-Feuerwerk und eine Lasershow. Als Gastgeschenk gab es für die Herren ein Exemplar der *Worte des Vorsitzenden Malcolm,*

> für die Damen eine handsignierte Revere-Schale von Tiffany. Nach ihrer Ankunft nahmen die Gäste an insgesamt 106 Tischen Platz. Für das Diner hatte man 24 ganze Schinken, 700 Jungfasanen, 40 Kilo Gänseleberpastete, 180 Kilo Haricots verts, 700 Kilo schottischen Lachs, 24 Lammkeulen, 60 Pâtés de campagne, 3.000 Artischocken, 300 Kilo Himbeeren und Erdbeeren, 150 Liter Schlagsahne und 50 Liter schottischer Karamelsauce besorgt ... Zum Dessert tischte Familie Forbes »Feierkuchen« und »Kapitalistenkuchen« auf.[304]

Die Vorstellung, ganz Amerika bestehe aus einer einzigen undifferenzierten riesigen Mittelklasse, war unhaltbar geworden. Europäische Touristen waren schockiert angesichts des krassen Nebeneinanders von Reichtum und Armut in Städten wie New York oder Los Angeles. Da sahen sie Hochhäuser, in denen die Miete für eine Dreizimmerwohnung höher war als der durchschnittliche Monatslohn in Amerika, während die Obdachlosen auf dem Gehweg in dürftigen Notunterkünften aus Pappe hausten. Auf dem Fahrdamm sahen sie ganze Kolonnen von überlangen Limousinen, deren diskret getönte Fenster die Insassen vor neugierigen Blicken schützten, während auf dem Gehweg Bettler jeden Alters die Mülltonnen nach Eßbarem durchwühlten, jugendliche Breakdancer für ein paar Pfennige ihre Kunst darboten und fliegende Händler Kugelschreiber, Uhren, Kleidungsstücke aus zweiter Hand, alte Illustrierte und Drogen feilboten.

Solche gespenstischen und entschieden unamerikanischen Szenen waren jetzt also charakteristisch für extreme Armut und extremen Reichtum. Die Veränderungen im Bereich der mittleren Einkommen waren aber nicht minder dramatisch. Zum einen bedeutete ein mittleres Einkommen längst keine Garantie mehr dafür, daß man sich ein Eigenheim leisten konnte, was bisher für die Mittelklasse selbstverständlich gewesen war. Laut dem Bundesverband der amerikanischen Eigenheim-Bauunternehmer mußte eine Familie 1984 über ein Einkommen von etwa 37.000 Dollar verfügen, um sich ein Haus in der Preisklasse des Zentralwerts leisten zu können. Der

Zentralwert der Familieneinkommen lag im gleichen Jahr jedoch bei 26.167 Dollar – also fast 11.000 Dollar darunter. Diese Lücke war das Zeichen einer drastischen Verschlechterung der Zukunftsaussichten für Lohnabhängige mit mittleren Einkommen.[305] Nach Untersuchungen der Wirtschaftswissenschaftler Frank S. Levy und Richard Michel mußte ein typischer Lohnabhängiger in den fünfziger Jahren mit Wohnkosten von etwa 14 % seines Monatsbruttos rechnen. 1984 hingegen belief sich die Belastung für einen Dreißigjährigen, der ein Haus in der Preisklasse des Zentralwerts kaufte, auf stolze 44 % seines Einkommens.[306] Im Amerika der Nachkriegszeit garantierte ein mittleres Einkommen jetzt zum ersten Mal nicht mehr den traditionellen Lebensstil der Mittelklasse.

Das Interessanteste war jedoch, daß sich die »Mittelschicht«, oder besser gesagt die mittlere Einkommensschicht, immer weiter ausdünnte.[307] Versteht man unter mittlerer Einkommensschicht Familieneinkommen zwischen 20.000 und 50.000 Dollar, so sank der Anteil dieser Familien an der Gesamtbevölkerung von 53 % im Jahre 1973 bis 1984 auf unter 48 %.[308] Manche stiegen auf, z.T. bis in die obere Einkommensschicht, während es mit anderen stetig bergab ging.*

Die Fragen, anhand derer festgestellt wurde, ob eine bestimmte Familie in eine höhere soziale Schicht aufstieg oder nicht, muten etwas willkürlich an. Hatte sie ihr Haus noch vor dem Boom auf dem Immobilienmarkt in den siebziger Jahren gekauft? Hatte sie auch nicht zu viele Kinder? Konnte sie auf die Unterstützung der Großel-

* Es gibt keine einhellige Antwort auf die Frage, ob aus der mittleren Einkommensschicht mehr Amerikaner nach oben oder nach unten entschwanden. Verschiedene Untersuchungen kommen zu gegensätzlichen Ergebnissen. Der Wirtschaftswissenschaftler Stephen J. Rose berichtete 1983, daß von all denen, die in den späten siebziger und frühen achtziger Jahren aus dem Bereich der mittleren Einkommen herausfielen, drei Viertel hinterher ein niedrigeres Einkommen hatten.[309] Seine Kollegin Katherine L. Bradbury, die sich mit dem Rückgang im mittleren Einkommensbereich zwischen 1979 und 1984 beschäftigte, kam zu einem ähnlichen Ergebnis: Mit der Mehrzahl derer, die man 1984 nicht mehr zur Mittelschicht zählen konnte, war es bergab gegangen.[310] Eine neuere Untersuchung der amerikanischen Bundesanstalt für Arbeitsmarktstatistik *(Bureau of Labor Statistics)* über das Schrumpfen der Mittelschicht in den Jahren 1969 bis 1986 kommt jedoch zu dem Schluß, daß im Lauf dieser 17 Jahre »der Großteil der Familien, die aus der Mittelschicht herausfielen, nicht etwa in die Unterschicht geriet, sondern in die Oberschicht gelangte.«[311]

tern rechnen? Im großen und ganzen jedoch verlief die neue Kluft in den mittleren Einkommensbereichen entlang der altbekannten Klassengrenzen. Die Arbeiterklasse schlitterte bergab, während die neue Mittelklasse ihre Stellung halten oder gar auf neues Territorium vordringen konnte: Im Jahre 1987 betrug das Durchschnittseinkommen eines Mannes mit fünf- oder mehrjährigem Hochschulstudium 34.731 Dollar; eine Frau mit den gleichen Voraussetzungen verdiente durchschnittlich 26.399 Dollar – ein berufstätiges Ehepaar brachte es also auf 61.130 Dollar. Ein Ehepaar aus der Arbeiterklasse mit Highschool-Abschluß verdiente dagegen nur 36.888 Dollar – über ein Drittel weniger.[312]

Der Begriff »verschwindende Mittelschicht«, den außer mir noch andere verwendet haben, um die gewaltigen Veränderungen in den achtziger Jahren zu beschreiben, ist in mehr als einer Hinsicht irreführend. Es war nämlich die Arbeiterklasse, die da »verschwand«, zumindest aus dem Einkommensbereich, der ein relativ sicheres und bequemes Leben ermöglicht. In der Vorstellung der Neuen Rechten war die Arbeiterklasse zwar ein kostbarer Hort »traditioneller Werte«, sozusagen ein menschliches Bollwerk gegen alles Liberale; doch was die wirtschaftlichen Interessen anging, denen die tiefste Loyalität der Neuen Rechten galt, war ihr die amerikanische Arbeiterklasse – mit ihren einstmals mächtigen Gewerkschaften und der Tradition, sich am Arbeitsplatz nichts gefallen zu lassen – zu einer Belastung geworden.

Seit den siebziger Jahren versuchte die Unternehmerelite alles nur Erdenkliche, um sich dieser Last zu entledigen. Sie verlagerte Arbeitsplätze in der verarbeitenden Industrie in Billiglohnländer der Dritten Welt mit eingeschüchterten Arbeitskräften. Sie zog ihr Kapital aus eben diesem verarbeitenden Gewerbe ab, um damit zu spekulieren und ganz schnell das große Geld machen zu können – man fusionierte um die Wette und kaufte Firmen auf Pump, während Amerikas Fabriken und seine Technologie auf der Strecke blieben. Gleichzeitig eröffnete man einen erbarmungslosen Angriff auf Löhne und Lebensstandard derjenigen, die noch einen Arbeitsplatz hatten. Ich möchte an dieser Stelle daran erinnern, daß die Angehörigen der Arbeiterklasse – worunter wir die Leute verstehen, die ständig für ihren Lebensunterhalt arbeiten – in der Wirtschaftsliteratur lediglich als *Lohnkosten* vorkommen.

Die Tatsache, daß die Unternehmer der verarbeitenden Industrie den Rücken kehrten – die Volkswirte Barry Bluestone und Bennett Harrison nannten es »die Deindustrialisierung Amerikas«[313] – hat das Leben der amerikanischen Arbeiterklasse völlig auf den Kopf gestellt. Zwischen 1979 und 1984 wurden 11,5 Millionen amerikanische Arbeitnehmer wegen Betriebsstillegungen oder Standortwechsel entlassen. Es gelang nur 60 % von ihnen, neue Arbeitsplätze zu finden, und bei fast der Hälfte dieser neuen Stellen verdienten sie weniger als zuvor.[314] Bei einer Untersuchung kam man zu dem Ergebnis, daß arbeitslose Stahlarbeiter in Chicago durchschnittlich die Hälfte weniger verdienten: Zuvor hatte ihr Lohn 22.000 Dollar betragen, jetzt mußten sie mit 12.500 Dollar im Jahr auskommen, was eben noch über der offiziellen Armutsgrenze liegt.[315]

Die Fabrikstillegungen hatten zur Folge, daß es im amerikanischen Schwerindustriegürtel mit ganzen Städten und Ortsteilen bergab ging. Es gab zwar viele andere freie Stellen im Dienstleistungssektor – z. B. am Bankschalter, in der Hotelhalle oder im Schnellimbiß – doch waren diese häufig nur schlecht bezahlt; man gehörte keiner Gewerkschaft an, und auch sonst fühlten sich Männer dort fehl am Platz, die gelernt hatten, mit Dingen zu arbeiten, aber nicht mit Menschen. Ein arbeitsloser Bergarbeiter, der vor seiner Entlassung in einer Kupfermine in Butte in Montana gearbeitet hatte – ein Riese mit Cowboystiefeln, Overall und zerzaustem Bart –, erzählte mir empört, daß man ihm eine Umschulung angeboten hätte – zum Krankenpfleger. Normalerweise waren es Frauen oder auch junge, meist schwarze oder hispanische Männer, die die zahllosen Stellen im Dienstleistungssektor besetzten; und eines der typischen Bilder der achtziger Jahre war das eines entlassenen Stahlarbeiters, dessen Frau nun nicht mehr Hausfrau war, sondern mit ihrem bei Burger King verdientem Geld die Familie ernährte.

Harrisons und Bluestones Theorie zufolge war der Hauptgrund

für die schlechte finanzielle Situation der Arbeiterklasse jedoch nicht etwa der Verlust des Arbeitsplatzes, sondern vielmehr die niedrigeren Löhne. Den Arbeitgebern aller Branchen war jedes Mittel recht, um die Lohnkosten zu senken.[317] Sie verlangten Lohnkonzessionen als Preis für die Weiterbeschäftigung; sie führten ein zweistufiges Lohnsystem ein, bei dem neue Arbeitskräfte im Gegensatz zu Dienstälteren auf einem sehr viel niedrigerem Niveau entlohnt wurden; sie ersetzten Vollzeitbeschäftigte durch Teilzeitkräfte, denen sie keine Arbeitgeberleistungen wie zum Beispiel Krankenversicherung zahlen mußten, und natürlich griffen sie auch zu dem altbekannten Mittel der »Zermürbung« der Gewerkschaften.

In den achtziger Jahren rollte der Rubel für Anwaltssozietäten, die den Arbeitgebern dabei ihre Dienste anboten; unter anderem gehörten hierzu PR-wirksame Aktionen zur Diskreditierung der Gewerkschaften und psychologische Methoden zur Spaltung und Demoralisierung der Belegschaften: nicht selten wurde auch rohe Gewalt angewendet. Zwischen 1986 und 1988 wurden drei Bekannte von mir, die in New York Gewerkschaften organisierten, von gekauften Schlägern zusammengeschlagen, und zwei Fabrikarbeiter aus Queens, die an einer Gewerkschaftsaktion teilgenommen hatten, wurden vor ihren Arbeitskollegen von den Fabrikbesitzern geohrfeigt.[318]

Die Regierung Reagan schlug für die Beziehungen zwischen Arbeitnehmern und Arbeitgebern in den achtziger Jahren gleich neue Töne an, indem sie 1981 die Gewerkschaft der Fluglotsen, PATCO, zerschlug. Dann nahm sich die Regierung das Amt für Unfall- und Gesundheitsschutz am Arbeitsplatz und die Bundesbehörde für Arbeitsbeziehungen vor, die den Arbeitnehmern ein Minimum an Rechtsschutz garantiert. Während die Ideologen der Neuen Rechten die Tugenden der Arbeiterklasse rühmten, leistete die Regierung der Neuen Rechten Beihilfe zum massivsten kapitalistischen Angriff auf die arbeitende Bevölkerung Amerikas seit den zwanziger Jahren.

Akademiker und Manager aus der Mittelschicht hatten ebenfalls unter den wirtschaftlichen Verschiebungen der achtziger Jahre zu leiden. Auch sie verloren Arbeitsplätze, wenn Betriebe stillgelegt wurden oder wenn staatliche Sozialeinrichtungen ihre Leistungen einstellten. Auch sie lernten die Spannungen einer sich polarisierenden Gesellschaft kennen, in der die Armen immer ärmer und die Reichen immer zahlreicher und dreister wurden. Während man die Armen der eigenen Sicherheit wegen zunehmend meiden mußte, stellten die Reichen eine andere Art der Bedrohung für die Angehörigen der Mittelschicht dar: Sie boten fast jeden Preis für Immobilien, und war er noch so astronomisch, und zahlten klaglos College-Studiengebühren um die 20.000 Dollar pro Jahr.

Wenn das Verbleiben in der wirtschaftlichen und sozialen Mittelschicht schon für den Großteil der Arbeiterklasse ein Ding der Unmöglichkeit geworden war, so war es für jene zum Problem geworden, deren Bildung und Beruf sie zu der Annahme berechtigten, sie wären die Mittelschicht schlechthin. Allerdings ist die neue Mittelschicht widerstandsfähiger als die unteren Schichten. Ein arbeitsloser Manager wird wohl eher eine anständig bezahlte Stellung finden als ein entlassener Fließbandarbeiter. Im öffentlichen Dienst beschäftigte Akademiker wie zum Beispiel Ärzte, Sozialarbeiter und Verwaltungsbeamte können in die freie Wirtschaft überwechseln, wenn die öffentlichen Hände Leistungen kürzen. Darüber hinaus haben Akademiker im Vergleich zu Arbeitern und Büroangestellten eine bessere Position, wenn es darum geht, eine Gehaltserhöhung auszuhandeln, um die ständig steigenden Kosten für Haus und Schulbildung der Kinder bezahlen zu können. Vor allem aber ist die junge Generation der akademischen Mittelschicht flexibel. Bereits in den siebziger Jahren verließen sie allmählich den langen und beschwerlichen Karriereweg und bliesen zur Jagd auf das schnelle Geld.

Sie mußten nicht erst Irving Kristol lesen, um zu wissen, woher der Wind wehte. Anfang der siebziger Jahre war es nur allzu offensichtlich, daß der Run auf die Universitäten in den sechziger Jahren »zu viele« junge Akademiker hervorgebracht hatte. Aus dem Doktoranden-Jahrgang von 1968 konnten nur 6 % keine Stellung finden, während diese Zahl 1974 bereits bei 26 % angelangt war.[319] Eine Untersuchung kam zu dem Ergebnis, daß von den College-Absolventen, deren Abschluß weniger als fünf Jahre zurücklag, 1980 ganze 62 % eine Stellung in den höheren Berufsständen oder als Manager innehatten, während es im Jahr 1979 noch 76 % waren. Der *Boston Globe* brachte 1985 folgende anschauliche Beispiele:

> Gary Rogers, 44, ist promoviert und hat in Harvard und Yale unterrichtet und Werke über Diderot verfaßt. Da er keinen Lehrstuhl bekam, nahm er einen Job als Lehrer an, bei dem er Angestellten der Citibank Grundkenntnisse der englischen Sprache beibringt. Marie Wellington, 32, hat in Harvard in Romanistik promoviert und machte sich Hoffnungen auf eine feste Anstellung an einer Hochschule. Heute arbeitet sie als Managerin bei der Berlitz Language Co. in Chicago ... Bei »Ambassador Cabs« in Cambridge haben nicht weniger als sechs Taxifahrer den Doktortitel.[320]

Während junge Literaturwissenschaftler entweder am Hungertuch nagten oder schließlich Kurzschrift lernten, gab es für andere Akademiker Arbeitsplätze zuhauf im riesigen Sektor der sogenannten »Dienstleistungen für die Wirtschaft«. Die in den sechziger und siebziger Jahren stetig erweiterte staatliche Aufsicht schuf mehr Arbeitsplätze für Firmenanwälte. Die Auslagerung der verarbeitenden Industrie in die Dritte Welt brachte für Manager in Amerika eher ein Plus an Arbeitsplätzen, da das Land zunehmend zu einem der großen Verwaltungszentren für das »globale Fließband« wurde.[321] Als mehr und mehr Unternehmen sich von Produktion und Vertrieb auf Spekulation verlegten, führte das dazu, daß für ganze Armeen von Maklern, Finanzexperten und Bankfachleuten neue Stellen geschaffen wurden. Von den Unternehmen ausgeschickte Headhunter trugen die gute Nachricht in die Universitäten, wo sie, nach Aussage eines Collegedirektors, »eine neue Stimmung vorfanden«: »In den sechziger Jahren beschäftigten sich die Studenten viel mit gesellschaftspolitischen Problemen. Heute kommen sie zu uns, um sich ganz bestimmte Fähigkeiten anzueignen und sich so die nötige Basis für eine Existenz in der Mittelschicht zu schaffen.«[322]

Bei der »Yuppie-Strategie« besteht der erste Schritt darin, am College ein Studienfach zu belegen, das den Vorstellungen der von den Unternehmen ins Land geschickten Headhuntern entspricht. Die amerikanischen Universitäten, vormals Brutstätten des Widerspruchsgeistes wurden innerhalb von nur zehn Jahren zu Kaderschmieden für die Wirtschaft. Anfang der achtziger Jahre gab es auf dem College nur noch etwa halb so viele Studenten mit Englisch als Hauptfach wie zehn Jahre vorher, während sich bei den Wirtschaftswissenschaften die Zahl der Studenten fast verdoppelte.[323] Auch in den gesellschaftswissenschaftlichen Fächern gab es nur noch halb so viele Studenten, und in Mathematik und den Naturwissenschaften machten 1983 gerade einmal 4 % der Studenten ihren Abschluß[324] – wo doch wahrscheinlich gerade diese Fächer für die Wettbewerbsfähigkeit der Vereinigten Staaten im Bereich der Technologie entscheidend sind.

Die College-Studenten wollten auch die lange Zeit der Entbehrung, die mit einem anschließenden weiterführenden Universitätsstudium verbunden ist, nicht mehr in Kauf nehmen. In den naturwissenschaftlichen Fachgebieten beispielsweise, wo der Anteil der Doktorate, die von amerikanischen Universitäten an amerikanische Studenten verliehen wurden, im Jahre 1978 noch 76,3 % betragen hatte, waren 1986 nur noch 63 % der Promovierten Amerikaner. Im gleichen Jahr waren bei der Verleihung von Doktorgraden im Fach Technik zum ersten Mal die ausländischen Studenten in der Mehrzahl, während die amerikanischen Studenten auf Platz zwei rangierten. Die Amerikaner hatten – um es einmal so auszudrücken – ein besseres Angebot. Sie studierten nach dem College nicht weiter, sondern gingen mit hohen Anfangsgehältern in die Wirtschaft. Ein Student einer Technischen Hochschule gab der *New York Times* folgende Erklärung:

> Einer der wichtigsten Gründe ist die Tatsache, daß man lange Zeit knapp bei Kasse sein wird. Wenn man erst seinen »Bachelor's Degree« hat und dann mit einem Jahresgehalt von 30.000 bis 40.000 Dollar in die Wirtschaft gehen kann, wozu

sollte man sich dann noch als Doktorand mit 10.000 Dollar im Jahr zufriedengeben?[325]

Früher einmal galt eine Stellung bei einem Unternehmen unter ehrgeizigen Studenten als Ausweichmöglichkeit für die geistig Minderbemittelten. Jetzt aber waren es die akademischen Berufe, die im Vergleich zur prickelnden Welt der Wirtschaft langweilig, unterbezahlt und provinziell wirkten. Die Wahl eines pragmatischen, wirtschaftsorientierten Hauptfaches wurde nicht immer mit Begeisterung getroffen. Viele der College-Studenten, mit denen ich mich Mitte der achtziger Jahre unterhalten habe, litten an so etwas wie »vorzeitigem Pragmatismus«. Sie ließen Idealismus und intellektuelle Neugier viel zu früh links liegen, und zwar um der wirtschaftlichen Sicherheit willen, die immer häufiger als Wohlstand definiert wurde. Eine junge Frau, die von *Newsweek* interviewt wurde, hatte von der Sozialarbeit in den Vertrieb gewechselt, weil »ich merkte, daß ich mich zur Armut verpflichten würde, wenn ich Sozialarbeiterin werden wollte«.[326] Ähnliches erzählte mir am Smith-College eine der wenigen damals politisch engagierten Studentinnen; sie hätte ihren Wunsch, Sozialarbeiterin in der Psychiatrie zu werden, aufgegeben, weil sie »davon nicht leben könnte«. Statt dessen, sagte sie verdrossen, würde sie zu einer Bank gehen.

Einem Erwachsenen, der Sozialarbeit wahrscheinlich als durchaus anständigen Beruf der Mittelschicht bezeichnen würde, kamen solche Entscheidungen entweder vor, als seien sie aus Unkenntnis getroffen worden oder aus kindlicher Gier. Doch in der sich wandelnden wirtschaftlichen Landschaft der achtziger Jahre konnte ein Beruf der Mittelschicht, der früher noch als sicher galt, mittlerweile womöglich nicht mehr bieten, was zum Leben in der Mittelschicht gehört, wie zum Beispiel ein Eigenheim. Überall in Amerika richteten Studenten, die zuvor noch Umwelttechniker, Sonderschullehrer, Verwaltungsangestellte oder Romanschriftsteller werden wollten, ihre Ambitionen auf die Fächer Wirtschaft und Recht.

In den meisten Fällen geschah dies aus mißmutiger Einsicht in die Notwendigkeiten; sie verschacherten ihre persönliche Autonomie, ihren Idealismus und ihre Kreativität für ein Leben, das hoffentlich Sicherheit und möglicherweise auch einen gewissen Luxus bedeuten würde.

Nun da die Neunzehnjährigen ihre Energien von der Soziologie weg auf Bilanzen lenkten, machte sich auf dem Campus eine negative, egozentrische Stimmung breit. In der alljährlich von der University of California at Los Angeles durchgeführten Untersuchung über die Haltung der unteren Semester kam man zu dem Ergebnis, daß die Studenten immer geiziger wurden und weniger »Nächstenliebe und soziales Engagement« an den Tag legten. Im Jahr 1987 beispielsweise gaben sage und schreibe 73 % der Studenten an, daß »finanzieller Wohlstand« für sie das höchste Ziel sei, während es im Jahr 1970 nur 39 % waren. Nur 16 % der Studenten waren daran interessiert, etwas für die Erhaltung der Umwelt zu tun, was 1972 noch 45 % angegeben hatten.[327] Auch in anderen Bereichen waren die Studenten nun mindestens genauso konservativ wie die breite Öffentlichkeit: Während im Jahr 1977 noch 53 % der Studenten die Legalisierung von Marihuana forderten, waren es 1987 nur noch 21 %. 1984 waren nur 49 % der Meinung, daß es verheirateten Frauen gestattet sein sollte, abzutreiben – in den siebziger Jahren befürworteten dies noch 68 %.[328] Peter Carlson, ein alter Achtundsechziger, besuchte 1986 sein ehemaliges Wohnheim in der Boston University und fand folgendes vor:

> Poster von Miß Piggy, Ernie und Bert aus der Sesamstraße, Kermit dem Frosch ... ein Riesenfoto mit einer Flasche Cordon Rouge Champagner, aus der der Korken flog, ein Poster mit eleganten Sushi-Arrangements ... und einen Cartoon mit der Überschrift »Kauf, bis du tot umfällst«. Ich fühlte mich beinahe verloren in dieser Collage der Niedlichkeit, da entdeckte ich auf einem Schreibtisch eine Postkarte mit Ron und Nancy. Ich fragte mich: Ist es eine ehrliche Hommage oder eine Art ironischer Protest?
>
> Es war eine ehrliche Hommage.[329]

Für eine glückliche, von den Medien hofierte Minderheit der neuen Pragmatikergeneration gab es einen nahtlosen Übergang von der Hochschule zum Wohlstand. Seit den späten siebziger Jahren konnten die Absolventen der juristischen Fakultät von Harvard und einiger weniger wirtschaftsorientierter Eliteuniversitäten erwarten, mit Anfangsgehältern von über 40.000 Dollar pro Jahr umworben zu werden. In der hektischen Welt der Hochfinanz an der Wall Street war das Ziel, mit dreißig Millionär zu sein, weder ungewöhnlich noch völlig realitätsfern. Milchgesichtige Senkrechtstarter hatten Hochkonjunktur, und New Yorks Nobelrestaurants waren gegen Ende der achtziger Jahre voll besetzt mit knapp volljährigen Leuten mit rosigem Teint. Diese Wunderkinder der Hochfinanz waren zumindest in einer Hinsicht die wahren Nachfahren der Radikalen aus den sechziger Jahren: Auch sie verachteten die langwierige Ausbildung für einen Beruf, die man zu absolvieren hatte, wenn man später einmal zur Mittelschicht zählen wollte – ja, sie verachteten die Mittelschicht schlechthin.

Die meisten der jungen Absolventen konnten allerdings nur mit Einkommen in der bescheidenen Höhe von 30.000 bis 40.000 Dollar rechnen. Für die Mehrzahl – für das Wertpapiergeschäft nicht kaltblütig genug und ohne ererbten Grundbesitz in Manhattan – galt jedoch die zweite Regel der Yuppie-Strategie: Heirate jemand aus deiner Einkommensklasse. Eine 1976 in der *New York Times* erschienene ganzseitige Anzeige für *Psychology Today* skizzierte die Möglichkeit des sozialen Aufstiegs durch eine neue, anonymere Haltung gegenüber dem Heiraten. Abgebildet ist ein lächelndes junges Paar im Partnerlook – beide tragen das gleiche Nadelstreifenjackett. Am Anfang des Textes heißt es in großer fetter Schrift: »... unsere Bank kann uns nicht auseinanderhalten«; dann geht es weiter mit:

> Wer von uns beiden verdient 20.000 Dollar?
> Alle beide. Und wir geben es auch gern für dieselben Dinge aus...
> Und jetzt, wo wir verheiratet sind, haben wir doppelt soviel Geld und doppelt so hohe Ersparnisse.

Wir werden noch weiter reisen als früher. Und viel öfter.
Wir wollen auch mehr Tennis spielen. Und am Wochenende häufiger skifahren. Oder campen.
Und unsere allmonatliche Wein- und Käse-Party können wir jetzt jede Woche feiern.
Wir wissen eben, was wir vom Leben wollen.
Und mit doppelt soviel Geld können wir nicht nur mehr reinstecken, sondern auch mehr herausholen.[330]

## Feminismus und die Konsolidierung der Mittelklasse

In den späten fünfziger Jahren, wo unsere Geschichte begann, war die Heirat mit einem finanziell Gleichgestellten nicht nur unnötig, sondern auch unmöglich. Die meisten Männer aus der Mittelklasse – aber auch aus der Arbeiterklasse – konnten damit rechnen, daß sie genug verdienen würden, um Frau und Kinder zu ernähren. Außerdem investierten die meisten Frauen mit Ehe- und Kinderwunsch ihre besten Jahre fürs Kinderkriegen nicht in Studium und Karriere. Im Jahr 1960 arbeiteten knapp über 30 % der Amerikanerinnen außer Haus, und die Mehrzahl dieser Frauen hatte die Stelle angenommen, weil das Einkommen des Mannes schlicht nicht ausreichte, oder weil die Kinder schon erwachsen und aus dem Haus waren, das jetzt immer still und makellos sauber war.

Ungefähr zehn Jahre später hatten sich die Verhältnisse so geändert, daß die Heirat von Gleichgestellten nicht nur möglich, sondern in den meisten Fällen auch notwendig war. Die meisten Amerikaner verdienten nicht mehr genug, um ihre Familie ohne eine zweite Einkommensquelle zu ernähren, und die meisten Amerikanerinnen – einschließlich der Ehefrauen und Mütter – waren nun nicht mehr nur Hausfrauen, sondern hatten sich eine Stellung gesucht.[331] Viele verheiratete Frauen gingen nur deshalb arbeiten, weil die Reallöhne ihrer Ehemänner sanken. Gleichzeitig bedeuteten spätere Eheschließungen und eine fünfzigprozentige Scheidungsrate, daß sich die große Mehrheit der Frauen zu einem späteren Zeitpunkt ihren Lebensunterhalt und möglicherweise auch den ihrer Kinder selbst verdienen mußten. In den siebziger Jahren konnten nur die Ehefrauen reicher Männer behaupten, daß Arbeiten lediglich eine Option sei.

Doch die Frauen der neuen Mittelklasse arbeiteten nicht allein deshalb, weil sie mußten, und auch nicht nur, weil sie befürchteten, keinen passenden Ehemann zu finden – er mußte ja auch nicht unbedingt passend sein –, sondern weil sie einfach arbeiten wollten. Sie gingen eigentlich auch nicht einfach »arbeiten« – ein Halbtagsjob, während die Kinder in der Schule waren, oder ein Versuch, sich in der Partyservice-Branche zu etablieren oder irgendein anderes hausfrauliches Talent in klingende Münze umzusetzen – sie machten Karriere in anspruchsvollen, leistungsorientierten akademischen Berufen, und sie taten das mit zumindest derselben Energie und Intensität wie ihre männlichen Kollegen. Bewirkt hatte dies nicht allein der simple ökonomische Druck, sondern auch der Feminismus.

Die Frauenbewegung hat zweifellos das Leben der Frauen aller Gesellschaftsschichten in neue Bahnen gelenkt und dieses Leben in mancher Hinsicht verändert, die mit Ökonomie oder der Dynamik einer bestimmten Gesellschaftsschicht nur wenig zu tun hat. Durch die Abschaffung der eklatanteren Formen der Ungleichbehandlung der Frauen hat die Bewegung es geschafft, den Frauen – unabhängig von Gesellschaftsschicht, Hautfarbe und Herkunft – Tür und Tor zu öffnen. Frauen erkämpften das Recht auf Abtreibung, auf gleichen Lohn für gleiche Arbeit und auf gleiche Ausbildungschancen. Und die Feministinnen setzten sich dafür ein, diese Rechte noch auszuweiten und weitere hinzuzugewinnen – wie zum Beispiel Kindergeld, Lohngleichheit und bezahlten Mutterschaftsurlaub. Das Wichtigste ist aber vielleicht, daß die Frauenbewegung sehr große Fortschritte für alle Frauen in den immateriellen Bereichen der Würde und des Selbstwertgefühls erzielt hat. Für unsere Geschichte ist jedoch der Feminismus nur in der Hinsicht von Bedeutung, als er dazu beitrug, die neue Mittelklasse vor dem wirtschaftlichen Niedergang zu bewahren und von der subtileren Form des Verfalls zu heilen, die Betty Friedan zwei Jahrzehnte zuvor als »fortschreitende Demoralisierung« bezeichnet hatte.

In wirtschaftlicher Hinsicht war es vielleicht die größte Errungenschaft der Frauenbewegung, daß ihr der Vorstoß in akademische Berufe gelang, die früher reine Männerdomäne waren, wie zum Beispiel die Juristerei, die Medizin oder das Management. Bis weit in dieses Jahrhundert hinein waren die akademischen Berufe zwar die professionelle Hochburg der Mittelschicht, doch bis vor kurzem noch waren sie den Männern vorbehalten. Dieselben Charakteristika, die die Reformer des frühen 20. Jahrhunderts den akademischen Berufen zuzuschreiben versuchten – Objektivität, wissenschaftliche Rationalität und ein uneigennütziges Engagement für die Gesellschaft – galten als Quintessenz aller typisch männlichen Eigenschaften.[332] Im Jahr 1871 beispielsweise hatte der Präsident der amerikanischen Ärztekammer folgendes zum Thema Frauen im Ärzteberuf zu sagen:

> Bestimmte Frauen wollen den Männern in männlichen Sportarten Konkurrenz machen ... und die Willensstarken unter ihnen äffen sie einfach überall nach, sogar bei der Kleidung. Dabei muß man ihnen eine gewisse Bewunderung zollen, wie dies bei allen monströsen Vorhaben der Fall ist, besonders wenn man nach Höherem strebt, als vom eigenen Typus her an sich möglich ist.[333]

Während des gesamten 20. Jahrhunderts wurden Frauen, die einen akademischen Beruf ergreifen wollten, in die intellektuell »weniger anspruchsvollen« Berufe abgeschoben, zum Beispiel in die Krankenpflege, die Sozialarbeit oder den Lehrberuf, die von Soziologen als »halbakademische Berufe« bezeichnet und von den Arbeitgebern auch dementsprechend bezahlt werden. Diejenigen, die sich nicht davon abbringen ließen, einen »vollakademischen Beruf« zu ergreifen, waren oft der Belästigung und der Nötigung seitens ihrer Professoren und Kommilitonen ausgesetzt, und auch später sahen sie sich von ihren eigenen Berufskollegen ausgegrenzt. Ellen Richards beispielsweise, eine der ersten weiblichen Apothekerinnen Amerikas, wurde während ihres Studiums am Massachusetts Institute of Technology in den sechziger Jahren des 19. Jahrhunderts von ihren männlichen Kommilitonen getrennt und landete schließlich in einem Fach, das nach herrschender Lehre eine geeignete »Wissenschaft« für eine Frau darstellte: Hauswirtschaft.[334]

Als der Feminismus in den siebziger Jahren wieder aufkam, griff er die traditionell Männern vorbehaltenen akademischen Berufe an zwei Fronten an. Auf der einen Seite forderten die Frauen Zutritt auf gleicher Basis. Andererseits stellten sie das grundlegende Selbstverständnis der akademischen Berufe in Frage – die Exklusivität, den Anspruch auf wissenschaftliche Objektivität und Dienst am Menschen. Bei den Medizinern forderten die Feministinnen zum Beispiel, auch Frauen zu diesem Studiengang zuzulassen, kritisierten aber zugleich Sexismus, Rassismus und Habgier des Ärztestandes – Merkmale, die den Anspruch auf Objektivität und Dienst am Menschen Lügen straften.[335] Die Feministinnen wollten zwar, daß Frauen Ärzte werden, doch sie wollten auch die Halbgötter in Weiß abschaffen und statt dessen begabte »niedere« Mitarbeiter im Gesundheitswesen fördern, Heilpraktiker zum Beispiel oder Hebammen, die sich ihre Kenntnisse selbst angeeignet hatten und in den siebziger Jahren illegal zu praktizieren begannen. Auch für die »Konsumenten« des Gesundheitswesens setzten die Feministinnen sich ein. Einerseits wollten sie alle akademischen Berufe öffnen, andererseits wollten sie sie paradoxerweise in ihrer bisherigen Form abschaffen.

Diese Doppelstrategie war Ausdruck eines größeren Dilemmas. Wollten die Feministinnen die »patriarchalische und kapitalistische« Gesellschaft zu Fall bringen oder wollten sie einfach nur den Frauen einen angemessenen Platz erkämpfen? Wollten sie Revolution oder Assimilation? Die radikalere Forderung hatte Vorbilder in der studentischen Linken und im Aufstand der Schwarzen; doch als diese Bewegungen in den siebziger Jahren allmählich verschwanden, schien die Assimilation die einzig praktikable Strategie zu sein. Ich kann mich noch daran erinnern, wie betrogen sich viele radikale und linksgerichtete Feministinnen bei einer Tagung fühlten, die

1975 von der New Yorker Ortsgruppe der *National Organization for Women* veranstaltet wurde und bei der es neben den üblichen Workshops über Themen der Frauenpolitik auch Seminare gab, die sich mit dem Thema Karriere in der Unternehmenswelt befaßten. Ziel des Kampfes war es selbstverständlich nicht, einige wenige Frauen an die Spitze einer zutiefst ungerechten Hierarchie zu katapultieren, in der die Mehrzahl der Frauen nur als billige Arbeitskräfte angesehen werden. Wie jedoch vielen ziemlich radikalen Feministinnen später allmählich klar wurde, kann eine wirtschaftliche Randgruppe keinesfalls »auf die Revolution warten« und todsichere Armut durch moralische Reinheit kompensieren. Die tonangebenden Feministinnen traten nach einiger Zeit ausschließlich für die Assimilation ein, und zwar unter der Voraussetzung, oder doch zumindest in der vagen Hoffnung, daß die Frauen die Positionen, in die sie nun assimiliert waren, irgendwie »menschlicher gestalten« würden.

Auch wenn sie sich nicht immer als Feministinnen bezeichneten, strömten Frauen mit dem Feminismus im Rücken in ehemals reine Männerberufe. Im Jahr 1969 waren nur 9 % der Erstsemester in Medizin Frauen, während es im Jahr 1987 bereits 37 % waren.[336] 1973 waren nur 8 % derer, die das juristische Examen bestanden, Frauen; zehn Jahre später waren es schon 36 %. Im Fach Betriebswirtschaft machten 1973 ganze 4,9 % ihren Abschluß; 1983 betrug der Anteil der Absolventinnen immerhin 28,9 %.[337]

Ich will damit nicht etwa sagen, daß die Frauen in diesen akademischen Berufe heute auch nur annähernd gleichberechtigt sind. Ein Anteil von 30 bis 40 % liegt immer noch weit unter 50 %. Und auch innerhalb der Bereiche, in denen sich Frauen etablieren wollen, gibt es immer noch Hürden genug, die ihnen den Weg nach oben versperren. Medizinerinnen werden eher Kinderärztin – oder werden gleich in dieses Fach abgeschoben – als zum Beispiel Chirurgin, d.h. sie genießen weniger Sozialprestige. An den Hochschulen gibt es unter dem wissenschaftlichen Nachwuchs viele Frauen, doch auf einem Lehrstuhl sitzen nur wenige. In der Wirtschaft beklagen sich Frauen über die »Glaswand« vor der Vorstandsetage und fühlen sich auf jeder Entscheidungsebene vom schier unüberwindlichen Männlichkeitswahn der Wirtschaft blockiert. Dennoch läßt sich nicht leugnen, daß die Frauen in etwas mehr als zehn Jahren ihren Anteil an den prestigeträchtigsten und lukrativsten Berufen um 300 bis 400 % gesteigert haben. Und da die Frauen nun ihr Schicksal selbst bestimmen können, hat dieser Wandel in etwa die gleiche Tragweite wie das Frauenwahlrecht.

Es war jedoch auch eine fast ausschließlich auf eine Gesellschaftsschicht beschränkte Errungenschaft. Die Frauen, die am meisten von der Öffnung der akademischen Berufe profitierten, waren nämlich genau diejenigen, die bereits alle sozialen Vorteile hatten, auf Schulen gingen, daheim gefördert wurden und eine gute finanzielle Basis und entsprechend viel freie Zeit hatten. Eine Untersuchung aus dem Jahre 1976 kam beispielsweise zu dem Ergebnis, daß die Frauen, die sich jetzt die Zulassung für die medizinische Fakultät erkämpften, zumeist auch den gleichen gesellschaftlichen Hintergrund hatten wie die Männer, die bereits dort waren.[338] In den traditionell von Männern dominierten Arbeiter- und Handwerkerberufen dagegen machten Frauen geringere Fortschritte, was aber auch zum Teil daran lag, daß viele dieser Arbeiterberufe selber im Niedergang begriffen waren. Während also der Anteil der Frauen in den akademischen Ausbildungsrichtungen von weniger als 10 % auf 40 % anstieg, betrug der Anteil der weiblichen Bauarbeiter und Handwerkermeister noch nicht einmal 10 %.[339]

Während also einige wenige Frauen in repräsentative Stellungen oder sogar Machtpositionen aufstiegen, hatte sich für die berufstätige Durchschnittsamerikanerin ohne Hochschulabschluß und in den meisten Fällen auch ohne Collegeausbildung immer noch nichts Entscheidendes geändert: Sie bediente nach wie vor noch in Restaurants, leerte Abfalleimer aus oder hämmerte für fünf oder sechs Dollar die Stunde auf eine Tastatur ein. Wer die Öffnung der akademischen Berufe als größten Sieg des Feminismus bezeichnet, sollte sich bewußt sein, daß die Mehrheit der Amerikanerinnen diesen Triumph wohl nie auskosten wird.

Mir geht es hier jedoch um den Wandel in der neuen Mittelklasse. Die Kluft innerhalb dieser Klasse zwischen den Erfolgreichen und denen, die niedere Arbeiten verrichten mußten, zwischen Ehemännern und Ehefrauen, war nun potentiell überbrückt. Eine junge Frau mußte sich nun nicht mehr auf das gebrechliche Band der Ehe verlassen, um sich ihren Platz in der Mittelklasse zu sichern. Sie mußte keinen Arzt heiraten; sie konnte selbst Ärztin werden. Allerdings mußten nun die jungen Männer aus der Mittelschicht ihre Ressentiments gegen die neue weibliche Konkurrenz überwinden und begreifen, daß sie von nun an eine Ärztin oder Anwältin anstelle einer schlichten Ehefrau heiraten konnten.

In den siebziger Jahren war dieser Wandel schon ziemlich weit fortgeschritten. In der amerikanischen Gesellschaft herrschte nur noch vereinzelt die althergebrachte Meinung, eine berufstätige Ehefrau sei ein sicheres Zeichen für die Unzulänglichkeit des Mannes. Wie ich schon in meinem Buch *Die Herzen der Männer – Auf der Suche nach einer neuen Rolle* schrieb, kam das traditionelle männliche Idealbild vom Ehemann, Vater und alleinigem Ernährer schon seit Jahrzehnten mehr und mehr aus der Mode.[340] Dem Feminismus, der ja erst Anfang der siebziger Jahre zur Massenbewegung wurde, kann man diese Entwicklung nur zum Teil zuschreiben. Der Hauptgrund lag in der Konsumkultur, die sich verstärkt an die Männer als eigenständige Konsumenten wandte. In den ersten Ausgaben des *Playboy,* der genau besehen ja nicht nur die Softpornographie, sondern auch die Ideologie der neuen Männlichkeit vertritt, derzufolge Ehefrauen »Parasiten« sind, war zu lesen, daß sie ihren Ehemännern lebenslängliche Plackerei aufzwingen, um ihrer Konsumlust frönen zu können. Die Männer verdienten schließlich das Geld, warum sollten sie es also nicht auch für sich selbst ausgeben?

Der Feminismus lieferte den Männern eine scheinbar akzeptable Erklärung für diese doch etwas ungehobelte Einstellung. Sie gestattete es ihnen, insbesondere den jungen Männern aus der Mittelschicht, auf ihrem Standpunkt zu beharren, daß sie sich keineswegs aus ihrer traditionellen Verantwortung stehlen, sondern einfach mithelfen wollten, die veraltete und restriktive Rollenverteilung zwischen Mann und Frau zu überwinden. In den siebziger Jahren vertrat der Psychologe und Vertreter der Männerbewegung Herb Goldberg folgende Theorie: Wenn es die Frauen schon leid seien, Sexobjekte für die Männer zu spielen, so seien es die Männer erst recht leid, »Erfolgsobjekte« für die Frauen zu sein.[341] Außerdem standen die Männer – was kein Verdienst der Männerbewegung war – auch längst nicht mehr unter dem traditionellen Druck, »ihre Männlichkeit dadurch unter Beweis stellen zu müssen«, daß sie früh heirateten und ihre Familie ohne die Hilfe der Ehefrau ernährten. In den achtziger Jahren fand es niemand mehr seltsam, wenn ein Mann von dreißig oder mehr Jahren Junggeselle blieb und seine Einkünfte für Produkte aus dem *Gentleman's Quarterly,* dem *Metropolitan Home* und dem *Conoisseur* ausgab.

In den Frauenzeitschriften wurden Beschwerden laut, daß Männer – gemeint waren die als Heiratskandidaten in Frage kommenden Männer mit attraktivem Einkommen – allesamt an »Bindungsängsten« litten. Viele Männer hatten jedoch zurecht einfach Angst, die falsche Bindung einzugehen. Die jungen Männer – typische Yuppies, auch wenn dieser Begriff damals noch nicht so verbreitet war –, die ich 1984 für einen Artikel über den »Neuen Mann« interviewte, schlossen eine spätere Heirat zwar nicht aus, waren aber zugleich darauf bedacht, eine Partnerin zu finden, die »ihren Mann steht« und die »keine Belastung darstellt« – es klang, als suchten sie einen Sportskollegen für einen Wildwasser-Floßtrip.[342] Ich habe mich anläßlich von Vorträgen auch des öfteren unter Collegestudenten umgehört. Zuerst fragte ich die Studentinnen, wer von ihnen gerne Vollzeit-Hausfrau sein würde. Eine oder zwei meldeten sich für diese wenig schicke Alternative. Als ich aber dann die jungen Männer fragte, wer denn von ihnen bereit wäre, eine Nur-Hausfrau zu ernähren, gab es zwar Gelächter, aber es meldete sich keiner.

Früher einmal hatten Frauen die Männer geheiratet, die wie zuverlässige Ernährer aussahen, und Männer hatten damals die Frauen wegen ihres guten Aussehens geheiratet. Nun aber waren Männer und Frauen entschlossen, bewährte Gehaltsempfänger zu finden. 1986 sagte der in Harvard lehrende Professor für Volkswirtschaft David Bloom in einem *Time*-Interview: »Gegenwärtig bilden sich

Paare auf wirtschaftlicher Basis. Immer mehr gutverdienende Männer und Frauen finden zueinander.«[343] 1986 führte ich ein Interview mit Mimi Lieber, einer Marketing-Beraterin in New York, die mir folgendes berichtete:

> Wir beobachteten einen Wandel im Heiratsmuster. Früher entschied das Aussehen einer Frau darüber, ob sie eine gute Partie machte. Doch heutzutage sucht sich ein Collegestudent keine kleine Verkäuferin aus dem Billigladen mehr. Ein Arzt heiratet keine Krankenschwester mehr, sondern gleich eine Ärztin.

Die Häufigkeit, mit der Collegestudenten früher einmal hübsche Ladenmädchen heirateten, sollte vielleicht nicht allzu hoch veranschlagt werden. Das College als gesellschaftlicher Raum sorgte schon dafür, daß junge Männer und Frauen aus der Mittel- und Oberschicht unter sich blieben. Allerdings hatte eine Heirat zumindest begrenzte Aufstiegschancen für junge Frauen aus einfachen Verhältnissen geboten, doch war auch dieser Weg fast völlig versperrt. In den fünfziger Jahren beispielsweise spielte sich eine Büroromanze in Form einer gelegentlichen Tändelei zwischen dem Chef und seiner Sekretärin ab. Dreißig Jahre später ist im *Wall Street Journal* zu lesen, daß die Büroromanzen »florieren«, weil »Frauen tagtäglich als gleichberechtigte Partner mit Männern in anspruchsvollen Positionen zusammenarbeiten«.[344]

Außerdem haftet heutzutage jedem Mann ein gewisser gesellschaftlicher Makel an, wenn er mit Frauen verkehrt, die in der beruflichen Hierarchie weit unter ihm rangieren. Ebenso wie man einer Akademikerin mit Verwunderung und Verachtung begegnen würde, wenn sie sich in einen Arbeiter verliebte, würde man heute einem leitenden Angestellten Unsicherheit und mangelndes Urteilsvermögen unterstellen, wenn er sich mit einer Sekretärin einlassen würde. In dem Film *Die Waffen der Frauen* von 1988 schlüpft eine ehrgeizige Sekretärin in die Rolle einer leitenden Angestellten, um ein wichtiges Geschäft abzuschließen. Dabei entwickelt sich eine

Romanze zwischen ihr und dem attraktiven Manager eines anderen Unternehmens. Als er dahinterkommt, daß sie in Wirklichkeit Sekretärin ist, stellt sie ihm die entscheidende Frage: »Hättest du dich damals auch in mich verliebt, wenn ich bloß eine Sekretärin gewesen wäre?« Er ist beschämt, weil die Antwort natürlich »Nein« lautet.

Es ist, als hätten die Frauen in ihren neuen leitenden Positionen und mit ihrem Universitätsstudium die Leiter hinter sich hochgezogen, nachdem sie an ihr mit eigener Kraft und durch Eigenleistung in die Mittelschicht aufgestiegen waren. Natürlich hatten sie dies nicht eigenhändig getan. Es waren die Männer, die sich entschieden, ob sie wegen des Geldes, aus Liebe oder wegen des Aussehens heirateten. Doch die aufsteigende junge Akademikerin konnte aus diesem enger gewebten »Heiratsmuster« innerhalb der Mittelschicht sehr viele Vorteile ziehen. Wenn sie als wirtschaftlicher Partner und darüber hinaus auch als Gefährtin angesehen wird, ist sie zumeist auch in der Ehe gleichberechtigt. Dementsprechend ist es auch weniger wahrscheinlich als früher, einfach durch eine der zahlreich vorhandenen Sekretärinnen, Stewardessen oder Serviererinnen ersetzt zu werden, die weder ein Universitätsstudium noch eine eindrucksvolle Karriere vorzuweisen haben.

Von außen und von »unten« aus gesehen ist die Festung der neuen Mittelklasse inzwischen so gut wie uneinnehmbar geworden. Früher mußten nur die Männer ihre Mauern erklimmen, indem sie ihre Jugend und die frühen Erwachsenenjahre voll und ganz der Vorbereitung und der Berufsausbildung widmeten. Die Frauen dagegen brauchten nur ihren Charme spielen zu lassen oder einen so wertlosen Collegeabschluß wie zum Beispiel in Romanistik oder in Kunstgeschichte vorzuweisen, und schon ließ man sie ein. Heutzutage kommt fast niemand mehr in diese Festung, ob Mann oder Frau, ohne sich derselben Disziplin zu beugen und dieselben Prüfungen zu bestehen, die ursprünglich nur dazu gedacht waren, Eindringlinge von »dort unten« fernzuhalten.

Kaum hatte sich die Mittelschicht durch ihre neue Androgynität konsolidiert, schien eine rätselhafte Trägheit die Feministinnen dieser Mittelschicht zu befallen. 1963 hatte Betty Friedan den »Weiblichkeitswahn« für die »fortschreitende Demoralisierung« der neuen Mittelklasse verantwortlich gemacht, die gleichermaßen Männer, Frauen und Kinder in Mitleidenschaft zog. Friedan stellte die These auf, daß die Vollzeit-Hausfrau zur Bedrohung geworden war. Gelangweilt und ruhiggestellt litt sie am »Hausfrauensyndrom« und war somit noch nicht einmal der einzigen ihr übertragenen Aufgabe gewachsen, ihre Kinder zu ehrgeizigen und disziplinierten Mitgliedern der Mittelschicht zu erziehen. Sie mußte nicht »hinaus ins feindliche Leben«; wie sollte sie also ihren Kindern die für das Überleben in diesem Kampf notwendigen Fähigkeiten vermitteln? »Ihre aggressive Energie, die sie lieber nutzbringend in der Welt anwenden sollte, verwandelt sich … in entsetzliche Wut, die sie an ihrem Mann auszulassen nicht wagt, an den Kindern auszulassen sich schämt und die sie schließlich gegen sich selbst richtet, bis sie das Gefühl hat, als ob sie gar nicht existiere.«[345]

Zwanzig Jahre später konnte sich wirklich niemand mehr darüber beschweren, daß Frauen von dem »Kampf« weitgehend ausgeschlossen seien und das Kampfgeschehen in der Männerwelt nur als benommene Unbeteiligte verfolgten. Inzwischen hatte die Mittelschicht ein ganz anderes Problem: Würde denn überhaupt noch jemand Kinder haben wollen? Eine Akademikerin sah sich nun mit dem Problem konfrontiert, daß ihre »biologische Uhr« langsam, aber sicher ablief: Wie konnte sie einen Ehemann finden, bevor es für's Kinderkriegen zu spät war? Und wie stand es mit ihrem Beruf während der Schwangerschaft? Rechte Intellektuelle nannten es das Problem des »Geburtenschwunds«. Die Erde insgesamt litt bei Weitem nicht an Unterbevölkerung, und Amerikaner gab es auch genügend. Dagegen war die Geburtenrate bei der gebildeten, wohlhabenden weißen Mittelschicht drastisch gesunken.[346] Wenn man sich Anfang der sechziger Jahre die Frage gestellt hatte, ob die Mittelschicht als solche auch in der nächsten Generation fortbestehen würde, so fragte man sich heute, ob es in dieser Schichtüüberhaupt eine nächste Generation geben würde.

Zugleich drohte die Betreuung der Kinder eine größere Herausforderung zu werden als je zuvor. Anfang der siebziger Jahre konnten sich ehrgeizige Mütter aus der Mittelschicht glücklich schätzen, eine Tagesstätte oder einen zuverlässigen Babysitter gefunden zu haben, der auf die Kinder aufpaßte, während sie sich in die Arbeit stürzten. Zehn Jahre später jedoch, als die Konkurrenz um die Aufnahme in ein gutes privates College oder auch den besten Kindergarten in der Stadt immer härter wurde, überlegten die Frauen es sich zweimal, ob sie Geld für Kinderbetreuung ausgeben sollten.

Die Mütter drückten ihre Sorge unterschiedlich aus: »Ich möchte seine ersten Lebensjahre nicht versäumen« oder »Ich möchte mein Kind nicht einfach irgend jemandem anvertrauen.« Das wahre Problem war jedoch das altbekannte Dilemma der Mittelschicht: ob nämlich »irgend jemand« – sprich ein Hausmädchen aus Jamaika oder eine hispanische Tagesmutter – auch in der Lage war, den Kindern die klassischen Tugenden der Mittelschicht wie zum Beispiel Konzentration und intellektuelle Disziplin beizubringen.[347] Viele junge Paare aus der Mittelschicht hatten die Qual der Wahl: Ging die Mutter arbeiten, so riskierte man die intellektuelle Verkümmerung des Kindes. Blieb die Mutter dagegen zuhause und kümmerte sich um den Intelligenzquotienten des Kindes, würde man sich zu gegebener Zeit keine kostspielige Vorschule geschweige denn ein privates College leisten können. Leider war der Feminismus zu dieser Zeit noch nicht so weit fortgeschritten, daß sich die *Väter* darüber den Kopf zerbrachen.

Betty Friedan kannte die bei den Frauen aus der Mittelschicht aufgekommenen Zweifel und verkündete 1981, der amerikanische Feminismus sei nun in seine »zweite Phase« eingetreten. »Beim ersten Schritt war unser Ziel: uneingeschränkte Beteiligung, Einfluß und Stimmrecht – in der Partei, in der Politik, im Beruf, in der Geschäftswelt« – kurz, die Assimilierung.[348] Doch während die Frauen früher Opfer des Weiblichkeitswahns waren, so Friedan weiter, waren sie jetzt vom »Feminismuswahn« geplagt, demzufolge sie harte, maskuline Karrierefrauen zu sein hatten. Statt wie früher Dutzende frustrierte Hausfrauen zu Wort kommen zu lassen, zitierte Betty Friedan nun kampfesmüde Karrierefrauen, die so gern noch Kinder haben würden, bevor es dafür zu spät war. In der zweiten Phase würden also die Kampfhandlungen zwischen Männern und Frauen erst einmal ausgesetzt: »Der zweite Schritt muß zu neuen Standpunkten zur Familie, zur Liebe und zur Arbeit hinführen«, damit »wir mit einer positiven Einstellung zum Leben und zur Liebe leben und es uns aussuchen können, ob wir Kinder haben wollen oder nicht.«[349]

Viele Feministinnen hielten Betty Friedans Waffenstillstandsangebot für verfrüht. Sie behauptete zwar nicht, der Kampf um die Gleichberechtigung sei vorbei, doch sie sah mittlerweile viele vertraute Formen des Sexismus als »Probleme der ersten Phase« an – als ob es nur einer kleinen Säuberungsaktion bedurfte, um sie zu beseitigen. Für viele Frauen aus der Mittelschicht lag darin ein Körnchen Wahrheit. Die Probleme der krassen ökonomischen Ungerechtigkeit und der unverhohlenen Diskriminierung schienen lange nicht so beunruhigend wie die Frage, wann und wie man eine Familie gründen sollte. Doch eine weit größere Anzahl von Frauen blieb nach wie vor in typischen Frauenberufen; man bezahlte ihnen viel weniger als den Männern, obgleich mit der Tätigkeit das gleiche Maß an Fachkenntnis und Verantwortung verbunden war.[350] Für diese Frauen war Betty Friedans Ankündigung, daß der Feminismus nun in eine neue, weniger militante Phase eingetreten sei, zumindest taktlos.

Die Beruhigung, die im bürgerlichen Feminismus eingetreten war, ließ sich nicht nur an Betty Friedan ablesen. An manchen Universitäten wirkten Frauenstudien – seit einiger Zeit das zuverlässigste Fortpflanzungsorgan des Feminismus in der Mittelklasse – mittlerweile eher abgehoben und esoterisch. 1987, bei der Besprechung einer wichtigen neuen Frauenforschungs-Anthologie konstatierte Catherine Stimpson, selbst eine Pionierin des Faches, die Beiträge seien seltsam »exzentrisch angelegt und ohne klare Linie«.[351] Vom Campus war zu hören, bei den karriereorientierten Frauen dort herrsche eine »postfeministische« Stimmung und die Überzeugung, Frauen seien zwar wohl in ferner Vergangenheit (so um 1970) schändlich behandelt worden, aber mittlerweile sei für jede energische junge Frau in jedem lukrativen und befriedigenden Beruf ihrer Wahl der Weg nach oben offen.[352]

Der Feminismus innerhalb der Mittelschicht ist natürlich nur ein Aspekt des amerikanischen Feminismus. Eine Gallup-Umfrage zeigte, daß sich 1986 56 % der Amerikanerinnen für »feministisch« hielten; je niedriger die sozio-ökonomische Schicht, desto höher war die Identifikation mit dem Feminismus.[353] Von den schwarzen Amerikanerinnen beispielsweise, die wirtschaftlich noch schlechter dastehen als die weißen, bekannten sich 65 % zum Feminismus. Doch es sind weiße Frauen aus der Mittelschicht, die den Feminismus nach außen hin vertreten, und auch in den großen feministischen Organisationen arbeiten ausschließlich Frauen aus der weißen Mittelschicht. Und gegen Ende der achtziger Jahre hatten sogar die treuesten Anhängerinnen den Eindruck, als sei der Feminismus der Mittelschicht müde: ausgelaugt nach der Niederlage im Kampf gegen die Neue Rechte um die Verankerung der Gleichberechtigung in der Verfassung, doch auch erschöpft nach so vielen Erfolgen.

Selbst angesichts der neuen Probleme, mit denen berufstätige Frauen zu kämpfen haben, würden wohl nur wenige den Feminismus gegen den alten »Weiblichkeitswahn« eintauschen wollen. Das liegt hauptsächlich daran, daß die Assimilierung der Frauen die wirtschaftlichen Ressourcen der Mittelschicht verdoppelt hat, und die Mittelschicht dadurch vor dem Schicksal der Arbeiterklasse, nämlich dem sozialen Abstieg, bewahrt wurde. Durch eben diese Assimilierung gelang es der Mittelschicht sogar, deutlich über den Bereich der mittleren Einkommen hinauszuwachsen. Ein berufstätiges Akademikerehepaar ist mit seinen 60.000 Dollar im Jahr finanziell sehr viel besser gestellt als über 80 % aller amerikanischen Familien. Somit ist also unsere sogenannte Mittelschicht durch die Assimilierung der Frauen in wirtschaftlicher Hinsicht zur oberen Mittelschicht avanciert.

## Kaufrausch

Ob Mann oder Frau, ob verheiratet oder alleinstehend, einen Yuppie konnte man am Konsum erkennen. Der Bilderbuch-Yuppie hatte ein ausländisches Auto für 40.000 Dollar, fuhr zu jeder Jahreszeit energisch in Urlaub, und sein Traum war eine Eigentumswohnung mit einer Ehrfurcht gebietenden Anschrift. Doch auch wer sich den wahren Luxus – Eigentumswohnung und Porsche – nicht leisten konnte, gönnte sich im Alltag ein paar extravagante Kleinigkeiten: Salatdressing aus Himbeeressig und Walnußöl, Mineralwasser aus Frankreich, Turnschuhe für 100 Dollar oder ein Essen für 50 in einem Trendrestaurant. Die Art und Weise, wie die Yuppies Geld ausgaben, war eine beispiellose Kapitulation vor der Konsumkultur: ein zwanghafter, an Sucht grenzender Drang zum Erwerb, ein Geisteszustand, der Ähnlichkeit mit der angeblichen »Gegenwarts-Orientierung« und dem »radikalen Leichtsinn« der verachteten Unterschicht hatte.

Der Konsumzwang der Yuppies war nicht einfach nur eine Verdrehung des Klischees. Ganz Amerika war im Kaufrausch oder, um einige Wirtschaftswissenschaftler zu zitieren, in einem neuen Stadium des »Hyperkonsums«. Irgendjemand gab da Geld aus, und es handelte sich dabei ganz bestimmt nicht um den entlassenen Industriearbeiter oder die arbeitslose Frau mit der immer weiter reduzierten Sozialhilfe. Trotz der Rezession in den Jahren 1982 und 1983 standen Luxusgüter bei den Verbrauchern sehr hoch im Kurs, und sogar nach dem Börsenkrach von 1987 gab es in diesem Sektor steigende Umsätze.[354] Es waren die Superreichen – ungefähr fünf Prozent der Amerikaner, die über mehr als die Hälfte des Volksvermögens verfügen – die einen überproportionalen Anteil an diesem Boom bei den Luxusgütern hatten, insbesondere bei Yachten, Edelsteinen, Privatjets, Immobilien und so hübschen Sammlerstücken wie zum Beispiel Oldtimern.[355] Doch auch die neureichen Akademikerehepaare mit doppeltem Einkommen taten, was sie konnten, wenn es um die etwas bescheideneren Luxusdinge wie Urlaubsreisen, Essen im Restaurant und Sportwagen ging.

Zur Verteidigung der Yuppie-Kaufgewohnheiten hat Michael Kinsley, der Herausgeber der *New Republic,* die Yuppies als Leute beschrieben, die das Geldausgeben als eine Art von Ersatz betreiben. Dies ist zugleich auch ein Beweis für die ständige Angst der Mittelschicht, immer noch irgendeine Entschuldigung in einer Zeit hervorbringen zu müssen, als die Verschwendungssucht unter Reagan ihren Höhepunkt erreicht hatte. Die 40.000 Dollar, die ein junger Mensch grob geschätzt in der Wirtschaft verdienen mochte, reichten schließlich bei weitem nicht an die Kaufkraft seiner oder ihrer Eltern vor ein paar Jahrzehnten heran. 40.000 Dollar reichten nicht für ein Haus, einen Kombi, eine Frau im Haus und drei Kinder – Selbstverständlichkeiten für einen Angestellten in den fünfziger Jahren. Und deshalb galten Kinsleys Theorie zufolge der Himbeeressig, die Crême fraiche usw. als »erschwingliche Luxusgüter«.

> Man kauft sie zum Trost, weil man sich den Luxus eines großen Hauses nicht leisten kann. Man hat zwar kein Eßzimmer, aber dafür einen Eßtisch, und für alles, was auf diesen Tisch kommt, gibt es eine komplizierte Erklärung mit vielen Fremdwörtern.[356]

Allerdings läßt diese Ersatz-Konsumtheorie die tiefgreifenden Veränderungen in der Einstellung der Mittelschicht zum Konsum außer acht. Früher hatte ein junges Ehepaar, dem das Geld für ein eigenes Haus und andere Familienanschaffungen fehlte, ganz einfach den Himbeeressig gestrichen (oder was in den fünfziger Jahren sonst als schick galt) und gespart. Geldausgeben war die Belohnung fürs Sparen; »Freizeitgüter« (sprich alles, was die Yuppies so gerne kaufen) waren dagegen zweitrangig im Vergleich zu der soliden Moral, die sich an Haus und Waschmaschine ablesen ließ. Die Verschwendungssucht der Yuppies, die der gesamten Mittelschicht als Maßstab diente, war die Kapitulation vor dem Hedonismus, und genau vor dieser Kapitulation hatten die Intellektuellen der Mittelschicht seit mehr als dreißig Jahren gewarnt.

Der Kaufrausch der achtziger Jahre ist um so erstaunlicher, wenn man bedenkt, daß noch in den siebziger Jahren schlichte Einfachheit angesagt war. Man denke an die Billigfeiern bei Jimmy Carters Amtsantritt und an die Beliebtheit des Buches *Small Is beautiful* von E. F. Schumacher. In der »freiwilligen Einfachheit«, wie dieses kurze Intermezzo der Enthaltsamkeit seither benannt wird, fand die Furcht der Mittelschicht vor dem Wohlstand, die seit den fünfziger Jahren immer wieder laut geworden war, ihren gegenständlichen Ausdruck; die Alternativbewegung und die Studentenbewegung der sechziger Jahre waren dafür die direkte Inspiration, die Ölkrise Anfang der siebziger Jahre und das neue Umweltbewußtsein verliehen ihr einen hohen moralischen Anspruch. 1977 zeigte eine Harris-Umfrage, daß die Amerikaner in höherem Maße darauf bedacht waren »zu lernen, unser Vergnügen aus immateriellen Erfahrungen zu ziehen«, statt »unsere Bedürfnisse nach immer neuen Gütern und Dienstleistungen zu befriedigen«. Einer Untersuchung des Stanfort Research Institute zufolge vertraten insbesondere die jungen, gebildeten Leute aus der Mittelschicht diese Ansicht. Sie engagierten sich zwar nicht mehr politisch, bevorzugten aber häufig »Produkte, die funktional, gesund, umweltfreundlich, haltbar, reparierbar, wiederverwendbar (oder aus wiederverwendbaren Rohstoffen hergestellt), energiesparend, echt, schön und ohne großen technischen Aufwand hergestellt waren«.[357] Diese Präferenzen kamen auch dem neuen Marketing-Schwerpunkt entgegen, der sich auf »Freizeitprodukte« wie zum Beispiel Sportausrüstung, Photoapparate und HiFi Geräte konzentrierte. Die Maßgabe, daß ein Produkt funktional und gesund zu sein hatte, ließ sich freilich nicht mit Crême fraiche und Beluga-Kaviar vereinbaren, die in den achtziger Jahren so beliebt waren.

Die freiwillige Einfachheit erinnerte an die »Einfachheits-Bewegung« in der »Progressiven Ära« vor dem Ersten Weltkrieg, als sich die Mittelschicht langsam herauskristallisierte.[358] Beide Bewegungen versuchten, durch persönliches Verhalten – oder, wie man in den siebziger Jahren sagte, durch »Lifestyle« – politische Ziele der Mittelschicht zum Ausdruck zu bringen. Anfang des 20. Jahrhunderts zeigte sich die Einfachheit der Mittelschicht jeweils durch eine geringe Anzahl schlichter Möbelstücke, weit geschnittene Kleidung und leichtere Mahlzeiten. In den siebziger Jahren ging der Trend hin zur minimalistischen (oder High-Tech) Raumausstattung, zu Arbeitshemden aus blauer Baumwolle und zu Bio-Lebensmitteln. Außerdem entwickelte man eine starke Abneigung gegen Schnaps und Zigarettenrauch. Beide Bewegungen verkörperten eine grundsätzliche Ablehnung der unendlich verschwenderischen und unendlich verführerischen kapitalistischen Konsumkultur. Und schließlich trivialisierten beide Bewegungen diese Ablehnung, als sie als eine ganze Reihe von neuen Alternativen für den Verbraucher favorisierten: Naturfaser statt Polyester, Vollkornbrot statt Weißbrot und schlichte Eichenmöbel anstelle von polierten Ahornmöbeln aus dem Kaufhaus.

In den siebziger Jahren hätte es niemand für möglich gehalten, daß die freiwillige Einfachheit bereits im nächsten Jahrzehnt von der Bildfläche verschwunden sein würde. In der Zusammenfassung der Harris-Umfrage war von einer »stillen Revolution« die Rede,[359] für das Stanfort Research Institute handelte es sich um eine »tiefgreifende Veränderung der westlichen Wertvorstellungen«. Zudem schien die freiwillige Einfachheit zum Markenzeichen der Mittelschicht schlechthin geworden zu sein – nicht nur als ethisches Kennzeichen, sondern auch durch eine ganze Reihe von Verhaltensmustern, anhand derer sich die Mittelschicht von Ober- und Unterschicht unterschied. Die Armen und die Arbeiterklasse rauchten und aßen Cheeseburger; die Mittelschicht dagegen richtete sich Nichtraucherzonen ein und mied Steaks, Käse und überhaupt Fett in jeder Form.

Diese neuen Vorlieben hatten sich in der Mittelschicht so fest eingebürgert, daß es manchmal so aussah, als könnten Angehörige verschiedener Klassen es nicht mehr im gleichen Raum miteinander aushalten. Ich kann mich noch an die Probleme erinnern, die ein paar Ärzte aus Chicago hatten, als sie die Belegschaft ihres Krankenhauses – Hilfspersonal, Pflegerinnen, Techniker und Krankenschwestern – zu einer Party einladen wollten. Diese Ärzte, Freunde von mir, engagierten sich alle für die Reform des Gesundheitswesens und wollten diese Party so großzügig wie nur möglich und ohne jegliche gesellschaftliche Schranken feiern. Allerdings zermarterten sie sich den Kopf, ob ihre Mitarbeiter aus der Arbeiterklasse die allseits bekannten Spielregeln (der Mittelschicht) einhalten würden: Rauchen verboten, keine harten Alkoholika und kein Junk Food. Die Doktoren sahen schließlich ein, daß sie wohl zumindest einen Abend lang Abstriche bei ihren Wertvorstellungen und möglicherweise auch bei ihrer Gesundheit machen mußten.

Für gewöhnlich mieden jedoch die Anhänger der neuen Einfachheit aus der Mittelschicht ganz einfach jeden Ort, an dem sie Gefahr liefen, in gemischte Gesellschaft zu geraten. Die Gesundheit war normalerweise die direkte Begründung dafür, doch inzwischen war die Gesundheit eine nebulöse Metapher für ganz andere Klassenunterschiede geworden – hinter ihr verbarg sich eine wachsende Verachtung der weißen Arbeiterklasse. Anfang der sechziger Jahre bezeichneten bürgerliche Kulturkritiker die Armen gern als Opfer der konsumorientierten Mentalität und als Sklaven ihrer Gefühle und ihrer Impulse, was allein schon reichlich abwegig war. Im Lauf der siebziger Jahre übernahm in der moralischen Hierarchie der Mittelschicht die Arbeiterklasse allmählich die Rolle der Armen. Wieder einmal verschwanden die Armen von der Bildfläche, und von nun an war es die Arbeiterklasse mit ihren geschmacklosen Inneneinrichtungen, ihrer viel zu fetten Ernährung und den ungesunden Angewohnheiten, die bei Lektionen über die Gefahren der Kapitulation vor der Konsumkultur als Anschauungsmaterial diente.

Aber wie konnte sich die Mittelschicht dann innerhalb weniger Jahre in den Kaufrausch stürzen, ohne dabei ihre Identität zu verlieren – wie konnte sie ihre fragile Autonomie vor der drohenden Nivellierung in der Konsumkultur bewahren? Die Antwort lautet: Sie konnte es nicht. Der Kaufrausch wurde genauso stark als Kapitulation erlebt wie der Austausch von relativ autonomen Karrieren in den akademischen Berufen gegen Senkrechtstarten in der Wirtschaft. Andererseits entwickelte die Mittelschicht eine neue Identität: Sie erklärte ihren deutlich sichtbaren Konsum nicht mehr zur Kapitulation, sondern zur Arbeit auf dem Acker des Herrn.

## Seid umschlungen, Millionen

Für die Mittelschicht war der Wohlstand für alle, wie er in den fünfziger Jahren angepriesen wurde, unter anderem auch deshalb wenig ansprechend, weil er nur »minimale Unterschiede« zwischen der Mittelschicht und der Arbeiterklasse direkt unter ihr erkennen ließ. Man hätte sich noch mehr und noch besseres leisten können, doch es gab eben kaum Unterschiede zwischen diesem »Besseren« und dem Normalen: dickere Teppiche, ein Auto mit mehr Extras und an den Wänden Grafik statt Drucke aus Billigläden. In den achtziger Jahren wurde dieses Problem ein für alle Mal gelöst. Der Massenmarkt verschwand und an seine Stelle traten zwei neue Märkte »für gehobene Ansprüche« und »für bescheidenere Ansprüche«.[360] Dieser Wandel zeigte den zunehmenden Eifer der Mittelschicht, sich von den wenigen Glücklichen abzuheben. Zugleich wurden derartige Unterscheidungen geradezu zur Pflichtübung für alle, die einmal der gesellschaftlichen und beruflichen Welt der Erfolgreichen und der »Anspruchsvollen« anzugehören hofften.

Im Einzelhandel gab es Anzeichen für neue Polarisierung des Marktes in Hülle und Fülle. Die Kaufhäuser beispielsweise hatten nun die Möglichkeiten, sich entweder auf das obere Spektrum oder auf das untere zu spezialisieren – oder Pleite zu machen. Undifferenzierte Kaufhausketten wie zum Beispiel Korvette's und Gimbel's, deren Verbraucherzielgruppen sowohl Arbeiter als auch Angestellte mit mittleren Einkommen waren, mußten ihre Pforten schließen, während Sears und Penney krampfhaft versuchten, sich »neu zu orientieren«, um auf dem immer stärker segmentierten Markt überleben zu können. Die florierenden Kaufhäuser und Ladenketten hatten ihre Lektion gelernt und sich auf eines der beiden Extreme des Wohlstandes spezialisiert: Bloomingdale's und Neiman-Marcus für gehobene Ansprüche; K-Mart und Woolco für die Armen und Sparsamen.

In den Kaufhäusern selbst fand sich kaum ein Produkt, das es nicht in zweierlei Ausführungen – einer anspruchsvollen und einer bescheidenen – gab, als wollte man sogar leblose Gegenstände dazu bringen, in einem nichterklärten Klassenkampf Partei zu ergreifen. Beim Bier konnte man zwischen den vertrauten amerikanischen Marken und Dutzenden teurer Importbiere wählen – Beck's, Corona, Heineken oder Kirin. Natürlich wurde auch bei den Lebensmitteln um die Wette unterschieden und unterteilt, doch das Wesen des Wandels konnte man an der Restaurant-Strategie von Pillsbury's erkennen: Fürs Proletariat gabs den Burger King und für die Yuppies Bennigan's ausgesuchte Restaurants mit ihren Trendmenüs. Die amerikanische Automobilindustrie hatte natürlich nach wie vor vom Cadillac bis zum Chevrolet alles im Angebot, doch gab es mittlerweile eine neue Aufteilung bei Importwagen: Mercedes und Audi für die Reichen, Toyota für das gemeine Volk. Selbst Haushaltsgeräte, die nun wirklich alles andere als sensationell sind, wurden nach und nach etwas Besonderes; die Hersteller statteten sie mit neuen High-Tech-Eigenschaften aus, um auch gehobenen Ansprüchen gerecht zu werden. In einer Marktanalyse der Maklerfirma Bear Stearns heißt es dazu:

> Da draußen gibt es Verbraucher, die keine Produkte mit Kaufhausetiketten kaufen. Kenmore (Markenname für Haushaltsgeräte des Versandhauses Sears) ist zwar ein guter, aber kein yuppiegerechter Name. Wenn sie Gäste haben, wollen diese Leute nicht, daß sie die Marken Sears oder Kenmore zu Gesicht bekommen. Was sie den Leuten vorführen möchten, sind Marken wie Sony oder Kitchen Aid.[361]

Der Massenmarkt spaltete sich entlang dem Riß, der innerhalb der amerikanischen Gesellschaft immer deutlicher hervortrat und war eine Reaktion auf die zugrundeliegenden Verschiebungen. Leuten, denen der soziale Abstieg droht, bleibt einfach nichts anderesüübrig, als möglichst preiswerte Waren zu kaufen, während die gesellschaftlichen Aufsteiger darauf brennen, ihr Geld in sichtbare Statussymbole umzuwandeln. Auch trug zweifellos der Druck, die eigene finanzielle Position durch Heirat zu konsolidieren, dazu bei, daß die kleinen, aber feinen Hinweise auf die eigene Gesellschaftsschicht immer wichtiger wurden. Es reichte nicht mehr, ein »netter Junge« oder ein »hübsches Mädchen« zu sein, und da das Bankkonto und die Biographie niemandem ins Gesicht geschrieben ist, waren unzählige andere hinweisende Zeichen nötig, um eine gute Partie von einer schlechten unterscheiden zu können. Die Art und Weise, wie die Anspruchsvollen ihr Geld ausgaben, schuf die kulturelle Atmosphäre, in der finanziell Gleichgestellte zueinander finden konnten – weit weg von Hamburgern, Budweiser-Bier und Kunstfasern. Die Kaufhäuser für gehobene Ansprüche dienten bald auch als Jagdrevier für wohlhabende Singles. Auf dem Höhepunkt des Konsumrausches waren Verabredungen sehr beliebt, bei denen man sich zu einem Einkaufsbummel in einem teuren Kaufhaus wie zum Beispiel Bloomingdale's traf.

Verhaltensmuster der Yuppies beim Geldausgeben erkannte man im krampfhaften Versuch, eine Position einzunehmen – eine beinahe verzweifelte Bindung an die neueste kostspielige Modeerscheinung. Besitztümer interessierten vor allem als »Signifikatoren«, wie man in der Sprache des Zeitgeistes sagte, als Elemente einer sich ständig wandelnden Sprache, die von Reichtum und Versprechungen zeugten. Man mußte in dieser Sprache, die schon in einem Monat wieder eine ganz andere sein konnte, stets auf dem laufenden bleiben, und wer nicht Bescheid wußte oder nicht ganz so reich war wie die anderen, blieb auf der Strecke. Sobald eine erschwingliche Neuheit – z. B. die vielzitierten Sandwiches aus Fladenbrot – allgemeine Verbreitung fand, taugte sie schon nicht mehr als Statussymbol und wurde von den wahren Kennern fallengelassen.

Daraus entstand Mitte der achtziger Jahre der Lückenfüller schlechthin in Magazinen und Zeitungen: die In- und Out-Liste, die den statusbewußten Leser einerseits verspotten, andererseits aufrütteln sollte. 1985 beispielsweise veröffentlichte der *Miami Herald* folgende Liste: Konservative, Dinnerparties und Blattgold waren »in«; Linke, Grillparties und Minimalistisches waren »out«. Der Witz dabei war, daß man ans Ende der langen »in«-Liste die »out«-Liste angehängt hatte und umgekehrt.[362]

Allerdings hielt man sich in gewisser Weise immer noch an die vorherrschenden Vorlieben der Anspruchsvollen. Die Rechte hatte über die Linke gesiegt, Blattgold über den Minimalismus und das Teure über das Preiswerte. Am sichtbarsten wurde diese Entwicklung in der plötzlichen Rückkehr der Superreichen in das Bewußtsein der Öffentlichkeit anläßlich der triumphal inszenierten Amtseinführung von Ronald Reagan 1981. Natürlich waren sie immer unter uns gewesen. In der Nachkriegszeit hatten sie sich als sichtbare Klasse noch weitgehend zurückgehalten, um nicht unnötig zu provozieren. Das änderte sich jedoch schlagartig, als die Neue Rechte das Ruder übernahm, deren populistische Parolen offen mit ihrer Loyalität gegenüber den oberen Zehntausend kollidierten. Der Historikerin Deborah Silverman zufolge kam mit der Reagan-Ära »ein neuer kultureller Stil« auf, der auch mit dem Kurs der Rechtskonservativen übereinstimmte:

> Ein Stil, der sich in aggressiver Art und Weise dem Kult des sichtbaren Reichtums und der Distinguiertheit verschrieb und sich der Illusion hingab, daß beides wohlverdient sei; ein Stil, der Kunstgegenstände chinesischer Kaiser, französischer Aristokraten und englischer Adliger als Zeichen von Exklusivität für sich in Anspruch nahm; ein Stil der unverfrorenen Opulenz, dessen Mischung aus Hedonismus, Gehässigkeit und sozialer Arroganz in dem Slogan gipfelte: »Gut leben ist die beste Rache«.[363]

Ganz zu schweigen von dem noch gemeineren, aber viel beliebteren Spruch: »Wer bis zu seinem Tod am meisten Luxus zusammengerafft hat, ist Sieger.«

Das rührend Komische und schlichtweg Peinliche am Bilderbuch-Yuppie war, daß er nur eine traurige Kopie der Superreichen war. Leute mit eigener Yacht und Privatjet brauchen sich nicht den Kopf darüber zu zerbrechen, was »in« und was »out« ist. Leute, die ihren eigenen Koch beschäftigen, müssen sich nicht um die besten Tische in den feinsten Lokalen schlagen, um ihre Stellung zu behaupten. Als Blattgold den Minimalismus verdrängte und die freiwillige Einfachheit einer parodistischen Verschwendungssucht wich, verloren Aufsteiger aus der Mittelschicht allmählich ihr ohnehin labiles Gefühl der Würde. Die Reichen können sich dem Hedonismus hingeben, weil sie keinen Grund zur nervösen Wachsamkeit haben. Aber die Mittelschicht muß ständig auf der Hut sein. Sie kann ihre Position nur durch konstante Bemühungen halten – durch ihre Loyalität gegenüber den »traditionellen Werten«, sprich harter Arbeit und Selbstverleugnung. In den achtziger Jahren drohte die Mittelschicht die angebliche Zügellosigkeit der Armen zu übernehmen – in Form der echten Zügellosigkeit der Superreichen.

## Gelobt sei, was hart macht

Der große Unterschied besteht darin, daß die jungen Leute in der Wirtschaft und die Akademiker *arbeiteten,* die Superreichen, wie z. B. Nancy Reagans Hofstaat, aber nicht: Man sieht sie mal hier auf einer Modenschau, mal da bei einer Preisverleihung; winters weilen sie in ihrer Stadtvilla, sommers auf dem Sommersitz, und sie eilen von einem »kulturell« angehauchten Ereignis zum nächsten. Wer aber in so einträglichen Bereichen wie Gesellschaftsrecht oder dem Finanzierungswesen Erfolg haben will, muß zumindest am Anfang um die 70 Stunden pro Woche arbeiten. Die Mehrzahl derer, die einfach nur dem Konsumrausch frönen wollen, müssen ebenfalls mehr als die geforderten acht Stunden pro Tag arbeiten. Und wer nur so aussehen will, als hätte er eine bedeutende Position in einem lukrativen Beruf inne, muß zumindest so aussehen, als sei er überarbeitet. Arbeit war eine Säule des Yuppie-Stils, und zwar nicht allein als Mittel zum Reichtum und dem daraus folgenden Genuß, sondern als das moralische Gegenmittel gegen den Genuß.

Wenn die eine Seite des Yuppie-Stils unverhohlener, statusorientierter Konsum war, so war die andere Seite unverhohlene und nicht weniger statusorientierte Arbeit – oder wenn es schon nicht die Arbeit selbst war, dann war es eben der Anschein der Arbeit, und dies sogar in der Freizeit. Die Kulturkritikerin Benita Eisler bezeichnet die sogenannten »Neuen Oberschichten« in Amerika als die »verdienten Reichen«, weil sie ununterbrochen zwanghaft gearbeitet und sich dabei »moralisch regeneriert« hätten.[364] Die wohlhabenderen Yuppies passen ganz bestimmt in diese Kategorie. Die Arbeit gab ihnen die spirituelle Würde zurück, die sie – auch wenn ihnen das unbewußt blieb – in der Konformität des Yuppie-Konsums verloren hatten. Eigentlich ließ sich so ziemlich jede Extravaganz als Form psychologischer Erneuerung rechtfertigen, wie überaus hart arbeitende Leute sie einfach brauchen. *Newsweek* porträtierte einen 28jährigen Anwalt aus Denver, der ursprünglich Landschaftsbau studiert hatte (und dessen Leben ganz bestimmt einfacher verlaufen wäre, wenn er dabei geblieben wäre):

> Er würde gern später einmal heiraten, doch er ist fest in die Pflicht der Yuppies eingebunden, hart zu arbeiten, um sich die Art von Luxus leisten zu können, die nur harte Arbeit ermöglicht: einen Saab, Ferien im Orient, und freier Zutritt zu allen Top-Fitneß-Centern vor Ort. Er hat so eine Ahnung, daß sein 12-Stunden Tag im Büro sehr viel weniger erträglich wäre, wenn er in seiner Freizeit den Keller aufräumen müßte.[365]

Im Alltag war frenetische Geschäftigkeit das Kennzeichen des Yuppie-Stils. Die oberen Zehntausend tragen traditionell Müßiggang zur Schau, Aufsteiger aus der Mittelschicht dagegen Geschäftigkeit. Wer wie ein Erfolgsmensch wirken wollte, ordnete seinen Tagesablauf per Filofax und teilte sich sogar die Zeit für zwischenmenschliche Beziehungen minutiös ein. Einer dieser jungen, urbanen, professionellen Männer, die 1984 von meiner Forschungsassistentin Harriet Bernstein befragt wurden, prahlte, daß er mittlerweile nur noch fünf Minuten pro Tag braucht, um sich für den Abend zu verabreden. Für die Mehrzahl der praktizierenden Yuppies mußte sogar ein Rendezvous mit einer zumindest gleichwertigen Freizeitbeschäftigung einhergehen – Shopping, Joggen oder Abendessen gehen. Das lange Geschäftsessen der älteren Generation mit drei Martinis wurde durch kurze Begegnungen ersetzt – Geschäftsfrühstück oder Telefonanruf nach Vereinbarung.

Selbstverständlich gerät jeder in Zeitdruck, der im Lauf des Tages zum Shopping geht, joggt, einen anspruchsvollen Beruf hat und Essengehen als Kult zelebriert. Wer daneben auch noch versucht, eine Beziehung aufrechtzuerhalten – oder, noch schlimmer, ein Kind großzuziehen –, wird verzweifeln. Die Geschäftigkeit war allerdings nicht nur objektiv notwendig, sie war auch zu einem entscheidenden und effektiven Statussymbol geworden. Anderen Leuten Zeit und Aufmerksamkeit zu schenken bedeutet, daß man sie wichtig nimmt. Der aufsteigende Akademiker, der von einem Termin zum nächsten hetzt, billigt denen, die weniger gehetzt, und daher auch weniger wichtig sind, gar nichts zu.

Wenn für die Yuppies die Arbeit im Mittelpunkt ihrer Suche nach Sühne stand, so galt dies auch für die simulierte Arbeit beim Fitneßtraining. In den achtziger Jahren wurde das Wort Fitneß selbst zum Oberbegriff, der eine immer größer werdende Anzahl von Möglichkeiten der Körperertüchtigung umfaßte: das sogenannte »Toning« für die Muskeln, Aerobic, Arbeit am Nautilus-Gerät, Hanteltraining, Laufen, Joggen und »Power Walking«. Die Fitneßwelle, wie Trendbeobachter sie nannten, begann in den siebziger Jahren und schuf in kürzester Zeit neue Produkte und florierende neue Industrien: Fitneß- und Aerobic-Studios, Videobänder, Heimtrainer, schicke Trikots und Spezialschuhe für Laufsport, Aerobic und Gehsport. Die Fitneßwelle rekrutierte sich zwar aus allen Gesellschaftsschichten, aber der harte Kern waren die Aufsteiger aus der Mittelschicht, die die Fitneß – oder die Bemühungen, fit zu werden – prompt zum neuen Statussymbol machten.[366]

Beinahe definitionsgemäß beinhaltet die tatsächliche Arbeit oder die bezahlte Anstellung in dieser Gesellschaftsschicht natürlich keinerlei körperliche Verausgabung. Die Tatsache, daß man keine manuelle Arbeit verrichten muß, ist vielmehr das älteste Privileg des »Kopfarbeiters«, vom Dorfschreiber bis zum Werbetexter in der Madison Avenue. Er oder sie muß sich für seinen/ihren Lebensunterhalt nicht bücken, muß nicht heben, scheuern, schaufeln, schleppen oder andere möglicherweise gesundheitsschädliche Kraftakte vollbringen. Und da sich der Körper keinen Anordnungen von außen fügen muß, wird er zum scheinbar autonomen Reich – eine Zone, in der der Kopfarbeiter seinen Willen ohne jeglichen Widerstand durchsetzen kann. Was den Körper – und insbesondere die Muskulatur und das Verdauungssystem – angeht, so ist man vor den Beanspruchungen sinnloser Arbeit und freudlosen Broterwerbs geschützt. Man kann innere Maßstäbe erfüllen und hohe Ziele erreichen, und all dies innerhalb dieses kleinen Reiches, wo Disziplin und Reinheit stets ihre klare Belohnung erhalten.

Die Mittelschicht hatte auch schon in den vorangegangenen Jahrzehnten versucht, durch den eigenen Körper Erlösung zu finden. In den fünfziger Jahren wurde Abnehmen zur Hauptbeschäftigung der Mittelschicht, was damals Hand in Hand mit der Ablehnung des allgegenwärtigen, erstickenden Überflußangebots ging. In den siebziger Jahren kam ein neues Gesundheitsbewußtsein auf, das wie eine Art innerer Umweltschutz funktionierte: Vermieden werden sollten gesundheitsschädliche Dinge wie Zigarettenrauch und Alkohol. »Gesunde« Lebensmittel – natürlich ohne Konservierungsstoffe, meistens vegetarisch und gräßlich fad – konnten dagegen in rauhen Mengen genossen werden. In vielerlei Hinsicht – sowohl vom medizinischen als auch vom kulturellen Standpunkt – wurden die Ballaststoffe zum erklärten Gegenspieler der gesättigten Fettsäuren: Fett ist schmierig und träge, während Ballaststoffe fest und trocken sind. Sie waren ein gutes Mittel, um den Körper von schädlichen Rückständen zu entschlacken, die aus der Außenwelt kamen. Wer sich schon nicht dem süchtig machenden Konsumrausch oder der unverantwortlichen Industriewelt entziehen konnte, der wollte wenigstens seinen Körper schlank, distanziert und rein erhalten.

Im Gegensatz zum Abnehmen und der Reformhausmentalität war Fitneß geradezu mitreißend pro-kapitalistisch. Fitneß war mit Umweltverschmutzung vereinbar, und zwar sowohl mit metaphorischer als auch mit realer (mit Ausnahme des Zigarettenrauchs, der nach wie vor das Anliegen und das Sorgenkind der Mittelschicht war). Fitneß war konsumistisch. Das Streben nach Fitneß war viel zu eng mit dem Geschäft des Konsums verknüpft. Selbstverständlich gab es Diät- und Bio-Lebensmittel, doch es war nicht unbedingt nötig, mehr auszugeben, um dafür weniger (Fett, Kalorien, Zusätze) zu bekommen. Als Alternative zum konventionellen Konsum konnte man Diät halten oder sich gesund ernähren, ohne viel dabei auszugeben. Doch Fitneß selber war eine Ware: von der Mitgliedschaft im Fitneßclub (ein paar hundert Dollar im Jahr für ein zwar gut ausgestattetes, aber bescheidenes Studio) über die Schuhe (ein eindrucksvolles Paar kostete gut und gern 100 Dollar) bis hin zu diversem fakultativen Brimborium (Gewichtmanschetten für die Hände, ein Heimtrainerfahrrad etc.). Um im wahrsten Sinne des Wortes fit zu sein – dazu gehörte ein starker Kreislauf, Muskeltoner, Flexibilität und Körperkraft –, mußte man Geld ausgeben und sich etwas gönnen.

Allerdings war dies eine Form des Konsums, bei der der Genuß vollkommen und dauernd von offenkundiger, sichtlicher Anstrengung wettgemacht wurde. Es war die anstrengende und moralisch erneuernde Version des Konsums: »workout« als tänzerische Imitation von richtiger Arbeit, in der der Hedonismus des Konsums direkt in den Muskeln bezwungen werden konnte. Um Jane Fonda zu zitieren: »Ohne Fleiß kein Preis«, und was gleichermaßen wichtig war, die Gewißheit, daß kein Preis ohne die erlösenden Schmerzen errungen werden konnte.

Auch in praktischer Hinsicht glich die Fitneßwelle die extravaganten Essensgenüsse der anspruchsvollen Mittelschicht wieder aus. Wer sich eine Diät auferlegt hatte, aß nicht; und wenn doch, dann nur fade Sachen wie Hüttenkäse und trockenen Toast, was allein schon eine Strafe war. Naturköstler dagegen hatten die Mahlzeiten in Reinigungsrituale verwandelt, in denen Wildreis und Sojasprossen Unabhängigkeit einer anmaßenden, urban-industriellen Gesellschaft gegenüber symbolisierte. Im Gegensatz dazu war der Yuppie-Stil ganz aggressiv-infantile Genußsucht. Die Nouvelle Cuisine mit ihren winzigen Portionen blanchierter Gemüse und Fisch stand in einer Kontinuität zu den alten Bedenken über behandelte Lebensmittel und Übergewicht. Doch nachdem die Nouvelle Cuisine von der Bildfläche verschwunden war, verloren auch die Lebensmittel ihre ernährungsphysiologische Bedeutung für die Mittelschicht. Lebensmittel wurden zu eßbaren Statussymbolen. Und da Statussymbole nur allzu schnell über das Fernsehen vermarktet werden, wurden Lebensmittel zur Modeerscheinung, die den Vorlieben der Massen immer zwei Schritt voraus waren: von der strengen Nouvelle Cuisine zu dick-cremigen Saucen, von europäischen Lebensmitteln zur »neuen amerikanischen Cuisine«; vom Schicken zu Tex-Mex; vom Exotischen zum Fleischkäse.

Diätfreunde waren bei diesem Gelage nicht willkommen. Nur wer in Form blieb, konnte vorne mithalten. Wenn Fitneß Konsum war, dann war es zugleich auch eine Buße; ein kontinuierliches Gleichgewicht zwischen der aufgenommenen und der verbrauchten Menge an Kalorien, ein gesellschaftlich akzeptables Äquivalent zur Bulimie. Wer fit sein wollte, blickte nicht nur auf die letzte Mahlzeit zurück, sondern behielt auch ein wachsames Auge auf die nächste. Die Fitneßliteratur betonte, daß regelmäßiger, anstrengender Kraftsport den Appetit in Zaum hält und den Stoffwechsel verbessert. Im Prinzip hielt man sich fit, *damit* man essen konnte. Die Leute, die in Form waren, konnten mehr essen, ohne daß sie hinterher deprimiert waren, wie eine Tonne aussahen und überhaupt zu den weniger Anspruchsvollen gezählt wurden. In einer Gesellschaft, für die Übergewichtigkeit und Völlerei in direktem Zusammenhang stehen, *dürfen* diese Leute sogar mehr essen, ohne in irgendeiner Form Mißfallen zu erregen.

Doch die Fitneßwelle war nicht nur Buße. Die Aufteilung der Arbeit in geistige und manuelle Arbeit beeinträchtigt sowohl diejenigen, die am Schreibtisch sitzen, als auch die, die sich körperlich abrackern müssen. Für die jungen Büroangestellten war Kraftsport nicht nur simulierte Arbeit, sondern auch simuliertes Spiel. Normalerweise dürfen nur Kinder ihre Körper frei und ungestüm in der Öffentlichkeit bewegen. Die reglementierte Sportstunde; die Trikots, die den Läufer vom Flüchtenden unterscheiden; der grausame Widerstand eines Nautilus-Gerätes – all dies erlaubt den Erwachsenen, das Reich kindlichen Bewegungsdranges wiederzuerlangen.

Für eine Generation, die ihre Jugendträume zugunsten der nüchternen Zahlen einer Bilanz aufgegeben hatte, war Fitneß Vergnügen – eine getarnte Verlängerung der Kindheit.

Fitneß, oder besser die Bemühungen, fit zu werden, waren zudem Mittel zum Zweck. Wie die Vorlieben bei Lebensmitteln wurde Fitneß schnell zu einem Hinweis auf die Gesellschaftsschicht. Im wahrsten Sinne des Wortes fit zu sein bewies, daß man Geld hatte, und darüberhinaus konnte man beinahe hundertprozentig sicher sein, daß dieses Geld nicht durch manuelle Arbeit oder durch Muskelarbeit verdient worden war. Wie schon ein 24jähriger Bankmanager *Newsweek* in einem Interview sagte: »Fitneß ist eine andere Art und Weise, den Leuten zu zeigen, daß man es ernst meint.« Die Leute, die bereits fit waren oder es zumindest bald sein würden, kombinierten Geld mit Arbeit (oder ihrer öffentlichen Zurschaustellung, dem Workout); Genuß mit Disziplin; Einsatz mit dem Ergebnis. Man traf sie in Fitneßcentern und Kurorten, bei Marathonläufen oder auf Joggingpfaden. In den achtziger Jahren lösten diese Treffpunkte die Singlebars als sichere Orte ab, um passende Vertreter des anderen Geschlechts zu treffen.

In den Trainingsstunden oder wenn man am Nautilus-Gerät Schlange stand, hatte ein gutes Aussehen wieder seinen alten Stellenwert beim Ritual des Sichkennenlernens – doch nur, wenn man das harte, neue Fitneßaussehen hatte, und dann auch bloß als Hinweis auf das nicht Offenkundige. Schließlich war da ja auch noch das erkennbare Ziel der Fitneß. Die Leute, die Diät machten, wollten am Ende schlank sein; die Gewichtheber, deren gesellschaftlicher Hintergrund und Beruf zumeist zweifelhafter Natur waren, wollten Muskelpakete zur Abschreckung haben. Doch diejenigen, die Fitneß anstrebten, wollten ein ganz neuartiges Ergebnis erzielen – die sogenannte »Definition«: Die Silhouette des Körpers muß klar ausgeprägt sein, und zwar in harten, aber nicht übertriebenen Muskellinien. Sowohl für Frauen als auch für Männer rückte das Schönheitsideal vom bloßen Schlanksein ab. Zu dünne Beine waren genauso unansehnlich wie zu dicke Beine; die wahre Schönheit lag in der klaren Linie der Muskeln, die man mit einer ausgewogenen

Kombination aus »toning«, Hanteltraining und Aerobic hegte und pflegte. Diese Definition zu erreichen, hieß der Welt ein hartes Profil zu präsentieren, eine Projektion seiner selbst, an der nichts empfindliches und empfängliches mehr war – in den siebziger Jahren noch Ziel einer jeden Therapie –, sondern an dem alles hart und kontrolliert war. Die »Definition« bot den Beweis dafür, daß man sich angesichts des überhandnehmenden Hedonismus in der Gewalt hatte – daß man essen, schlemmen und sich dem Rausch hingeben konnte, ohne Angst davor haben zu müssen, der Schlaffheit anheimzufallen.

## Yuppie-Schuldgefühle

Der Begriff *Yuppie* verschwand genauso schnell wieder aus den Medien wie er hineingekommen war. Die Herausgeberin einer großen Monatszeitschrift erzählte mir 1986, daß sie den Begriff »satt habe«. Anscheinend waren viele andere Herausgeber derselben Meinung, und sie sind es nun einmal, die entscheiden, welche Worte die Welt zu hören oder zumindest zu sehen bekommt. In England verbannte der Herausgeber des *Daily Telegraph* das Wort überhaupt aus dem Vokabular seiner Zeitung. Anhand des *Reader's Guide to Periodical Literature* konnte man den Aufstieg und Fall des Wortes nachvollziehen; unter Yuppies fanden sich 1984 19 Einträge, 1985 waren es bereits 26. 1987 hatte sich die Zahl der Einträge wieder auf 19 verringert.[367] Heutzutage ist der Begriff genauso »out« wie Nouvelle Cuisine und Sushi, diese Yuppie-Modeerscheinungen, die Mitte der achtziger Jahre wieder verschwanden und von herzhafterer Kost abgelöst wurden. Anderen Gruppen blieben die Klischees über Jahrzehnte hinweg haften; nicht aber bei der Mittelschicht, die die erste deutliche Karikatur auf sich zukommen lassen und sie als Klischee unnütz erscheinen lassen konnte.

Für die neue Mittelklasse, die den Begriff zuerst geprägt und dann wieder zurückgezogen hatte, war die Lebensdauer des Yuppie-Etiketts ein Augenblick der ungewohnten Bloßstellung. Eine 1985 von Roper durchgeführte Umfrage kam zu dem Ergebnis, daß 60 % aller Amerikaner wußten, was ein Yuppie ist (im Vergleich hierzu wußten beispielsweise nur 34 %, wer gerade Außenminister war).[368] Kein anderer Begriff für die gebildete Mittelschicht – ob nur für einen Teil oder für die gesamte Schicht, war so weit verbreitet. Der Begriff *»Neue Klasse«,* war und blieb eine abstruse Vorstellung, und sogar seine umgangssprachlicheren Versionen wie zum Beispiel die *Liberale Elite* brachten es nicht fertig, ein klar definiertes Bild hervorzuzaubern.

Der Begriff Yuppie war jedoch eine ebenso vertraute Karikatur wie die eines Budweiser trinkenden Arbeiters im T-Shirt. Die Amerikaner wußten so ungefähr, wie ein Yuppie aussah. Und was sie da sahen, gefiel ihnen ganz und gar nicht. In der Roper-Umfrage hielt die Mehrzahl der Befragten die Yuppies für »extrem ichbezogen«. In einer 1987 von *Newsweek* durchgeführten Umfrage landeten die Yuppies auf dem dritten Platz, als man von den Leuten wissen wollte, »wer oder was gerade an Beliebtheit einbüßt«. Die Drogen siegten nur knapp vor den Börsenmaklern.[369]

Das soll aber nicht heißen, daß die Berichterstattung in den Medien ausschließlich negativ war. (Zumindest nicht bis zum Börsenkrach 1987, für den man ungerechterweise die Yuppies verantwortlich machte.) In der Titelgeschichte in *Newsweek* wurden die Yuppies als dynamische, nüchterne Leute bezeichnet, und der Autor wurde nur ab und zu einmal sarkastisch, wie zum Beispiel bei der Beschreibung einer Yuppie-Beziehung: »Es ist wichtig zu wissen, daß der andere denselben Geschmack beim Tafelgeschirr hat, und es ist besser, wenn beide joggen, als wenn der eine rennt und der andere radelt.«

Im großen und ganzen lasen sich die allerersten Berichte so, als seien die Yuppies mit ihren kalkulierbaren Obsessionen mit Essen, Geld und Fitneß ganz einfach *süß*. Und genau das verletzte sie wahrscheinlich auch am meisten: Die Vorstellung, daß der akademischen Mittelschicht, oder zumindest einem Großteil von ihr so einfach ein Stempel aufgedrückt und sie von oben herab behandelt werden konnte. *Andere* Leute gehörten definierbaren Gesellschaftsschichten an, und diese Schichten konnten nur allzu leicht durch sozialhilfeabhängige Mütter oder Bauarbeiter karikiert werden. Die Mittelschicht sieht sich allerdings noch immer als eine Ansammlung von selbstbestimmten Individuen, und nicht als eine Gruppe, die von gemeinsamen Interessen und Instinkten geleitet wird. Wahrscheinlich haben nur sehr wenige Leute über die Yuppies gelesen und dabei gedacht: »Oh Gott, das bin ja ich!« Es gab jedoch viele in der Mittelschicht, die einen gewissen Teil ihresgleichen erkennen konnten, eine gewisse Konstellation von Vorlieben, die sich langsam herauskristallisierte (wie zum Beispiel eine Vorliebe für grobkörnigen Senf oder regelmäßige Workout-Stunden). Und sie mußten feststellen, daß man ihnen selbst einen Stempel aufgedrückt hatte, daß man sie karikiert und als Teil irgendeiner größeren Konformität markiert hatte.

Dies war um so schmerzlicher, da sich dieses Konformitätsraster vollständig an materiellen Gütern, Einkäufen und Markennamen ablesen ließ. Ein halb genüßlicher, halb spöttischer Artikel im *Metropolitan Home* offerierte einen einfachen Test, mit dem sich herausfinden ließ, ob man ein Yuppie war:

> Besitzen oder begehren Sie zur Zeit
> – einen BMW, Saab, Volvo oder Mercedes?
> – eine Kaffeemaschine von Krups, einen Entsafter von Braun oder eine Küchenwaage von Teraillon?
> – ein Designerstück von Perry Ellis, Ralph Lauren, Issey Miyake, Merona Sport, Calvin Klein oder L.L. Bean?
> – Leberpastete in Dosen für Notfälle?[370]

Der unangenehme Hintergedanke dabei war, daß *Dinge* mehr Macht haben könnten, als man meinte – die Macht, für einen zu sprechen, den gesellschaftlichen Rang und Namen zu verkünden. Das Eigentum hatte sich auf seltsame Art und Weise ins Gegenteil verkehrt, und der begehrte, vom hohen Anspruch kündende Markenname war von der Sache auf die Person übergegangen.

Die Yuppies wehrten sich und sprachen von »Klassenkeile«. In der *New Republic,* wo Beschimpfungen für gewöhnlich etwas anspruchsvoller formuliert werden müssen, war sich ein selbsternannter junger, urbaner, professioneller Autor nicht zu schade, die Yuppie-Titelgeschichte der *Newsweek* als »ultra-blöd« zu bezeichnen und die rhetorische Frage zu stellen, ob man es »hier womöglich mit der schlechtesten Titelgeschichte des Jahrzehnts zu tun« habe?[371] Eine Autorin beklagte sich in *Glamour,* daß »immer mehr Leute meinesgleichen sich aufgrund der negativen Beurteilung der Yuppies gezwungen sehen, sich ständig für ihren Lebensstil zu entschuldigen.« Sie beharrte darauf, daß die Yuppies gar nicht so materialistisch wären, wie immer behauptet wird. Als Beispiel führte sie einen jungen New Yorker Anwalt an, der eine Gehaltskürzung in Kauf genommen hatte, um zwei Tage in der Woche in einem »Zentrum für geistiges Wachstum« arbeiten zu können. Solche Ausbrüche aus dem Leben des Verdienens und Ausgebens könnte man sich aber eigentlich sparen. »Wäre es nicht an der Zeit«, fragte sie, »endlich mit den ewigen Selbstbeschuldigungen aufzuhören und zu akzeptieren, daß wir nun einmal sind, was wir sind: Leute, die sich normalerweise das Recht *verdient* haben, ein paar materielle Vorteile zu genießen?«[372]

Einige Berichte über die Yuppies grenzten schon an eine öffentliche Debatte. Innerhalb der Gesellschaftsschicht, die die Yuppies hervorgebracht hatte, gab es mehrere Standpunkte. Die Älteren (gemeint sind die vor 1954 Geborenen) verabscheuten die Yuppies wegen ihrer Jugend und weil sie sich weigerten, den üblichen, beschwerlichen Weg zu einem Leben in der Mittelschicht auf sich zu nehmen. »Sie haben keinen Schimmer, daß man als junger Mensch sparen und nochmals sparen sollte«, sagte mir ein Wirtschaftswissenschaftler mittleren Alters. Und weiter: »Sie wollen zu Beginn ihres Erwachsenenlebens alles das haben, was ihre Eltern erst im mittleren Alter erreicht hatten, aber noch viel mehr davon.« Doch es gab auch Leute, die die Yuppies noch mehr verabscheuten, nämlich diejenigen in der akademischen Mittelschicht, die die »Yuppie-Strategie« nicht angewendet hatten. Diejenigen, die in so traditionell der Mittelschicht vorbehaltenen Berufen wie zum Beispiel Lehrer, Forscher oder Journalist verblieben waren, fanden die Yuppies gräßlich, wie einen jüngeren Bruder, der auf die schiefe Bahn geraten ist. Auf die stärkste Antipathie gegen die Yuppies stieß ich nicht etwa bei Arbeitern, sondern bei einer Gruppe von Collegelehrern im Mittelwesten, die über ein für einen Yuppie unterdurchschnittliches Gehalt von jährlich 30.000 Dollar nie hinausgekommen waren.

Doch am Ende gab es keine wirkliche Diskussion. Der Yuppie-Stil war selbst für seine treuesten Anhänger ein Ärgernis. Er war zu konformistisch, zu sehr von Unruhe getrieben und, angesichts der sich verstärkenden Polarisierung der amerikanischen Gesellschaftsschichten, noch nicht einmal mehr süß zu nennen. In den Jahren, in denen die Yuppies exzessiv lebten, war die Armut wieder sichtbar geworden. Für die Selbstsüchtigkeit der Mittelschicht in den achtziger Jahren ist es ein Armutszeugnis, daß die Armen im wahrsten Sinne des Wortes auf die Straße gehen mußten, um auf ihre Existenz aufmerksam zu machen. Die Obdachlosen, die Mitte der achtziger Jahre die Aufmerksamkeit der Medien erregten, waren nicht so exotisch, wie sie manchmal dargestellt werden, sondern schlicht die Ärmsten der Armen. Ihr Zuhause war entweder abgerissen oder luxussaniert worden, um für die wachsende Zahl der Aufsteiger in Wirtschaft und Verwaltung – sprich Yuppies – Platz zu schaffen. Oder sie wurden von den in schwindelnde Höhen schießenden Immobilienpreisen vertrieben, mit denen sich die Reichen und die beinahe Reichen gegenseitig überboten. Die Obdachlosen standen im wahrsten Sinne des Wortes auf vielen Großstadtstraßen – als schockierende Widerlegung des fortgeschrittenen Konsumrausches: die Kehrseite der Medaille.

Durch das neurotische Hin-und-her-Pendeln zwischen »Ersatzkonsum« und »Ersatzleiden« hatte der Lebensstil der Yuppies auch etwas Ermüdendes an sich. Die Strategie verlangte, daß man zugunsten des schnellen Geldes auf die üblichen Vergünstigungen eines Mittelschicht-Daseins (interessanter Beruf mit Prestige und mittlerem Einkommen) verzichtete. Doch die Strategie machte den Stil ja erst notwendig: Der Verlust eines an sich lohnenden Berufs mußte durch anstrengenden Konsum wieder wettgemacht werden, und der anstrengende Konsum wiederum mußte durch nicht weniger anstrengenden Kraftsport ausgeglichen werden – einen Zehnkilometerlauf und einen neunzigminütigen Workout. Für die Mittelschicht ist es nicht leicht, viel Geld zu verdienen oder die Folgen dieses Geldverdienens reinen Gewissens und freudigen Herzens zu ertragen. Viele Collegestudenten werden nun vielleicht allmählich einsehen, daß es wohl einfacher und befriedigender gewesen wäre, ein »armer« Sozialarbeiter oder Landschaftsplaner zu sein und dabei zumindest die traditionelle Würde der Mittelschichtsberufe zu erlangen.

Ein Großteil dieser Würde kommt vom intellektuellen Engagement der Mittelschicht, auch wenn es nur mager oder prätentiös ist. Unser Thema ist schließlich die neue Mittelklasse – Menschen, die aufgrund ihrer angeblichen Fachkenntnisse Komfort und Respekt erwarten. Selbst der spießigste junge Bankmanager hat zumindest einen Collegeabschluß und muß daher – und sei es auch nur flüchtig – mit der Tradition kritischen Fragens und ästhetischer Urteile in Berührung gekommen sein.

Doch den Yuppies war diese Tradition völlig egal. Sie hatten ihren eigenen Snobismus: es ging dabei nicht etwa um Bücher oder das Theater, sondern um Essen und Restaurants. Den Studenten, die in den sechziger Jahren rebellierten, hatten ihre akademischen Kritiker vorgeworfen, sie seien antiintellektuell; die Yuppies dagegen waren schlicht unintellektuell (woraus ihnen die Neokonservativen interessanterweise keinen Vorwurf machten). Angesichts der Tatsache, daß sich ein Arbeitstag der Yuppies darauf konzentrierte, was »unterm Strich« stand, und die Freizeit abwechselnd aus Konsum und Buße bestand, kann man den Yuppie-Stil nur mit einem Yuppie-Wort bezeichnen: ultra-dämlich.

In einem Artikel mit der Überschrift »Geständnisse eines Yuppies wider Willen« erzählte Peter Baida, ein junger Verwaltungsangestellter in einem Krankenhaus, die folgende Geschichte:

> Vor ein paar Jahren … gaben meine Frau und ich eine Art Yuppie-Dinner-Party. Wir hatten sechs Leute eingeladen, durch die Bank junge Akademiker mit Examen in Jura und

> Betriebswirtschaft, die sie an Eliteuniversitäten abgelegt hatten. Im Laufe des Abends erwähnte ich, daß meine Frau vor kurzem Proust zu Ende gelesen hätte, und daß ich gerade mit der Lektüre angefangen hätte. »Wer ist Proust?« fragte einer. Ich dachte mir, daß schon irgendeiner darauf antworten würde, aber alle Augen waren auf mich gerichtet. Da merkte ich erst, daß keiner von unseren Gästen wußte, wer Proust ist.[373]

Selbstverständlich wußten sie, was Brie ist oder Pesto oder Chardonnay, doch dieser Yuppie »wider Willen« hatte wohl erwartet, daß das Tischgespräch sich nicht nur um das Tafelsilber drehen würde. »Ich hasse die Yuppies nicht«, schloß Peter Baida und versicherte, daß er es »nach wie vor nicht bedauert, Betriebswirtschaft studiert zu haben«. Allerdings »machen sie – wir – mich traurig«.

Der Börsenkrach von 1987 hatte aber nun beileibe nicht das Ende des Yuppietums eingeläutet, geschweige denn das Ende »der Welt, wie wir sie kennen«, wie es einige aufgeregte Beobachter formuliert hatten. Der Konsumrausch geht weiter, nur mit weniger Tamtam und mit weniger Werbung. An den Universitäten stellen die jungen Leute immer noch ihre idealistischeren Ziele zugunsten von Wirtschaftskarrieren zurück, wenn auch nicht mehr ganz so oft. An milden Abenden spazieren immer noch junge Leute in teuren Kleidern durch die Straßen der Innenstädte und reden über fremdfinanzierte Firmenübernahmen und Edelfressen.

Der Börsenkrach signalisierte jedoch bereits einen Umschwung im Bewußtsein der Mittelschicht – ein Moment der heftigen Reaktion auf den Materialismus und die Habgier, die sich hinter dem Begriff »Yuppie« verbargen. Ein paar Monate nach dem Börsenkrach verkündete *Newsweek*, die die Yuppies 1984 in einer Titelgeschichte ja erst aus der Taufe gehoben hatte, daß diese nun in »Ungnade« gefallen seien. Das *Wall Street Journal* erklärte gar mit Entschiedenheit, daß »unverhohlener Konsum passé« sei. Konsum war in den Augen der Mittelschicht jetzt »das Letzte« – eine Einstufung, die normalerweise Weißbrot und Polyester vorbehalten ist:

> Die Yuppies sind langweilig geworden und daher ein ziemliches Ärgernis. Deshalb versuchte man an der Madison Avenue, sie auszulöschen ... Die Yuppies sollten nach Ansicht der dortigen Werbefachleute durch stubenhockende »Pantoffelcineasten« oder irgendeine andere Gruppe mit ähnlichem Konsumverhalten, aber besseren Wertvorstellungen ersetzt werden.[374]

Die Werbung würde natürlich nach wie vor anspruchsvollen Konsum anpreisen und sich Leute als Zielgruppe aussuchen, deren »Konsumverhalten« voll und ganz den Yuppies abgeschaut war. Nur die Werbebotschaft hatte sich geändert. Ein Werbefachmann sagte gegenüber dem *Wall Street Journal:* »Es war, als ob die Leute sagten, gierig sein ist ok. Doch das ist heutzutage eindeutig tabu.«

Ende der achtziger Jahre gab es sogar Anzeichen dafür, daß die Menschen auf der Suche nach »besseren« und möglicherweise auch mehr linksgerichteten Wertvorstellungen seien. Das *New York Magazine,* ein zuverlässiger Hoflieferant für Yuppie-Vorlieben, veröffentlichte 1986 eine Titelgeschichte über eine ganz neue Alternative, nämlich »Gutes zu tun«. Oder wie es in der aggressiven Überschrift formuliert war: »HABT IHR GENUG VON DEN SIEBEN TODSÜNDEN? HÖCHSTE ZEIT, GUTES ZU TUN«.[375] *Newsweek* hatte »Anzeichen einer gesteigerten Nächstenliebe« in Amerika entdeckt und verkündete bereits 1978, daß ein Jahrzehnt, welches man am häufigsten mit den fünfziger Jahren verglichen hatte, nun zu Ende sei.[376]

In gewisser Hinsicht sind wir mit unserer Geschichte also wieder am Anfang angelangt. Wir haben Ende der fünfziger Jahre begonnen, als der Wohlstand auf einmal langweilig geworden war und die Freuden des Materialismus allmählich verblaßten. Zur gleichen Zeit machten sich die Sprachrohre der Mittelschicht auf die Suche nach den neuen »Werten« – was damals hieß, daß man neue Herausforderungen suchte, um den stagnierenden Reformismus wieder zum Leben zu erwecken. Diese neuen Herausforderungen fanden sie in der krassen Ungleichheit zwischen den Gesellschaftsschichten und den Rassen, die dem allgemeinen »Wohlstand« irgendwie doch nicht zum Opfer gefallen waren. Man entdeckte die Armen – sprich die unübersehbar ärmsten Amerikaner – und sah in ihnen eine neue Aufgabe für den Reformismus. Arthur Schlesinger jr., der in den fünfziger und sechziger Jahren die Suche nach neuen Herausforderungen angeführt hatte, meinte nun, es werde wieder ein »Kreislauf« einsetzen: »Es gibt einen großen Nachholbedarf an Idealismus. Diese Entwicklung wird immer stärker werden, und in den neunziger Jahren werden wir in eine Phase eintreten, die der der dreißiger und sechziger Jahre sehr ähnlich ist.«[377] Natürlich bestand nach wie vor die Möglichkeit, daß die Ablehnung der Habgier eine genauso vorübergehende und oberflächliche Erscheinung sein könnte, wie es die Yuppies waren, die ihr direkt vorausgegangen waren.

*Kapitel 6*

# Die nächste große Wende

Es gibt keine Regel, die besagt, daß die Geschichte zyklisch verläuft, daß auf einen Rechtsruck notwendigerweise ein Linksruck folgt, oder daß die neunziger den sechziger Jahren gleichen werden, wie mit Hilfe okkulter Zahlenspiele berechnet wurde. Trotz wiederholter Ankündigungen des »Endes der Gier« und immer gereizteren Forderungen nach »neuen Werten« bleibt die neue Mittelklasse insgesamt dem Besitzstreben verhaftet: die Besitzenden umwerbend, ungeduldig mit den Besitzlosen, und unsicher, was im Eifer des Besitzstrebens an Werten überhaupt noch übrigblieb.

Ein Teil des Problems ist »strukturell«, was bei den Wirtschaftswissenschaftlern bedeutet, daß niemand daran schuld ist. Die Dinge kosten einfach mehr – soviel mehr, daß wir oft Verständnis empfinden für den Ernährer der Mittelklasse, der mit über 100.000 Dollar im Jahr nicht mehr auskommt. Einer von ihnen berichtet:

> Meine Frau und ich sind beide Mitte dreißig und entstammen der Baby-Boom-Generation. Wir sind Akademiker und beide berufstätig; unser gemeinsames Einkommen wird dieses Jahr ungefähr 115.000 Dollar betragen ... Wie immer man die Einkommensverteilung auch berechnet, wir gehören jedenfalls zu den obersten 5 % der amerikanischen Familien. Doch irgend etwas stimmt da ganz und gar nicht.[378]

Der Verfasser listet daraufhin gegenwärtige und zukünftige Ausgaben von Familien wie der seinen auf: monatliche Hypothekenzahlungen in Höhe von 4.500 Dollar, Kosten für Verkehrsmittel und die Unterbringung des Kindes des berufstätigen Paares, Beiträge für die private Altersversorgung, dazu voraussichtliche Kosten für eine spätere College-Ausbildung des Zweijährigen. Insgesamt »könnten diese Kosten mehr als 100.000 Dollar jährlich ausmachen«.

Was einen Mann dazu bringt, die beste Ausbildung für seine Kinder zu wollen und ein behagliches Heim, in dem sie aufwachsen, kann kaum als Gier bezeichnet werden. Diese Kosten sind real und nicht verhandelbar, da jede Familie sie alleine trägt und so keine Möglichkeit hat, kollektiven Druck auszuüben. Zweifellos stimmt etwas ganz und gar nicht, wenn die einst bescheidenen Ansprüche der Mittelklasse nur mit einem weit über dem Durchschnitt liegenden Einkommen befriedigt werden können.

Man muß jedoch hinzufügen, daß die Ansprüche der neuen Mittelklasse im Laufe der Zeit etwas unbescheidener wurden. Falls es sich bei dem oben genannten Baby-Boomer um einen Stadtbewohner handelt, hätte er seiner Aufstellung die »unbedingt notwendigen« Ausgaben für das Ferienhaus und für die Privatschulen für die Kinder hinzufügen und zu dem Schluß kommen können, daß 200.000 Dollar oder sogar mehr kaum ausreichen, um einen »Mittelklasse«-Lebensstil führen zu können. Wiederum kann ein Großteil dieser Ausgaben völlig zutreffend als »strukturell« bedingt bezeichnet werden. In den Nachkriegsjahren war es der Trend, sich in Vororten anzusiedeln, der die Kosten für einen Mittelklasse-Lebensstil in die Höhe trieb, weil dadurch der Zweitwagen und die Ausstattung eines ganzen Hauses mit Möbeln und Haushaltsgeräten notwendig wurde. In den letzten Jahren hingegen bewirkte die Rückkehr eines nicht unbeträchtlichen Teils der Mittelklasse in die Städte dasselbe. Diese Klasse kann nicht in unmittelbarer Nähe von Elendsvierteln leben, ohne Zugang zu sicheren Plätzen zu haben: der Kindergarten für 8.000 Dollar im Jahr, das für 10.000 Dollar gemietete Ferienhaus, die gut bewachte Eigentumswohnung für 500.000 Dollar. Nicht zu vergessen sind schließlich jene Attribute von Yuppie-»Extravaganz«, die man zur Schau stellen muß, um die eigene soziale Stellung zu demonstrieren. Zu einem bestimmten Zeitpunkt, der in der Mittelklasse vielleicht schon lange überschritten ist, werden auch diese Attribute zu fast »strukturellen« Erfordernissen: keine Optionen, sondern gesellschaftlich bedingte »Notwendigkeiten« in einem schnellen Leben, das seinerseits ein noch schnelleres Arbeiten erforderlich macht. Und ein Ende ist noch nicht in Sicht. Im Frühjahr 1987 schilderte die *New York Times* ausführlich die Geldschwierigkeiten einer jungen Familie, die 600.000 Dollar im Jahr verdient.[379]

Unter diesen Bedingungen wird die gesamte Vorstellungskraft nur noch auf die Frage verwendet, wie man das gestellte Ziel erreichen kann: voranzukommen, mitzuhalten, genug zu verdienen. Die nach Einschätzung ihrer College-Lehrer »schlauesten Köpfe« verschmähen weiterhin anspruchsvollere Studienfächer und studieren Finanzwesen und Unternehmensrecht, was sich schneller auszuzahlen verspricht. Ein schmaler Pfad hat sich aufgetan, der von der Mittelklasse auf direktem Weg zu schnellem Reichtum führt, und dort drängeln sich alle, die über einen wachen Verstand und spitze Ellbogen verfügen. Berufe wie Medizin, Ingenieurswesen und wissenschaftliche Forschung, die anhaltende Konzentration und die berühmte Fähigkeit zum Belohnungsaufschub erfordern, bleiben Leuten mit niedrigerem sozialen Status überlassen: Einwanderern aus der Dritten Welt und Frauen.

Selbst in denjenigen Berufen der Neuen Klasse, in denen, folgt man den Theorien des rechten Flügels, großenteils liberal Denkende anzutreffen sein sollten, findet eine radikale Umwälzung statt. Die früher sozial abgesicherte Professorenschaft teilt sich heute auf in »Stars« mit beinahe sechsstelligen Gehältern und kleinem Lehrdeputat einerseits und ein wachsendes intellektuelles Proletariat mit Teilzeit-Stellen andererseits, das von Campus zu Campus pendelt, um sich seinen Lebensunterhalt zu verdienen. Im Journalismus findet man zwar immer noch die schlechtbezahlten Freiberufler und die hart arbeitenden Reporter von Lokalzeitungen, es gibt jetzt aber auch eine wachsende Gruppe berühmter Journalisten, Männer wie George Will, die flexibel mal für die Presse mal fürs Fernsehen arbeiten, mal Vorträge oder Seminare in einem Unternehmen abhalten und für einen einzigen Auftritt im Fernsehen ein fünfstelliges Honorar kassieren.[380]

Letzten Endes wird die Existenz der neuen Mittelklasse als einer eigenen Klasse möglicherweise in Frage gestellt werden. Ein Teil bewegt sich nach oben, um sich mit der Unternehmenselite zu vereinen, die sie jetzt schon zuverlässig ernährt. Den auf Fusionen und Unternehmenskäufe spezialisierten Anwalt, den Professor, der ein eigenes Biotechnologie-Unternehmen betreibt, den berühmten Kommentator trifft man heute in Gesellschaft von Vorstandsmitgliedern, ja sogar Staatsoberhäuptern. Währenddessen driftet ein anderer Teil dieser Klasse – weniger mutig oder vielleicht mehr auf Unabhängigkeit bedacht – langsam in den Angestelltenstatus ab. Der Ingenieur, der Anwalt, der Routinefälle bearbeitet, der Lehrer, der nicht vermarktbare Fächer wie Geschichte oder Englisch unterrichtet – er findet sich zunehmend im sozialen Umkreis von Programmierern, Vertretern und Medizintechnikern.

Bis jedoch neue Grenzen gezogen werden, geht das Gedränge weiter. Überall berauscht und benebelt der Geruch des Geldes den Verstand. Ich erinnere mich an eine Versammlung einer Gruppe, größtenteils Professoren, die junge Künstler unterstützen wollte. Als sich die Frage stellte, ob man ein bestimmtes Unternehmen als Sponsor für ein Projekt akzeptieren solle, gab es viele beunruhigte Äußerungen über einen »Kompromiß«, da dieses Unternehmen in der Tat ein Produkt legitimiert sehen wollte, das künstlerische Sensibilität sehr wohl verletzen könnte. Schließlich ergriff einer das Wort und stellte die Sache klar: Die Frage ist nicht, ob wir uns verkaufen, sagte er, sondern ob wir uns teuer genug verkaufen. Man lachte, denn er hatte ins Schwarze getroffen. In der neuen Mittelklasse, die einst darum gekämpft hatte, die Autonomie ihrer traditionellen Berufe zu sichern, gibt es heute keine wichtigere Frage als: Wieviel sind wir wert und wer kauft uns?

Wenn »mehr« nicht ausreicht, sondern nur als Sprungbrett für weitere Exzesse dient, dann haben wir ein Stadium erreicht, das physischer Abhängigkeit gleicht. Es spielt keine Rolle, daß das »mehr« oft strukturell vorgegeben ist, daß die Kosten für einen ordentlichen Lebensstil nicht nur den Verschwendern, sondern auch den Bescheidenen davonlaufen. Das treibende Bedürfnis ist dasselbe.

So macht es Sinn, daß die nationale Obsession der späten achtziger Jahre – nach dem Terrorismus – die Drogen sind. Die gefährlichste derzeitige Droge, Crack, wütet vor allem unter der armen schwarzen Stadtbevölkerung. Therapie und Prävention wären hier vermutlich angebracht. In den Medien jedoch reduziert sich das Problem immer auf »Drogen«, als ob sie überall auftauchten und jeder gefährdet wäre.

Die undifferenzierte Drogenhysterie spiegelt die alte Angst der Mittelklasse wider: die Angst vor dem Absturz, davor, die Kontrolle zu verlieren, Schwäche zu zeigen. »Drogen« als undifferenzierte Kategorie symbolisieren die völlig legale allgemeine Konsumkultur mit ihrem süchtigmachenden Appeal und den bitteren Konsequenzen für diejenigen, die nicht mithalten oder ihre Schulden nicht bezahlen können. Es ist ein Gemeinplatz, daß diese Gesellschaft »süchtig macht«, aber die Sucht, die die meisten von uns am ehesten zu fürchten haben, wird nicht von einem Straßendealer bedient. Der gesamte Markt, das sich ausweitende Spektrum von Konsummöglichkeiten, hat uns in seiner Gewalt, und weil das alles zu groß und anonym ist, richten wir unsere Wut gegen etwas weniger Mächtiges und Konkretes.

Bei der Angst, schwach zu werden, geht es natürlich in erster Linie um die Jugend. Der schwer arbeitende Ernährer der Mittelklasse hat keinen Grund zu fürchten, sein oder ihr Ehrgeiz könnte durch einen Winterurlaub oder die Hypothek auf den Zweitwohnsitz Schaden nehmen, aber wer weiß, ob nicht die Kinder schon gründlich betäubt sind? Jede Woche hören wir, daß ihre intellektuelle Leistungsfähigkeit im Vergleich zu den Kindern in Japan, Korea und Westeuropa abnimmt. Die Kinder der Reichen in den Vororten der Weißen, die von den ehrgeizigen Einwanderern einer anderen Epoche abstammen, werden von den Kindern neuer Einwanderer aus Fernost unerbittlich überholt. Die weißen Kinder konkurrieren durch Konsum (Kleidung, Autos, der Glanz der Teenie-Party); nach guten Noten streben nur die Neuankömmlinge. Besorgte Eltern, denen dieses Problem bewußt ist, fordern schon die Einführung von Schuluniformen in öffentlichen Schulen. Aber die einzige Hoffnung

– das heißt die einzige Hoffnung der Weißen – ist vielleicht, daß die Einwanderer in ein oder zwei Generationen ihren Ehrgeiz verlieren und sich zu den anderen Schlafwandlern im Einkaufszentrum gesellen.

In dem Maße, in dem die Angst vor dem Konsum wächst, wird auch zweifellos die Zahl der Stimmen wachsen, die eine Rückkehr zu »traditionellen Werten« und ihrem pädagogischen Äquivalent, den »grundlegenden Erziehungswerten«, fordern. Der Ruf nach Tradition ist nicht nur, wie viele offenbar glauben, der überfällige Pendelschwung weg vom hohlen Modernismus schwankender Werte, geringen Konzentrationsvermögens und träger Bequemlichkeit. »Traditionelle Werte« sind nur ein Kontrapunkt *im* Modernismus, ja vielleicht eines seiner notwendigen Merkmale. Je breiter der Pfad zu dem, was als Nachgiebigkeit und Niederlage erscheint, desto lauter die Rufe nach Disziplin und Kampf. Denn die »Neue Klasse« ist nicht, wie die rechten Intellektuellen gern glauben, Ort oder Ursprung des Hedonismus. Sie ist der Ort der schärfsten *Auseinandersetzung* mit dem Hedonismus, die Verbindungsstelle einer hochgradigen Spannung zwischen Modernismus und Tradition, Konsumwahn und Selbstdisziplin. Die rechten Intellektuellen vergessen, wie üblich, sich selbst.

So gibt es keine Garantie dafür, daß die Angst vor Überfluß und Konsum noch einmal zu einer Wiedergeburt des reformerischen Liberalismus führen wird. In den wohlhabenderen, finanziell starken Schichten der neuen Mittelklasse, in denen das Familieneinkommen höher liegt als bei 80 – 90 % der Amerikaner, gibt es kaum Anreize für eine Wende nach links. Im gleichen Maße, in dem die Mittelklasse in den Städten sich von öffentlichen Territorien und Dienstleistungen zurückzieht – Schulen, Parks, öffentliche Verkehrsmittel –, unterstützt sie auch politisch nicht mehr diejenigen öffentlichen Ausgaben, die der Gemeinschaft als Ganzes zugute kommen. Paare, die ihre Kinder auf eine Privatschule schicken, mit dem Taxi zur Arbeit fahren und in Aspen oder Cancun frische Luft tanken, werden verständlicherweise eine Steuersenkung einer Expansion der staatlichen Ausgaben vorziehen. Am Stadtrand im Grünen hat sich die Mittelklasse natürlich schon lange, geographisch und oft auch geistig, den Herausforderungen einer vielschichtigen und ungleichen Gesellschaft entzogen. Auf lokaler Ebene wählt sie vielleicht einen liberalen Demokraten, zieht im Zentrum der nationalen Macht jedoch die Konservativen vor.

Auf allen Ebenen wird die politische Zugehörigkeit zunehmend durch die Klassenzugehörigkeit bestimmt. Wie Thomas Byrne Edsall von der *Washington Post* berichtet, hat die Demokratische Partei heute ihre Stammwähler in den unteren zwei Dritteln der Einkommenskala, während die Loyalität zu den Republikanern eindeutig proportional zum Vermögen steigt.[381]

Währenddessen geht die Klassenpolarisierung weiter und entwickelt eine perverse, sich selbst verstärkende Eigendynamik. Da die neue Mittelklasse sich von den öffentlichen Dienstleistungen zurückzieht, verlieren diese Dienstleistungen ihre stärksten Befürworter und Kritiker. Schulen verkommen zu Verwahranstalten. Parks werden den Drogenhändlern überlassen. Öffentliche Krankenhäuser, seit langem von der Mittelklasse ihrem Schicksal überlassen, kehren zu ihrer ursprünglichen Funktion zurück, nämlich die Obdachlosen, Verrückten und diejenigen, die eine ansteckende Krankheit haben, von der Öffentlichkeit fernzuhalten. Der öffentliche Sektor verkommt – mangels Zuwendungen aus dem Finanzhaushalt und geplündert von korrupten Stadtverwaltungen – und mit ihm die den Armen und der Arbeiterklasse zur Verfügung stehenden Möglichkeiten. Die ausgeklügelten Bildungsbarrieren, die den Zugang zu den akademischen Berufen verwehren, sind kaum notwendig, wenn eine große Zahl der potentiellen Bewerber beim Lesen nur knapp über dem Hauptschulniveau liegt.

Wenn auch der Mittelklasse die ihrem Schicksal überlassenen Armen aus dem Blickfeld geraten sind, so werden doch sie umgekehrt von den Armen gesehen. In der Vergangenheit wußten die unteren Klassen nichts von den Gewohnheiten und dem Wohlleben der Reichen. Diener waren die einzigen Boten zwischen den Klassen. Heutzutage verschafft das Fernsehen, dieser große Förderer des Nacheiferns, der schäbigsten Bruchbude in den Slums intime Einblicke in den »Lebensstil der Reichen und Berühmten«. Wenn sie dort den ganzen Reichtum an Produkten und Luxusgütern sehen, die dem Anschein nach jedem zur Verfügung stehen, nur nicht ihnen, werden die Armen noch gefährlicher. In den großen Medien, findet sich kein Hinweis darauf, daß irgend etwas unter dem Mittelklasse-Wohlstand eine geachtete und würdige soziale Stellung bedeuten könne, noch gibt es irgend einen Grund dafür, warum Werbefirmen solch eine subversive Möglichkeit fördern sollten. Wenn männliche schwarze Jugendliche in den Ghettos – ebenso wie viele Weiße in den Vororten – die Untergrundwirtschaft der Drogen, Schiebereien und Verbrechen anscheinend der Mühsal einer festen Arbeit zum Mindestlohn vorziehen, so heißt dies zumindest, daß sie ihre Lektion als Konsumenten gelernt haben.

Wenn die Armen gefährlich werden – süchtig, aggressiv, krank –, bricht die Mittelklasse in noch stärkerem Maße den Kontakt zu ihnen ab. Es ist besser, den Park zu schließen, so einige wohlhabende Bewohner von Lower Manhattan, als zu riskieren, mit denjenigen zusammenzutreffen, die keinen anderen Platz haben, um zu schlafen oder sich die Zeit zu vertreiben. Es ist besser, öffentliche Straßen zu sperren, so die Bewohner einiger Bezirke von Miami, als den Heruntergekommenen freien Zugang zu gewähren. Sogar in den Straßen unserer Städte ist ein buntes Gemisch aller Bevölkerungsgruppen und ein Zusammentreffen mit »anderen« weniger wahrscheinlich als in der Vergangenheit. Die Einkaufszentren der Vororte haben die Einkaufsstraßen der Innenstädte geleert und sie den Armen überlassen; die neuen städtischen Skywalks heben die höheren Bevölkerungsklassen in eine wetterunabhängige eigene Welt und überlassen die Straßen den Armen, Arbeitern und Farbigen. Und je mehr die Armen räumlich abgegrenzt und sich selbst überlassen werden, um so weniger sind sie in der Lage, Sympathie oder zumindest rein menschliches Interesse zu erwecken.

So beschleunigt der nervöse finanzielle Aufstieg der neuen Mittelklasse den Abstieg der Gesellschaft als Ganzes: hin zu einer sich grausam vergrößerten Ungleichheit, zu einer immer weiteren Entfremdung zwischen Klassen und Rassen und zu einer durch sie bewirkten moralischen Empfindungslosigkeit. Die neue Mittelklasse wuchs in der falschen Annahme auf, außerhalb des Klassenkampfes zu stehen – der ehemals zwischen den Arbeitern und den »Raubrittern« ausgetragen wurde. Neutrale Schiedsrichter und Experten waren sie in ihrem Selbstverständnis. Aber zumindest bedingte diese Selbsttäuschung das Gefühl, verantwortlich zu sein, vermitteln und planen zu müssen, in anderen Worten, die rücksichtslose Kurzsichtigkeit der reichen Klassen zu kompensieren. Heute herrscht kein derartiges Sendungsbewußtsein mehr innerhalb der Mittelklasse. Eine große Zahl der Angehörigen der Mittelklasse wurde selbst Teil des Problems.

Wir brauchen eine Wiederbelebung von Gewissen und Verantwortung in der Mittelklasse. Aber auf welchem Boden soll sie wachsen? Welche Krise könnte sie bewirken? Welche Ermahnungen hätten die Kraft, sie hervorzurufen? All diese Fragen klingen lästig und befehlend. Sogar die Worte Gewissen und Verantwortung beginnen weh zu tun, da sie nur eine geringfügige Verbesserung darstellen gegenüber den »traditionellen Werten« des konservativen Jargons, insbesondere der Selbstverleugnung. Schuld ist keine fruchtbare Basis für politische Erneuerung, genauso wenig wie moralische Überlegenheit, die oft nur ein Spiegelbild der Schuld ist.

Die studentische Linke der sechziger Jahre, das jüngste Beispiel einer hauptsächlich von der Mittelklasse getragenen Gewissensbewegung, zerbrach zwischen der moralischen Überlegenheit und der Schuld. Ihre frühen Jahre der Expansion und des Optimismus waren allzu oft getrübt von einem überwältigenden Gefühl der Überlegenheit gegenüber der »breiten Masse«, die sich weigerte, sich ihren Rassismus und die damit zusammenhängenden Fehler einzugestehen. Dann, Ende der sechziger Jahre, kam die Entdeckung der Arbeiterklasse und die darauffolgende Einsicht in die eigene elitäre Sichtweise der Bewegung. Die studentische Linke wurde sich plötzlich der Tatsache bewußt, daß sie weder zur Arbeiterklasse gehörte noch zur »Dritten Welt«, und daher keinen Platz hatte in den kanonischen Revolutionstheorien. Ihre Bewegung war – wie es der Studentenführer der Columbia-Universität, Mark Rudd, einmal in einer Anwandlung reinsten Selbsthasses formulierte – nichts weiter als »ein grotesker liberaler Scheißhaufen«.[382] Erschreckt darüber, nicht zur Herbeiführung einer Wende legitimiert zu sein, wandten sich die Aktivisten anderen Zielen zu – einige wechselten zu Avantgarde-Organisationen, die eine direkte Affinität zum »Volk« für sich in Anspruch nehmen, die meisten kehrten zu ihren vernachlässigten Studien und Karrieren zurück.

In jüngerer Zeit verstärkten die Attacken der Rechten gegen die liberale Elite das Ohnmachtsgefühl der Mittelklasse. Man mußte nicht die gesamte Theorie von der Verschwörung der neuen Mittelklasse richtig finden, um ihr doch ein Körnchen irritierender Wahrheit zugestehen zu können: Von der Mittelklasse geführte Reformbewegungen, von der Studentenbewegung bis zum Krieg gegen die Armut, wurden beeinträchtigt durch eine elitäre Distanz zu den potentiellen Nutznießern der Reform. Sie dienten nicht dazu, eine Vision der Beteiligung der Massen zu fördern, die zu einem grundlegenden Wandel führt, sondern, im schlimmsten Fall, um »Professionalisierung der Reform« zu exemplifizieren – der selbst ein Echo ist auf Forderungen der Studentenbewegung nach einer von »Experten« geführten Reform.

Es ist leicht, daraus zu schließen – mit Schuldgefühlen oder vielleicht erleichtert –, daß die neue Mittelklasse keinen Platz hat im sozialen Wandel: sie ist zu sehr von ihrem eigenen Ehrgeiz getrieben, zu kompromittiert durch ihren eigenen elitären Status, und zu weit entfernt von denen, deren Leiden am lautesten nach Besserung schreien. Wie eine nachdenkliche und liberal orientierte junge Frau mir kürzlich in ziemlicher Besorgnis schrieb: »Ich weiß, was mir moralisch gesehen wichtig ist, aber ich weiß nicht, ob es eine Aufgabe ist für eine weiße Frau aus der oberen Mittelklasse ... Andere Leute stellen meine Motive in Frage und manchmal tue ich das auch.«

Wenn es eine Wiederbelebung des Gewissens geben soll, dann muß sie auf einem tiefergreifenden Wandel basieren, einem Wandel des Bewußtseins oder, kollektiv gesehen, des Klassenbewußtseins. In diesem Buch wurde ein vorhergehender Wandel im Bewußtsein festgestellt: von der naiven Selbstbezogenheit der Mittelklasse in den fünfziger Jahren zu der durch und durch pessimistischen Selbsteinschätzung, die die konservative Stimmung der achtziger Jahre begleitete. In dieser Einschätzung ist die neue Mittelklasse eine Elite, die zugleich entfremdet ist von der Mehrheit der »gewöhnlichen« Leute und in ihrem Inneren bedroht von Hedonismus und Hemmungslosigkeit. Ihre Ziele sind suspekt, ihre Großzügigkeit vergiftet.

Der nächste große Wandel verlangt eindeutig, daß man ein zweites Mal hinsieht, von einer Warte innerhalb dieser Klasse, um festzustellen, wer wir sind und was wir wollen: Ist es Macht, wie es die Rechten uns vorwerfen? Reichtum, wie die Yuppie-Strategie vorschlägt? Oder gibt es andere Bedürfnisse, unterdrückt durch den vorherrschenden Konservatismus, die den Anfang einer Verbindung zu den verlorenen »anderen« der »unteren« Klassen schaffen könnten?

## Die Entdeckung der wahren Elite

Ein guter Ausgangspunkt ist die noch nicht beendete Entdeckung der Klassen. In diesem Buch haben wir die Entdeckung der Armen, die Entdeckung der Arbeiterklasse und schließlich die Entdeckung der Neuen Klasse mitverfolgt – letzteres eine partielle Selbstentdeckung der neuen Mittelklasse. Dabei entging eine Klasse ihrer Entdeckung als Klasse – die Reichen, oder enger gefaßt, die Unternehmenselite. Ihre Entdeckung ist sehr wichtig, denn die Reichen sind die wahre Elite, im Vergleich zu der sogar die Mittelklasse nur eine weitere »niedrigere Klasse« darstellt. Wenn die konservative Wende darauf basierte, daß die Mittelklasse sich selbst als Elite begriff, so basierte sie doch auch auf deren mangelnder Bereitschaft sich klarzumachen, wo die Macht wirklich liegt.

Die Reichen liegen – als einzelne – immer im Blickfeld. Was

sollte aus der Unterhaltungsindustrie werden ohne ihre Affären, ihre gescheiterten Ehen und ihre Familienzwiste, die uns dahingehend beruhigen, daß »Geld nicht glücklich macht« – nur vielleicht den nötigen Wohlstand schafft, der das Fehlen des Glücks erträglich macht. In den achtziger Jahren, als die Jugend der Mittelklasse scharenweise in den Dienst der Unternehmenselite trat, verstärkten die Medien ihre schmeichelnde Berichterstattung vom Leben der Reichen. *Vanity Fair,* das anfangs noch leicht intellektuelle Bestrebungen hatte, und die Männermodezeitschrift *M* bringen den neuesten Klatsch vom Polofeld, Photos der letzten Debütantinnen und Berichte über die Romanzen der ortsansässigen Adligen, wie etwa der Prinzessin Radziwill, sowie über die Vorlieben der milliardenschweren Unternehmer, angeführt von den aalglatten, verschwenderischen Trumps. In den Medien werden die Reichen legitimiert, beinahe inthronisiert, durch ihre Verbindung mit den Überbleibseln der europäischen Aristokratie und, im Westen, mit der heimischen Aristokratie von Hollywood. Wenn es irgend eine Verbindung gibt zwischen dem unverhältnismäßigen Anwachsen des Reichtums und der unbestreitbaren Ausbreitung der Armut, so wird sie diskret im dunkeln gelassen.

In den Theorien der Rechten, die immer noch die gängigen Anschauungen beeinflussen, sind die Reichen nicht die hohlen Leute, die in diversen Illustrierten dem einfachen Volk begierig ihr Privatleben öffnen. Meistens kommen sie in diesen Theorien gar nicht vor; da muß statt ihrer die angeblich raffiniertere und mächtigere Neue Klasse herhalten. Oder sie werden der Arbeiterklasse zugeordnet als sozialverantwortliche »Produzenten«: Durchschnittsamerikaner wie jeder andere, nur etwas gewichtiger. Ab und zu werden sie, wie in George Gilders Schriften, zu fernen, freundlichen Patriarchen stilisiert, deren »Gabe«, das Kapital, als Segen von oben auch uns andere ernährt.[383]

Aber die Kapitalisten haben als risikobereite, zum Wohle aller weise investierende Verwalter des Volksvermögens – falls sie das je waren – ausgedient. Betrachten wir einmal das traurige Endergebnis von Reagans Wirtschaftssystem. Milliarden wurden mittels Steuersenkungen und anderer höchst permissiver Methoden wie z.B. die Lockerung der arbeitsrechtlichen Bestimmungen nach oben umverteilt. Die Idee, die dahintersteckte, war, daß die besitzende Klasse, gesättigt durch diesen Überfluß, in produktive Unternehmen investieren würde und dadurch solide Arbeitsplätze schaffen. Aber es kam nicht zu diesem »Durchsickern«. Die Wirtschaftszeitungen dokumentieren immer noch den Niedergang der amerikanischen Industrie. Im Bereich der Technologie liegen wir weiterhin hinter den Völkern Asiens, die erst gestern als hirnlose Nachahmer abgekanzelt wurden. Und da es sich bei den neuen Jobs, die durch die Wirtschaft geschaffen wurden, meist um schlecht bezahlte und Teilzeit-Jobs handelt, liegt das durchschnittliche Einkommen einer vierköpfigen Familie weiterhin, wie schon seit Jahren, knapp unter der wahrhaft bescheidenen Summe von 30.000 Dollar im Jahr.

Was geschah mit dem unglaublich großen Vermögen, das den Reichen durch die konservative Politik zufloß? Mit einem kleinen Teil davon wurde die sichtbare Extravaganz der achtziger Jahre finanziert. Ein weiterer kleiner Teil davon wurde in Dinge »investiert«, die man horten kann, wie z.B. Kunst. Aber der größte Teil davon wurde verwendet, um den Spekulationsrausch an der Wall Street anzuheizen: die Übernahme von Unternehmen, Fusionen und Käufe, spekulationsbedingte Firmenaufkäufe, die Amerika, wie einige Wirtschaftswissenschaftler es formulierten, zu einer »Spielkasino-Gesellschaft« werden ließen.[384]

Keine dieser spekulativen Aktivitäten erzeugt neuen Reichtum, neue Arbeitsplätze (abgesehen von Heerscharen von Firmenanwälten), neue Produkte oder neue Technologie. Es sind Glücksspiele bisher unbekannten Ausmaßes, deren einziges spürbares Resultat in einer Umverteilung bereits existierenden Reichtums und von Macht zwischen einer winzigen Gruppe von Pokerern besteht. Die führenden Pokerspieler, die gleichzeitig die führenden Kapitalisten unserer Zeit sind, sind die Investmentbanker, von denen einige mehrere zehn Millionen im Jahr verdienen und mit Firmen handeln, deren Aktiva das Volksvermögen vieler Nationen übersteigen. Der Wirtschaftswissenschaftler Robert B. Reich bemerkt dazu:

> Selten zuvor haben so wenige so viel für so wenig Arbeit verdient. Niemals haben so wenige solch eine Macht darüber ausgeübt, wie die Stücke des amerikanischen Kuchens verteilt werden.[385]

In dem Spekulationsrausch, der den industriellen Kapitalismus ersetzt hat, weist die Finanz- und Unternehmerelite am deutlichsten die den Armen zugeschriebenen Defekte auf: Orientierung am Jetzt und die Unfähigkeit, die Belohnung hinauszuschieben. Ausländische Finanziers und Investoren, die mehr und mehr zum Über-Ich des amerikanischen Kapitalismus werden, kritisieren die amerikanische Geschäftswelt routinemäßig wegen ihrer Unwilligkeit,üüber die Gewinne des nächsten Vierteljahres hinauszudenken – ihrer Weigerung, beispielsweise, in die Modernisierung von Forschung und technischen Anlagen zu investieren, die zu längerfristigen Gewinnen führen könnten. Unserer Unternehmerelite, der ein unglaublich großer Anteil am Reichtum der Nation anvertraut wurde – Reichtum, der letztendlich auf der Plackerei der Arbeiter, der Findigkeit von Wissenschaftlern und Technikern und dem Abbau natürlicher Ressourcen beruht –, verspielt diesen zusehens. Wenn uns Reaganomics etwas deutlich gemacht hat, dann daß man den Reichen kein Geld anvertrauen kann.

Die Polarisierung der Klassen führt zu Klassenkonflikten. Es gab zuviele Wall-Street-Skandale, zu viele gigantische Firmenübernahmen, in denen riesige Aktiengesellschaften – und damit unweigerlich ihre Angestellten – wie Pokerchips durcheinandergewürfelt wurden. Es gab zuviel zur Schau gestellte Extravaganz, zuviele Beweise der einschüchternden Macht des Kapitals über Politiker und politische Prozesse. Es ist unwahrscheinlich, daß die Medien die kritische »Entdeckung« der Klasse lancieren, von der sie gesponsort werden. Aber verstreute Artikel, einige populistische Politiker der Linken und einige wenige neu erschienene Bücher kündigen den sich beschleunigenden Abstieg Amerikas an, das sich zu einer Plutokratie entwickelt, die von den Launen und der Gier einiger weniger beherrscht wird.[386]

Die Entdeckung der Reichen – und unter ihnen die wirklich Mächtigen – sollte auf die neue Mittelklasse eine sofortige heilsame Wirkung haben. Das Ehepaar, das 115.000 Dollar im Jahr verdient, sollte anfangen sich bewußt zu werden, wessen Reichtum die Immobilienpreise und die Ausbildungskosten letztendlich in die Höhe treibt. Studenten könnten die »Kräfte des Marktes« in Frage stellen, die Armeen von Anwälten erfordern. Die liberalen Intellektuellen, die immer noch unter ihrer Zurechnung zur machthungrigen neuen Mittelklassse leiden, könnten den Gebrauch ihres Rückgrats wiedererlangen.

Denn die amerikanische Mittelklasse ist natürlich keine herrschende Klasse. Selbst ihre privilegiertesten Mitglieder werden von höheren Mächten blockiert. Der Herausgeber einer Zeitschrift muß sich gelegentlich der finanziellen Macht des Verlegers oder des Inserenten beugen. Wissenschaftler und Ingenieure in der Industrie müssen zusehen, wie ihnen am Herzen liegende Innovationen fallengelassen werden, weil sie nicht schnell genug Gewinn damit machten. Die Autonomie der privaten Universität ist eingeschränkt durch den geballten Reichtum des Kuratoriums. Jede durch Können, Ehrgeiz und Willensstärke erlangte Macht kann letztendlich übertroffen werden von der Macht des Kapitals.

## Die Wiederentdeckung der »Anderen«

Wenn die Reichen als Klasse entdeckt werden können, dann muß es für die Mittelklasse auch möglich sein, die »niederen Klassen« wiederzuentdecken – nicht als fremde »andere« oder als Objekte liberaler Sympathie, sondern als Verbündete im Kampf gegen die unmäßige und wachsende Macht des Reichtums. Dies ist in der Tat fast der eigentliche Traum der amerikanischen Linken: daß unzufriedene Angehörige der Mittelklasse sich mit der Mehrheit der Arbeiterklasse vereinen, um auf dem Wege der Politik zu versuchen, sowohl Macht als auch Reichtum nach unten zu denen zu bringen, die sie am meisten brauchen. In dem Maße, in dem sich dieser

Traum in der Zukunft verwirklicht, hören die Klassen auf, eine bedeutungsvolle Dimension menschlicher Vielfalt zu sein. Die Kluft zwischen Reichtum und Armut, Macht und Hilflosigkeit, wird abgeschafft, und wahre Demokratie schlägt endlich Wurzeln in solidem Boden.

Denn das eigentliche Thema der Klassendiskussion ist die Abschaffung der Klassen. Besteuere die Reichen und bereichere die Armen, bis beide Gruppen absorbiert werden in einer breiten und wahrhaft universellen Mittelklasse. Über Details kann man reden: Man kann bessere Arbeitsplätze und höhere Löhne schaffen oder ein garantiertes Einkommen anbieten, das den Arbeitsmarkt umgeht. Oder man kann Dienstleistungen ausbauen (wie etwa Bildungswesen, Krankenhäuser, Wohnungen, Kindergärten), die das Leben jedes einzelnen und die Möglichkeiten der Bedürftigen verbessern. Wahrscheinlich sollten alle diese Dinge getan werden, in wohlüberlegter Kombination, bis Amerika wirklich dem ähnelt, was es einst zu sein glaubte: eine klassenlose Gesellschaft mit ruhigem Gemüt, in der die dringendsten Probleme mit der »Qualität des Lebens« und nicht mit der Quantität menschlichen Elends zu tun haben.

Aber es ist viel leichter, die Verbindungen zu skizzieren, die für ein solches Unternehmen notwendig sind, als sie tatsächlich zu schaffen, es ist leichter, die »anderen« als entfernte »Gegebenheiten« zu sehen, als Bausteine strategischer Phantasie, denn als potentielle Kollegen und Anführer. Sogar die Linken aus der Mittelklasse, wo der Geist am willigsten ist, haben die Klassenschranken nur hin und wieder durchbrochen. Ob links oder rechts, wir sind immer noch in einer Mittelklassen-Kultur gefangen, die fast ausschließlich beschränkt, selbstbezogen und auf ihre Weise provinziell ist. Wir sehen die »anderen« nur selten, ausgenommen als Projektionen unserer eigenen Ängste oder Instrumente unseres Ehrgeizes, und selbst wenn wir sie sehen, als Opfer, »Fälle« oder Beispiele irgend einer archaischen Tugend, so hören wir sie selten.

Vorurteile zu überwinden ist vielleicht der leichteste Schritt, denn Vorurteile – sind sie einmal erkannt – verlieren ihre Kraft als ewige Wahrheiten. In den letzten Jahren, beispielsweise, haben Berichte über die zunehmende Armut bei Frauen – und über die weitverbreitete Existenz der »armen Arbeiterklasse« – die Macht der gefährlichsten und implizit rassistischen Bilder über die Armen unterhöhlt. Am schwierigsten ist es wohl, die Vorurteile zu überwinden und zu verstehen, daß die »anderen« so vielfältig und individuell sind wie die Angehörigen der eigenen Klasse, und auch – auf eine Art und Weise, die sowohl Respekt als auch Beunruhigung auslösen kann – deutlich verschieden.

Wiederum ist eine Wende im Bewußtsein erforderlich, eine Anstrengung sowohl des Verstandes als auch der Einbildungskraft. Viele Faktoren wirken zusammen, um die Klassen zu isolieren und die Mittelklasse davon abzuhalten, die »anderen« zu bemerken, geschweige denn, sie als Mitbürger anzuerkennen. Die physische Trennung der Klassen gewährleistet, daß wir uns in getrennten Räumen bewegen. Unser fragmentierter Wohlfahrtstaat – der »Wohlfahrt« für die Armen und eine Reihe von Steuersenkungen für die Mittelklasse beinhaltet – hält uns davon ab, in wirtschaftlichen Fragen gemeinsam vorzugehen. Das abnehmende Interesse der Medien an Arbeitskämpfen stellt sicher, daß niemand von den Siegen der Arbeiterklasse erfährt – oder von den Niederlagen.[387] Und selbst wenn es in unserer Nachbarschaft passiert, tendieren wir dazu, solche »unwichtigen« Leute wie Kellnerlehrlinge, Boten, Hilfskrankenschwestern, Kontrolleure, Sekretärinnen einfach nicht wahrzunehmen.

Noch sehen wir gewöhnlich die täglichen Mühen und Leistungen der »anderen«. Betrachten wir einmal, als kurze Studie über die Beschränktheit der Klassen, die langandauernde Beschäftigung der Mittelklasse mit Gebrauchsgegenständen als Statussymbolen. In der zur Zeit gängigen intellektuellen Betrachtungsweise sind Gebrauchsgegenstände »Signifikanten« in einer Status-»Sprache«, die uns beispielsweise sagen, wen man kennenlernen sollte und wer ohne weiteres ignoriert werden kann.

Aber diese Auffassung ist, so wie sie besteht, selbstbeschränkt und klassengebunden. Wenn Dinge nur noch Statusunterschiede symbolisieren, dann wird die Sprache der Gebrauchsgegenstände zu einer

Unterhaltung zwischen den sowieso schon Privilegierten, die allein in der Lage sind, die Abstufungen des »Geschmacks« zu dekodieren, die die einzelnen Konsumentenoptionen und Markennamen repräsentieren. Wenn Dinge nur vom Status sprechen, dann sprechen sie nur zu denjenigen, die sich des Status bewußt sind, und das einzig Neue, das sie mitteilen, handelt von Arroganz und differenziertem Reichtum.

Es ist jedoch auch möglich, die Dinge anders zu »lesen«: nicht nur als Aussagen über den Status ihres Besitzers, sondern als die eingefrorene Mühsal unsichtbarer anderer. Was immer es ist, irgend jemand hat es verpackt, gefahren und hinter einer Theke verkauft. Wenn wir bereit sind zuzuhören, dann erzählt uns die computerbetriebene Anlage von Asiatinnen, die an einem weit entfernten Fließband ihre Augen übermäßig beanspruchen; das Feinschmecker-Essen zum Mitnehmen spricht von eingewanderten Arbeitern, die in einer brütend heißen Küche Gemüse schneiden; das Appartment-Hochhaus erzählt uns von Todesgefahr in schwindelnder Höhe; und alles spricht von der angespannten Einsamkeit des Fernfahrers, der lange Strecken fährt. Wenn man lernt, Dinge so zu lesen, beginnt man aus der einsamen Isolation der Mittelklasse auszubrechen.

Es ist auch nötig, die »anderen« hören zu lernen. In einer durch die Massenkommunikation so eng verbundenen Gesellschaft sind seltsamerweise die Klassen durch eine Sprachbarriere getrennt.[388] Aus der Sicht der neuen Mittelklasse ist das, was »die da unten« sagen, weder klar und verständlich noch interessant. Daher das weit verbreitete, unbewußt herablassende Urteil, ein bestimmter Repräsentant der Armen oder der Arbeiterklasse könne »sich artikulieren«, was impliziert, daß der Rest es nicht kann. Daher auch das alte soziologische Vorurteil, die »unteren Klassen« seien beschränkt und provinziell in ihren Äußerungen bzw. es nicht wert, daß man ihnen zuhört.

Wir tendieren dazu, falls wir überhaupt darüber nachdenken, das Problem als simplen Mangel auf Seiten der »niedrigeren« Klassen zu sehen – am wahrscheinlichsten ein simpler Mangel an Wortschatz. Stereotypen von Arbeitern mit Sprachschwierigkeiten kommen uns in den Sinn: Archie Bunker mit seinen peinlichen Wortverwechslungen, Ed Norton, blöde kreischend, in dem Film *The Honeymooners*. Aber normalerweise ist es die Mittelklasse, die eine seltsame Sprache spricht – der Soziologe Alvin Gouldner nennt es den »kritischen Diskurs«. Es ist die Sprache der höheren Schulen und Universitäten und auch der Bürokratie.

In seiner Analyse wird die neue Mittelklasse dadurch als »Sprachgemeinschaft« definiert. Diese Sprache ist vor allem charakterisiert durch ihren unpersönlichen und scheinbar universellen Ton. Im kritischen Diskurs, so Gouldner,

> darf in einer Äußerung weder die Person noch ihre soziale Stellung sichtbar sein. Die Äußerungen werden unpersönlich. Die Sprecher verstecken sich hinter ihren Äußerungen. Diese scheinen körperlos, ohne Zusammenhang und in sich selbst begründet.[389]

Im Vergleich zur Sprache der unteren Schichten operiert der kritische Diskurs auf einem hohen Abstraktionsniveau, versucht immer, das Besondere durch das Allgemeine zu absorbieren, das Persönliche durch das Unpersönliche. Dies ist seine Stärke. Aber die harte, undemokratische Konsequenz ist, daß individuelle Äußerungen von »unten« fast ohne Gewicht, fragmentarisch und unfertig erscheinen. Da normale Rede nicht nach Universalität strebt und den Sprecher nicht in einem Nebel unpersönlicher Rhetorik verbirgt, wird sie oft als beschränkt und »anekdotisch« abgetan. Im Vergleich dazu erscheint eine wirklich »beschränkte« Idee, wenn sie in der der Mittelklasse eigenen unpersönlichen Art ausgedrückt wird, gewichtiger als nur die Aussage eines einzelnen – breiter in ihren Implikationen, bedeutungsträchtiger.

Um die Sprachbarriere zu durchbrechen, muß sich die Mittelklasse ihrer Denkweise bewußt werden, die »gewöhnliche« Redeweisen automatisch abkanzelt. Langfristig brauchen wir eine Kritik des kritischen Diskurses selbst. Gibt es einen Weg, die unpersönliche Redeweise der Mittelklasse wieder »persönlich« zu machen, so daß sie nicht länger dazu dient, den individuellen, variablen Sprecher zu verstecken? Denn vielleicht müssen wir uns *selbst* wiederfinden in der Sprache der Abstraktion, wenn wir je die »anderen« in der Alltagssprache wiederfinden sollen. Und die »anderen« zu finden – nicht als Fremde, nicht als Projektionen innerer Furcht – ist wesentlich für die Wiederbelebung des Gewissens der Mittelklasse.

Was hat die neue Mittelklasse in einer gleichberechtigteren Zukunft zu gewinnen oder vielleicht zu verlieren? Das Problem des Mittelklasse-Liberalismus – vielleicht das schlimmste – war, daß man eben diese Frage nie stellte. Man ging davon aus, daß der Wohlstand Amerikas ausreichte, um allen Armen beizustehen, ohne Verlust für diejenigen, die nicht arm waren. Und man ging davon aus, daß jeder Gewinn für die Mittelklasse rein spiritueller Natur wäre, und somit den Weg offen ließe für die Theorien des rechten Flügels über die »wirklichen« Motive und Anliegen der liberalen Elite.

Verglichen mit der Welt, wie sie von den Mittelklasse-Intellektuellen Mitte des Jahrhunderts gesehen wurde, ist unsere Welt eine Welt der Knappheit. Niemand glaubt, daß Wohlstand ein weitverbreiteter Zustand sei, geschweige denn ein Problem. Niemand glaubt mehr, daß Armut schmerzlos beseitigt werden kann, ohne die Anstrengung einer Umverteilung des Reichtums: nicht in den Vereinigten Staaten und gewiß nicht in der Welt als Ganzes. Sogar das wirtschaftliche Wachstum – diese hochgeschätzte liberale Alternative zur Umverteilung – hat die Grenzen des Umweltverträglichen erreicht und muß früher oder später zu einem Stillstand kommen. Und wenn der Begriff »Mittelklasse« auf der Grundlage von Einkommen definiert wird, über die heute nur 5 % oder weniger der Amerikaner verfügen, dann können nur wenige darauf hoffen, diesen einst ziemlich gewöhnlichen Stand zu erreichen.

Aber es gibt eine Sache, die nicht rar sein, sondern eher wachsen sollte, nämlich gute, befriedigende und anständige Arbeit: pflegen, heilen, bauen, lehren, planen, lernen. Den Berufsstolz auf solche typischen Tätigkeiten der Mittelklasse gibt es noch immer. Die Tragödie ist, daß sie immer seltener werden. Teilweise ist dafür die Unternehmenselite verantwortlich, die einerseits immer mehr Bankiers und Anwälte, andererseits schlecht bezahlte Sklaven verlangt – aber nur wenige Poeten, Astronomen oder sozial Tätige. Aber auch die Mittelklasse ist schuld daran, da ihre Strategie lange Zeit darin bestand, die beste Arbeit zu hamstern, die Barrieren zu erhöhen und die Massen williger Kräfte auszuschließen.

Bei akademischen Berufen geht man davon aus, daß sie, im Gegensatz zu Jobs, ein gewisses Maß an in der Sache begründeter Zufriedenheit bieten, eine gewisse Verbindung von Wissenschaft und Dienstleistung, Intellekt und Gewissen, Autonomie und Verantwortung. Niemand erwartet dies von einem reinen Job; und genau darin liegt ein entscheidendes Privileg der Mittelklasse gegenüber der Mehrheit – der Arbeiterklasse. Ein Arbeiter arbeitet, um Geld zu verdienen, und muß dabei oft unangenehme oder monotone Tätigkeiten ausführen; sein Vergnügen sucht er anderswo. Nur in der Mittelklasse (und bei den arbeitenden Reichen) wird Vergnügen bei der Arbeit mehr oder weniger als Recht betrachtet. John Kenneth Galbraith stellte schon vor Jahren fest:

> Für manche, wahrscheinlich für die Mehrheit, ist [die Arbeit] nach wie vor eine Last, die man eben auf sich zu nehmen hat. … Für andere ist »Arbeit« – obgleich sie denselben Namen trägt – etwas grundlegend anderes. Man erwartet von ihr ganz selbstverständlich, daß sie Freude macht.[390]

An der besonderen Art der Arbeit, die sie sich selbst vorbehält, hängt der geheime Hedonismus der Mittelklasse, ihre Alternative zum weniger befriedigenden, und daher süchtiger machenden Hedonismus der Konsumkultur. Das Vergnügen an der Arbeit ist, auch wenn wir es selten so sehen, die stillschweigende Widerlegung des Kapitalismus durch die Mittelklasse, ein Vergnügen, das nicht benutzt oder vermarktet werden kann, das weder altert noch sich mit der Zeit abnutzt.

Es ist das Vergnügen an der Arbeit – und das Gefühl, dazu berechtigt zu sein – das im Kampf um die soziale Position in einer rücksichtslos sich polarisierenden Gesellschaft am ehesten verlorengeht. Der Kommentar von Galbraith erlaubt uns, den bereits erlittenen Verlust zu messen. 1958 konnte er mit Fug und Recht behaupten, daß ein berufstätiger Akademiker »beleidigt« oder »irritiert« wäre, würde man ihm unterstellen, »seine wichtigste Motivation im Leben sei das Gehalt, das er bezieht.«

Heute, wo die ideellen Berufe (beispielsweise Medizin oder Forschung oder Lehre) zugunsten lukrativerer Karrieren aufgegeben werden, würden wenige solch eine Motivation ehrlos finden. Sogar bei den ideelleren Berufen werden die traditionellen Vorrechte – Autonomie, Kreativität und Hilfe – leicht zugunsten eines höheren Einkommens aufgegeben.

Je mehr wir das Berufsethos aufgeben – und damit das geheime Lustprinzip der Professionalität –, um so mehr werden wir abhängig von den gebrauchsfertigen Vergnügungen des Marktes. Der Regionalplaner, der auf Firmenanwalt umsattelte, der Sozialarbeiter, der Banker wurde, muß seine geopferten Träume durch Konsum kompensieren. Die Kosten gesteigerten Konsums erfordern noch längere Stunden leerer Arbeit – die wiederum durch größeren Konsum kompensiert werden müssen. Daraus resultiert der Suchtrausch der »Yuppie-Strategie«, andererseits auch ein weiterer Schub für die Kräfte der Polarisierung und der sich vertiefenden Klassenungleichheit.

Aber selbst für die Mittelklasse liegt die Lösung nicht in einer einfachen Wiederbelebung des Professionalismus. Der elitäre Charakter der akademischen Berufe – mit ihren steilen und oft willkürlichen Ausbildungs- und Zulassungsbarrieren – verletzt nicht nur die ausgeschlossenen Angehörigen der unteren Klassen, sondern auch diejenigen, die, durch Geburt, am ehesten dazugehören. Das ist die Falle in der Strategie des Professionalismus und die Quelle so vieler Mittelklassenängste: die Barrieren, die errichtet wurden, um Eindringlinge aus anderen Klassen abzuwehren, versperren auch den Weg für die Jugend der Mittelklasse. Die Barrieren stellen sicher, daß nur die hart Arbeitenden, die sich selbst Verleugnenden, zu etwas kommen werden – und nicht einmal alle von ihnen. Daher die Furcht vor Hedonismus, davor, weich zu werden und am Ende abzustürzen. Harte Arbeit und Selbstverleugnung werden zu unseren strafenden »Werten« und stellen uns gegen jene, die es noch nicht geschafft haben (die Jungen, die Armen), und sogar gegen unsere eigenen Wünsche.

Aber wenn wir zu fragen beginnen, was zu tun ist, dann können wir sehen, daß die Angst der Mittelklasse vor dem Mangel zu einem nicht geringen Teil selbst auferlegt ist. Es gibt potentiell keine Grenze für die Nachfrage nach professionellen, kreativen und sozial tätigen Menschen, keine Beschränkung der Probleme, die es zu lösen gilt, und der Ansprüche, die an menschliche Kraft und Tätigkeit gestellt werden. Die Mentalität der Knappheit mag angebracht sein im Bereich der Konsumgüter – aus dem einfachen Grund der Fairness und der Ökologie –, hat aber keinen Platz im Bereich von gewissenhafter, verantwortungsbewußter Anstrengung und Leistung.

In einer gerechteren Zukunft gäbe es ausreichend Arbeit für alle, Arbeit, die genügend Spaß macht, so daß alle sie tun wollen. Es geht nicht darum, »das Niveau abzusenken«, sondern Türen zu öffnen: künstliche Barrieren abzuschaffen und die Ausbildungsmöglichkeiten für alle Klassen zu vergrößern. Währenddessen muß sich das Ausbildungssystem ändern, seine restriktive Voreingenommenheit aufgeben und die Konkurrenzmechanismen abschwächen. Der lange Prozeß des Heranwachsens und der Vorbereitung auf die Rolle des Erwachsenen im Berufsleben muß nicht länger eine Übung darin sein, »die Belohnung hinauszuschieben«. »Permissivität« wäre keine Gefahr mehr und auch keine Ausrede für soziale Ungerechtigkeit. Für eine wachsende Anzahl von Menschen jeden Hintergrunds würde der Weg des Sichgehenlassens direkt vom Vergnügen des Lernens zur Freude an selbst gewählter Arbeit führen.

An dem Punkt, an dem Ausbildung zur freien Übung des Geistes wird, würde sie unweigerlich aufhören, Mechanismus der Klassenreproduktion zu sein. Sie wäre lustvoll und zu spielerisch, um länger im Dienst sozialer Ungerechtigkeit zu bleiben. Jeder würde sie wollen; die Barrieren, die errichtet wurden, um die »anderen« fernzuhalten, würden einstürzen und die Hungrigen jeden Alters hereinstürmen.

Genau dies sollte ganz einfach das Programm der neuen Mittelklasse sein und das Anliegen, das sie in jede breitere Bewegung der Gleichheit und sozialer Gerechtigkeit einbringt: die Klasse zu erweitern, jeden willkommen zu heißen, bis keine andere Klasse mehr übrigbleibt.

# *Anmerkungen*

## *Einleitung*

1 Steve Brouwer, *Sharing the Pie*. Carlisle, Pennsylvania, Big Picture Books, 1988, S. 4.
2 Zu ausführlicheren Definitionen, zu Geschichte und Theorie dieser Klasse in den Vereinigten Staaten vgl. Barbara Ehrenreich und John Ehrenreich, »The Professional-Managerial Class«, in *Between Labor and Capital: The Professional Managerial Class,* hrsg. v. Pat Walker. Boston, South End Press, 1979, Alvin Gouldner, *The Future of Intellectuals and the Rise of the New Class*. New York, Seabury/Continuum, 1979, sowie David Bazelon, *Power in America*. New York, New American Library, 1967.
3 John Ehrenreichs Berechnung in Ehrenreich und Ehrenreich, a.a.O.
4 Einen interessanten Versuch einer Abgrenzung nach oben liefern Michael Albert und Robin Hahnel, »A Ticket to Ride: More Locations on the Class Map«, in Walker, a.a.O., S. 243–78.
5 Wer sich für theoretisch strengere Argumente oder soziologische Details interessiert, sei auf Ehrenreich und Ehrenreich, Gouldner und Bazelon verwiesen.

## *Kapitel 1*

6 Vance Packard, *The Status Seekers,* New York, Pocket Books, 1961, S. 2. Zitiert nach *Die unsichtbaren Schranken. Theorie und Praxis der »klassenlosen Gesellschaft«*. Deutsch v. Wolf Kinzel. Düsseldorf, 1959, S. 12.
7 Ebd., S. 88.
8 Zitiert bei Peter Schrag, *The End of the American Future*. New York, Simon and Schuster, 1973, S. 88.
9 Seymour Martin Lipset, *Political Man*. Garden City, N.Y., Doubleday, 1963, S. 442. *Soziologie der Demokratie*. Deutsch v. Otto Kimminich. Neuwied/Berlin, 1962.
10 David Riesman und Nathan Glazer, »The Intellectuals and the Discontented Classes«, in Daniel Bell, Hrsg., *The New American Right*. New York, Criterion, 1955, S. 72f.
11 Arthur Schlesinger jr., *The Politics of Hope*. Boston, Houghton Mifflin, 1963, S. 92. Erstveröffentlichung in *Esquire,* Januar 1960.
12 Daniel Bell, *The End of Ideology. On the Exhaustion of Political Ideas in the Fifties*. New York, Free Press, 1962, S. 400.
13 Schlesinger, a.a.O., S. 84.f.
14 Zitiert bei Ethel Kawin, *Parenthood in a Free Nation,* Bd. 1: *Basic Concepts for Parents*. New York, Macmillan, 1967, S. 105.
15 Zitiert bei Schlesinger, a.a.O., S. 83.
16 Zitiert bei Allan David Heskin, »Crisis and Response. An Historical Perspective on Advocacy Planning«. University of California at Los Angeles, o.J., S. 1.
17 Schlesinger, a.a.O., S. 90.
18 Alan Wolfe, *America's Impasse. The Rise and Fall of the Politics of Growth*. New York, Pantheon Books, 1981, S. 28.

19 Arthur Schlesinger jr., *Kennedy or Nixon. Does It Make Any Difference?* New York, Macmillan, 1960, S. 4.
20 Schlesinger, *Politics of Hope,* S. 70.
21 J. Edgar Hoover wird zitiert bei Douglas T. Miller und Marion Nowak, *The Fifties*. Garden City, N.Y., Doubleday, 1977, S. 280.
22 Roger Brown, *Social Psychology*. New York, Free Press, 1965, S. 135.
23 William F. Ogburn und Meyer F. Nimkoff, *Sociology,* Boston, Houghton Mifflin, 1964, S. 436f. »Im schnellen Wandel des Lebens«: ebd., S. 437.
24 Arnold W. Green, *Sociology*. New York, McGraw-Hill, 1968, S. 201. »Der amerikanische Mythos der Gleichheitsdoktrin«: ebd., S. 459-61.
25 Ebd., S. 207.
26 Francis E. Merrill und H. Wentworth Eldridge, *Society and Culture. An Introduction to Sociology*. New York, Prentice Hall, 1957, S. 319f.
27 Green, a.a.O., S. 206-08.
28 Herbert Gold, *The Age of Happy Problems*. New York, Dial Press, 1982, S. 10.
29 Dieses und die folgenden Zitate nach Eric Goldman, *The Tragedy of Lyndon Johnson*. New York, Knopf, 1969, S. 140f.
30 John Kenneth Galbraith allerdings, der als erster den Überfluß als entscheidendes Merkmal der amerikanischen Gesellschaft benannt hatte, kritisierte die Verschwendung einer von der Großindustrie dominierten Wirtschaft und der sich daraus ergebenden sozialen Ungleichheit aufs schärfste. Vgl. *The Affluent Society*. Boston, Houghton Mifflin, 1958. Zitiert nach *Gesellschaft im Überfluß*. Deutsch v. Rudolf Mühlfenzl. München und Zürich, 1959.
31 Stephan Thernstorm, zitiert nach William E. Leuchtenburg, *The Troubled Feast. American Society Since 1945*. Boston, Little Brown, 1973, S. 113.
32 Jack Kerouac, *The Dharma Bums*. New York, Viking Press, 1958, S. 77. Zitiert nach *Gammler, Zen und hohe Berge*. Deutsch v. Werner Burkhard. Reinbek, 1963, S. 75.
33 Hillel Schwartz, *Never Satisfied. A Cultural History of Diets, Fantasies, and Fat*. New York, Free Press, 1986, S. 254.
34 Ebd., S. 257.
35 Ebd., S. 235.
36 Eric Goldman, zitiert bei Leuchtenberg, a.a.O., S. 110.
37 Schlesinger, *Politics of Hope,* S. 83f.
38 Adlai Stevenson, zitiert nach Leuchtenberg, a.a.O., S. 111.
39 Gold, a.a.O., S. 7.
40 Ebd., S. 3f.
41 Zitiert bei William H. Whyte jr., *The Organization Man*. New York, Simon and Schuster, 1956, S. 17.
42 David M. Potter, *People of Plenty. Economic Abundance and the American Character*. Chicago, Phoenix Books, 1954, S. 178.
43 Ebd., S. 188.
44 Albert O. Hirschman, *Shifting Involvements. Private Interest and Public Action*. Princeton, N.J., Princeton University Press, 1982, S. 38 bzw. 29.
45 Stephen Fox, *The Mirror Makers. A History of American Advertising and its Creators*. New York, Morrow, 1984, S. 179.
46 Ebd., S. 180.
47 Gestützt auf amtliche Statistiken des United States Cencus Bureau errechnet Phil Steinberg, daß das Verhältnis zwischen dem Einkommen von Freiberuflern, Managern und Verwaltungsbeamten einerseits und dem aller anderen Männer 1960 genau dasselbe war wie 1950, nämlich 1,59 : 1.

48 Russell Lynes, *A Surfeit of Honey*. New York, Harper, 1957, S. 32.
49 Riesman und Glazer, »The Intellectuals«, S. 79.
50 Russell Lynes, a.a.O., S. 49.
51 Barbara Miller Solomon, *In the Company of Educated Women*. New Haven, Yale University Press, 1985, S. 63f.
52 Berechnung von Phil Steinberg nach amtlichen Statistiken des United States Cencus Bureau für 1960.
53 Bruno Bettelheim, »The Commitment Required of a Women Entering a Profession in Present-Day American Society«, in *Women and the Scientific Professions,* hrsg. v. Jacqueline A. Mattfeld und Carol G. Van Aken. Cambridge, MIT Press, 1956, S. 6f.
54 Betty Friedan, *The Feminine Mystique*. New York, Norton, 1963, S. 255. *Der Weiblichkeitswahn oder die Mystifizierung der Frau*. Deutsch v. Margaret Carroux. Reinbek, 1966.
55 Ebd., S. 139.
56 Michael Harrington, *The Other America. Das andere Amerika. Die Armut in den Vereinigten Staaten*. Deutsch v. Emi Ehm. München, 1964.
57 John K. Galbraith, a.a.O., S. 341.
58 Dwight McDonald, »Our Invisible Poor«, *The New Yorker,* 19. Januar 1963, S. 82.
59 »Poverty U.S.A.«, *Newsweek,* 17. Februar 1964, S. 19.
60 »Sudden Drive on ›Poverty‹ – Why?« *U.S. News and World Report,* 20. Januar 1964.
61 »The Poor Amidst Prosperity«, *Time,* 1. Oktober 1965, S. 34f.
62 Schlesinger, *Politics of Hope,* S. 82.
63 Hirschmann, a.a.O., S. 5.
64 Sargent Shriver, »The War on Poverty Is a Movement of Conscience«, in *The Great Society Reader,* hrsg. v. Marvin E. Gettleman und David Mermelstein. New York, Random House, 1967, S. 209.
65 Zitiert in Robert A. Liston, *Sargent Shriver. A Candid Portrait*. New York, Farrar, Straus, 1964, S. 209.
66 Sargent Shriver im Vorwort zu *Poverty in Plenty,* hrsg. v. George H. Dunne. New York, Kennedy, 1964, S. 10.
67 Sargent Shriver, *The Point of the Lance*. New York, Harper and Row, 1964, S. 113.
68 Frances Fox Piven und Richard Cloward, *Poor People's Movements. Why They Succeed, How They Fail.* New York, Vintage Books, 1979, S. 270.
69 »Poverty U.S.A.«, S. 19.
70 Vgl. Elinor Graham, »The Politics of Poverty«, in *The Great Society Reader,* S. 225.
71 Shriver, »War on Poverty«, S. 210f.

## *Kapitel 2*

72 Diana Trilling, *We Must March, My Darlings*. New York, Harcourt Brace Jovanovich, 1977, S. 87.
73 Ebd., S. 96.
74 Ebd., S. 131f.
75 Vgl. u.a. Todd Gitlin, *The Sixties. Years of Hope, Days of Rage*. New York, Bantam Books, 1987; Kirkpatrick Sale, *SDS*. New York, Vintage Books, 1974. James Miller, *Democracy is in the Streets*. New York, Simon and Schuster, 1987.
76 Jerry Rubin, *The Sixties Papers. Documents of a Rebellious Decade,* hrsg. von Judith Clavir Albert und Stewart Edward Albert. New York, Praeger, 1984, S. 439f. Zi-

tiert nach *Do It! Szenarios für die Revolution*. Deutsch v. Mark W. Riem. Reinbek, 1971, S. 17f.

77 Winni Breines, *The Great Refusal. Community and Organization in the New Left, 1962–1968*. New York, Praeger, 1982, S. 20.

78 Diana Trilling, a.a.O., S. 80.

79 Bruno Bettelheim, »Disturbing Student Parallels«, *The New York Times,* 23. März 1969 (Auszug aus seiner Aussage bei einem Hearing des Sonderausschusses für Bildungsfragen des Repräsentantenhauses).

80 Zitiert in »Campus Protest Takes New Shape«, *The New York Times,* 20. November 1967.

81 Breines, *Great Refusal,* S. 3.

82 Daniel Bell, zitiert nach Breines, ebd., S. 2.

83 Irving Kristol, »A Different Way to Restructure the University«, in *Confrontation. The Student Rebellion and the Universities,* hrsg. v. Daniel Bell und Irving Kristol. New York, Basic Books, 1968, 1969, S. 150.

84 Zitiert nach Breines, a.a.O., S. 2.

85 Zitiert nach Breines, ebd., S. 3.

86 *New York Times,* 23. März 1969.

87 Bruno Bettelheim, a.a.O.

88 *New York Times Magazine,* 3. März 1968, S. 17.

89 Wie Christopher Jencks mir am 17. Dezember 1986 schrieb, konnte er die eigentlich vorgesehene Überschrift »Dr. Spock ist an allem schuld« gerade noch verhindern.

90 David Truman, zitiert nach »Columbia Starts to Discipline 500 for Campus Sit-In«, *New York Times,* 20. Mai 1968.

91 Rabbi Emmanuel Rackman, zitiert nach »Permissive Role in Society Scored«, *New York Times,* 10. November 1968.

92 Edward Shils, »Dreams of Plenitude, Nightmares of Scarcity«, in *Students in Revolt,* hrsg. v. Seymour Martin Lipset und Philip G. Altbach. Boston, Houghton Mifflin, 1969, S. 15.

93 Robert Nesbit, »Knowledge Dethroned«, *New York Times Magazine,* 28. September 1975, S. 34.

94 »Cicago's Dr. Yes«, *Time,* 5. Juli 1968, S. 45.

95 Bruno Bettelheim, zitiert in »Student Protests Tied to Guilt Idea«, *New York Times,* 21. März 1969.

96 Bruno Bettelheim, »Children Must Learn to Fear«, *New York Times Magazine,* 13. April 1969, S. 125.

97 George F. Kennan, *Democracy and the Student Left*. Boston, Atlantic Monthly Press, 1968, S. 11.

98 Nesbit, a.a.O.

99 Bettelheim, »Children Must Learn to Fear«.

100 »Agnew Develops His Father Image«, *New York Times,* 13. Oktober 1968.

101 Spiro Agnew, zitiert nach Jules Witcover, *The White Knight. The Rise of Spiro Agnew*. New York, Random House, 1972, S. 331f.

102 Ebd., S. 264.

103 Ebd., S. 290.

104 Dr. Fred Brown, zitiert in »Parents Excused in Youth Revolt«, *New York Times,* 12. Mai 1968.

105 Richard Flacks, »Who Protests. Social Bases of the Student Movement«, in *Protest! Student Activism in America,* hrsg. v. Julian Foster und Durward Long. New York, William Morrow, 1970, S. 134.

106 Midge Decter, *Liberal Parents, Radical Children*. New York, Coward, McCann and Geoghegan, 1975, S. 16.
107 Ebd.
108 Ebd., S. 23.
109 Ebd., S. 36.
110 Ebd., S. 27.
111 Ebd., S. 25.
112 Ebd., S. 31.
113 Margaret Mead, *And Keep Your Powder Dry*. New York, Morrow, 1942, 1965, S. 54.
114 Kenneth Kenniston, *Youth and Dissent. The Rise of a New Opposition*. New York, Harcourt Brace Jovanovich, 1971, S. 113.
115 Seymour Martin Lipset and Gerald M. Schaflander, *Passion and Politics. Student Activism in America*. Boston, Little, Brown, 1971, S. 34.
116 Jerry Farber, *The Student as Nigger*. New York. Pocket Books, 1969, 1971, S. 28.
117 Shils, a.a.O., S. 18.
118 Robert Brustein, »The Case for Professionalism«, in *The University Crisis Reader*, Bd. 1: *The Liberal University Under Attack*. New York, Vintage Books, 1971, S. 546.
119 Vgl. Robert H. Wiebe, *The Search for Order, 1877–1920*. New York, Hill and Wang, 1967, sowie neuerdings John H. Ehrenreich, *The Altruistic Imagination. A History of Social Work and Social Policy in the United States*. Ithaca, New York, Cornell University Press, 1987, Kap. 2.
120 Samuel Haber, »The Professions and Higher Education in America. A Historical View«, in *Higher Education and the Labor Market*. New York, McGraw Hill, 1974, S. 241.
121 William Osler, zitiert in Barbara Ehrenreich und Deirdre English, *For Her Own Good. 150 Years of the Experts' Advice to Women*. New York, Doubleday/Anchor, 1978, S. 89.
122 Robert Brustein, a.a.O., S. 557 (Antwort auf Eric Bentley).
123 Ebd., S. 552.
124 David Riesman, *Die einsame Masse. Eine Untersuchung der Wandlungen des amerikanischen Charakters*. Deutsch v. Renate Rausch. Darmstadt, 1956, S. 91.
125 Ebd., S. 95f. Vgl. auch »Socialization and Social Class Through Time and Space«, in *The Impact of Social Class*, hrsg. v. Urie Bronfenbrenner. New York, Crowell, 1972, S. 381–409.
126 Francis E. Merrill und H. Wentworth Eldredge, *Society and Culture. An Introduction to Sociology*. New York, Prentice Hall, 1952, S. 313.
127 Albert K. Cohen, zitiert in James H.S. Bossard und Eleanor Stoker Boll, *The Sociology of Child Development*, New York, Harper and Row, 1948, 1966, S. 243.
128 Winfield S. Hall, »The Nutrition of Children Under Seven Years«, in *The Child in the City*. Anläßlich der Child Welfare Exhibit (Chicago 1911) gehaltene Vorträge; Veröffentlichung der Chicago School of Civics and Anthropology, 1912, S. 85.
129 John B. Watson, *Psychological Care of Infant and Child*. New York, Norton, 1928, S. 9f. Zitiert nach *Psychische Erziehung im frühen Kindesalter*. Deutsch v. Therese Dürr. Leipzig, 1929, S. XIXf.
130 Ebd., S. 81f.
131 Martha Wolfenstein, »Fun Morality. An Analysis of Recent American Child-Training Literature«, in *Psychological Care of Infant and Child*, hrsg. v. Maragaret Mead und Martha Wolfenstein. *University of Chicago Press*, 1955, 1960, S. 168–77.
132 Allison Davis und R.J. Havighurst, zitiert in Urie Bronfenbrenner, a.a.O., S. 381–409.

133 Ehrenreich und English, a.a.O., S. Kap. 5 und 6.
134 Zitiert in Wolfenstein, a.a.O., S. 172.
135 Bronfenbrenner, a.a.O.
136 David M. Potter, *People of Plenty. Economic Abundance and the American Character.* Chicago, Phoenix Books, 1954, S. 204.
137 Wolfenstein, a.a.O., S. 176.
138 Ethel Kawin, *Parenthood in a Free Nation,* Bd. 1: *Basic Concepts for Parents.* New York, Macmillan, 1954, 1967, S. 14.
139 Wolfenstein, a.a.O., S. 177.
140 Benjamin Spock, zitiert in Ehrenreich und English, a.a.O., S. 254.
141 Bronfenbrenner, a.a.O., S. 409.
142 Philip Slater, *The Pursuit of Loneliness. American Culture at the Breaking Point.* Boston, Beacon Press, 1979, S. 57.
143 J. Ronald Oakley, *God's Country. America in the Fifties.* New York, Dembner Books, 1986, S. 267–90.
144 Richard Rovere, zitiert nach William E. Leuchtenberg, *The Troubled Feast. American Society since 1945.* Boston, Little Brown, 1973, S. 32f.
145 Gitlin, a.a.O., Kap. 2.

## *Kapitel 3*

146 Nora Sayre, *Sixties Going on Seventies.* New York, Arbor House, 1973, S. 311.
147 Joseph Kraft, zitiert nach Godfrey Hodgson, *America in Our Time. From World War II to Nixon.* Garden City, N.Y., Doubleday, 1976, S. 375.
148 Seymour Martin Lipset und Earl Raab, *The Politics of Unreason. Right-Wing Extremism in America, 1790–1970.* New York, Harper and Row, 1970, S. 342.
149 Chet Huntley, zitiert in Hodgson, *America in Our Time,* S. 372.
150 Shad Northshield, zitiert in »The ›Silent Majority‹ Comes into Focus«, *TV Guide,* 27. September 1969, S. 6.
151 Fred Freed, zitiert in Efron, »Silent Majority«.
152 Robert Wood, zitiert nach Richard Lemon, *The Troubled American.* New York, Simon and Schuster, 1969, S. 139.
153 Hodgson, a.a.O., S. 382.
154 Donald I. Warren, *The Radical Center. Middle Americans and the Politics of Alienation.* Notre Dame, Indiana, University of Notre Dame Press, 1976, S. xx.
155 »The Troubled American«, *Newsweek,* 6. Oktober 1969, S. 29.
156 »Man and Woman of the Year«, *Time,* 5. Januar 1970, S. 10.
157 »Revolt of the Middle Class«, *U.S. News and World Report,* 24. November 1969, S. 52.
158 Lemon, *Troubled American,* S. 33.
159 »Troubled American«, *Newsweek,* a.a.O., S. 46.
160 Lemon, *Troubled American,* S. 33.
161 Daniel Patrick Moynihan, *The Negro Family. The Case for National Action.* Washington, D.C., U.S. Department of Labor, Office of Family Planning and Research, 1965.
162 Vgl. z.B. William Simon und John Gagnon, »Working Class-Youth. Alienation Without an Image«, in Louise Kapp Howe, *The White Majority. Between Poverty and Affluence.* New York, Vintage Books, 1970, S. 45–59.
163 Seymour Martin Lipset, »Working-Class Authoritarianism«, in *Political Man. The Social Bases of Politics.* Baltimore, John Hopkins University Press, 1959/1981, S. 114.

Zitiert nach »Der Autoritarismus der Arbeiterklasse«, in Seymour Martin Lipset, *Soziologie der Demokratie*. Deutsch v. Otto Kimminich. Neuwied/Berlin, 1962, S.95ff.

164 Ebd., S. 112.

165 S. M. Miller und Frank Riessman, »Working-Class Authoritarianism, A Critique of Lipset«, *British Journal of Sociology*, September 1961, S. 272.

166 Richard F. Hamilton, *Who Voted for Hitler?* Princeton, New Jersey, Princeton University Press, 1982.

167 Ders., *Class and Politics in the United States*. New York, Wiley, 1972, S. 399–506.

168 Lipset, a.a.O. Alle Zitate S. 118f.

169 Ebd., S. 114.

170 Ebd., S. 123.

171 Albert K. Cohen und Harold M. Hodges, zitiert in Harold M. Hodges jr., *Conflict and Consensus. An Introduction to Sociology*. New York, Harper and Row, 1971, S. 244.

172 Pauline Kael, *When the Lights Go Down*. New York, Holt, Rinehart and Winston, 1980, S. 214.

173 Charles Reich, *The Greening of America*. New York, Random House, 1970, S. 228f.

174 Stanley Aronowitz, *False Promises. The Shaping of American Working-Class Consciousness*. New York, McGraw-Hill, 1973, S. 31.

175 Vgl. Aronowitz, a.a.O.

176 »The Blue-Collar Worker's Lowdown Blues«, *Time*, 9. November 1970, S. 68.

177 Kevin P. Phillips, *The Emerging Republican Majority*. New Rochelle, N.Y., Arlington House, 1969, S. 30.

178 Phillips, a.a.O., S. 464.

179 Richard M. Scammon und Ben J. Wattenberg, *The Real Majority. An Extraordinary Examination of the American Electorate*. New York, Coward-McCann, 1970, S. 62f.

180 Scammon und Wattenberg, a.a.O., S. 74f.

181 Ebd., S. 75.

182 Hodgson, *America in Our Time*, S. 486.

183 Richard Parker, »Those Blue-Collar Worker Blues«, *New Republic*, 23. September 1972, S. 16.

184 Das maßgebliche Werk über die Verquickung von Klasse und Rassenantagonismus als Folge gerichtlich angeordneter Integration von Schulen ist zweifellos J. Anthony Lukas' *Common Ground. A Turbulent Decade in the Lifes of Three American Families*. New York, Knopf, 1985.

185 Hamilton, *Class and Politics in the United States*, S. 415f.

186 Robert Coles, *The Middle Americans. Proud and Uncertain*. Boston, Little, Brown/Atlantic Monthly Press, 1971, S. 12.

187 Zitiert nach »Troubled American«, *Newsweek*.

188 Zitiert nach Coles, a.a.O., S. 6.

189 »Troubled American«, *Newsweek*, a.a.O., S. 35.

190 Leuchtenberg, *Troubled Feast*, S. 199.

191 John Kenneth Galbraith, *The Affluent Society*. Boston, Houghton Mifflin, 1958, S. 341. Diese Passagen neu übersetzt v. Wolfgang Heuss. Vgl. *Gesellschaft im Überfluß*. Deutsch v. Rudolf Mühlfenzl. München/Zürich, 1959, S. 359.

192 John Lippert, »Fleetwood Wildcat«, *Radical America*, Bd. 11, Nr. 5 (September/Oktober 1977), S. 7.

193 Bei dieser Zusammenfassung folge ich John Ehrenreichs Darstellung des Aufstiegs der Akademiker- und Managerklasse in *The Altruistic Imagination. A History of Social Work and Social Policy in the United States*. Ithaka, N.Y., Cornell University Press, 1985, S. 25.

194 Vgl. Stuart Ewen, *Captains of Consciousness. Advertising and the Social Roots of the Consumer Culture*. New York, McGraw-Hill, 1977.

195 Barbara Ehrenreich und Deirdre English, *For Her Own Good. 150 Years of the Experts' Advice to Women*. Garden City, N.Y., Anchor/Doubleday, 1979, Kap. 3.

196 Robert H. Wiebe, *The Search for Order, 1877–1920*. New York, Hill and Wang, 1967, Kap. 5.

197 Frederick Jackson Turner, zitiert nach Richard Hofstadter, *Anti-Intellectualism in American Life*. New York, Knopf, 1963, S. 200.

198 Edward A. Ross, zitiert nach Otis L. Graham, *The Great Campaigns*. New York, Prentice Hall, 1971, S. 237.

199 Vgl. Harry Braverman, *Labor and Monopoly Capital*. New York Monthly Review Press, 1975. Detaillierter ist David Montgomery, *The Fall of the House of Labor*. Cambridge, Cambridge University Press, 1987. Das Taylor-Zitat dort S. 189.

200 Vgl. John Ehrenreich, *Altruistic Imagination,* Kap. 2; Ehrenreich und English, *For Her Own Good,* Kap. 5; Samuel Bowles und Herbert Gintis, *Schooling in Capitalist America*. New York, Basic Books, 1975.

201 Ehrenreich und English, *For Her Own Good,* Kap. 3; Frances E. Kobrin, »The American Midwife Controversy. A Crisis of Professionalisation«, *Bulletin of the History of Medicine,* Juli-August 1966, S. 350.

202 Ehrenreich und English, *Complaints and Disorders. The Sexual Politics of Sickness*. New York, Feminist Press, 1973.

203 Zitiert in David Halle, *America's Working Man. Work, Home, and Politics Among Blue Collar Property Owners*. Chicago University Press, 1984, S. 206f.

204 Richard Sennett und Jonathan Cobb, *The Hidden Injuries of Class*. New York, Vintage Books, 1972, S. 38.

205 Mike Lefevre, zitiert in Studs Terkel, *Working*. New York, Pantheon Books, 1972/1974, S. XXXIII.

206 Zitiert in Sandy Carter, »Class Conflict. The Human Dimension«, in *Between Labor and Capital. The Professional Managerial Class*. Boston, South End Press, 1979, S. 112.

207 Zitiert in »The Blue-Collar Worker's Lowdown Blues«, *Time,* 9. November 1970, S. 68.

208 Work in America. *Report of a Special Task Force to the Secretary of Health, Education, and Welfare*. Cambridge, MIT Press, o.J., S. 34f.

209 Zitiert in Coles, *Middle Americans,* S. 134.

210 Ebd., S. 103.

211 Ebd., S. 45.

## *Kapitel 4*

212 Kevin Phillips, zitiert in »Poppy the Populist«, *Newsweek,* 7. November 1988, S. 58.

213 Zitiert in Peter Steinfels, *The Neoconservatives,* New York, Simon and Schuster, 1979, S. 4.

214 Die Vorstellung, Bürokraten und »Geistesarbeiter« stellten eine dritte Klasse dar, gab es allerdings schon länger; einige weitsichtige Anarchisten hatten schon vor der Oktoberrevolution mit dieser Möglichkeit gerechnet. Das beste amerikanische Werk zu diesem Thema bleibt Bazelons Buch aus dem Jahre 1967. Dreizehn Jahre später verfolgte er die verwickelte Genese der Neue-Klasse-These bis 1940 – das Jahr, in dem der New Yorker Trotzkistenführer Max Schachtmann sie aufgriff:

> [Schachtmann] bediente sich bei Bruno Rizzi und maß dessen Thesen an Trotzkis *Verrat der Revolution;* Trotzki selbst hatte das eine oder andere von Max

Nomad entlehnt, welcher wiederum bekanntlich alles von [dem polnischen Bolschewiken] Jan Waclaw Machaski hatte, der seinerseits Louis Boudin einiges bei Bakunin Abgeschriebene geklaut haben dürfte. Ich vermute, daß irgendjemand auch Robert Michels fündig geworden war, aber wer will das mit Sicherheit sagen? Als ursprünglichen Eigentümer des Malteser-Falken hat Daniel Bell ja Henri Comte des Sainte-Simon ausgemacht.
»How Now ›The New Class‹?« *Dissent,* 1979, S. 443.

215 Milovan Djilas, *Die neue Klasse. Eine Analyse des kommunistischen Systems,* deutsch v. Reinhard Federmann. München, 1957, S. 73f

216 Michael Novak, »Needing Niebuhr Again«, *Commentary,* September 1973, S. 60.

217 Äußerungen von Seymour Martin Lipset und Herman Kahn in »America Now. A Failure of Nerve«, *Commentary,* Juli 1975, S. 49–58.

218 Norman Podhoretz, »The Adversary Culture«, in *The New Class?* hrsg. v. B. Bruce-Briggs. New Brunswick, N.J., Transaction Books, 1979, S. 19–31.

219 Irving Kristol, *Two Cheers for Capitalism.* New York, Basic Books, 1979, S. 27.

220 Ebd., S. 145.

221 Die Neokonservativen konnten über die Hälfte der Angehörigen der neuen Mittelklasse – bzw. der »Neuen Klasse« nach der Definition von Bazelon, Gouldner u.a. – dadurch ausschließen, daß sie nur die vermutlich linksliberalen Berufe berücksichtigten. Bei großzügig angelegten Maßstäben könnte man zum »linksliberalen« Flügel der neuen Mittelklasse alle Angestellten im öffentlichen Dienst und in gemeinnützigen Einrichtungen rechnen (zu letzteren zählen freilich auch keineswegs linksliberale kirchliche Organisationen), ferner alle Lehrkräfte auf allen Ebenen sowie Angestellte in den Medien und in der Unterhaltungsbranche. Auf Daten der Volkszählung von 1980 gestützt hat Phil Steinberg festgestellt, daß selbst bei Anlegung dieser sehr weitgefaßten Kriterien nur etwa 44% der Angehörigen der neuen Mittelklasse der »Neuen Klasse« zugerechnet werden könnten. Legt man strengere Maßstäbe an und läßt alle Lehrer unterhalb von College und Hochschule weg – für die Neokonservativen ohnehin keine »linke Gefahr« –, so bleiben noch 27 %. Vgl. Barbara und John Ehrenreich, »The Professional-Managerial Class«, in *Between Labor and Capital,* hrsg. v. Pat Walker, Boston, South End Press, 1979; Alvin Gouldner, *The Future of Intellectuals and the Rise of the New Class,* New York, Seabury/Continuum, 1979, und David Bazelon, *Power in America,* New York, New American Library, 1967.

222 Peter Steinfels, *The Neoconservatives.* New York, Simon and Schuster, 1979, S. 57.

223 Norman Podhoretz, *Breaking Ranks.* New York, Harper and Row, 1979, S. 288.

224 Daniel Patrick Moynihan, »The Professionalization of Reform«, nachgedruckt in *The Great Society Reader,* hrsg. v. Marvin E. Gettleman und David Mermelstein. New York, Random House, 1967, S. 459–65.

225 David Bazelon in einem Gespräch mit der Verfasserin am 31. Dezember 1986.

226 Vgl. Ehrenreich und Ehrenreich, a.a.O., S. 22f. sowie Gouldner, a.a.O., S. 16f.

227 Irving Kristol, »On Corporate Philanthropy«, *Wall Street Journal,* 21. März 1977. Nachgedruckt in ders., a.a.O., S. 145.

228 Bruce Briggs, a.a.O., S. 207.

229 Zitiert nach Alonzo L. Hamby, *Liberalism and its Challengers. FDR to Reagan.* New York, Oxford University Press, 1985, S. 326.

230 Ebd.

231 Vgl. Robert J. Hoy, »Lid on a Boiling Pot«, in *The New Right Papers,* hrsg. v. Robert W. Whitacker. New York, St. Martin's Press, 1982, S. 84–103.

232 Alan Crawford, *Thunder on the Right. The »New Right« and the Politics of Resentment.* New York, Pantheon Books, 1980, S. 186.

233 William A. Rusher, *The Making of the New Majority Party*. New York, Sheed and Ward, 1975.
234 William Murchison, »Bury the Hatchet«, *Conservative Digest,* Oktober 1975, S. 10f.
235 William E. Rusher, »The New Elite Must Be Curbed«, *Conservative Digest,* September 1975, S. 26.
236 George Gilder, zitiert in Jack Kemp, »Wide Support for the Populist Revolution«, *Conservative Digest,* Oktober 1982, S. 8f.
237 Jerry Falwell, *Strength for the Journey*. New York, Simon and Schuster, 1987, S. 362.
238 Patrick J. Buchanan, »Liberalism's Anti-Catholic Bias«, *Conservative Digest,* Juli 1978, S. 43.
239 John Chamberlain, »We Did Not Begin as a Permissive Society«, *Conservative Digest,* Juli 1975, S. 32.
240 Alan Crawford, *Thunder on the Right,* S. 171.
241 Kevin P. Phillips, *Mediacracy. American Parties and Politics in the Communications Age*. Garden City, N.Y., Doubleday, 1975, S. 34.
242 Samuel T. Francis, »The Message from MARS. The Social Politics of the New Right«, in Whitaker, *New Right Papers,* S. 81.
243 »The Shock of Freedom in Films«, *Time,* 8. Dezember 1967, S. 66.
244 Vgl. Barbara Ehrenreich, Elizabeth Hess und Gloria Jacobs, *Re-Making Love. The Feminization of Sex*. Garden City, N.J., Doubleday, 1986, Kap. 3.
245 Daniel Bell, »The New Class. A Muddled Concept«, in Bruce Briggs, a.a.O., S. 189.
246 Stephen Fox, *The Mirror Makers. A History of American Advertising and Its Creators*. New York, Morrow, 1984, S. 264.
247 Ebd., S. 268.
248 »Advertising's Creative Explosion«, *Newsweek,* 18. August 1969, S. 62.
249 Ebd.
250 »19 Million Singles«, *U.S. News and World Report,* 21. Februar 1983, S. 53.
251 Ebd.
252 Michael Singer, »Living Alone. The Urban Lifestyle of the 80s«, *Pacific News Service,* 1979.
253 »19 Million Singles«, a.a.O., S. 53.
254 E.B. Weiss, »Flight from the Private Home Is New Pattern in U.S. Living«, *Advertising Age,* 28. Juli 1969, S. 50.
255 »Rise in Never-Marrieds Affects Social Customs and Buying Patterns«, *Wall Street Journal*, 28. Mai 1986.
256 *New York Times,* 24. Oktober 1975.
257 Allen Hunter, »The Role of Liberal Political Culture in the Construction of Middle America«, *University of Miami Law Review,* Bd. 42, Nr. 1. September 1987, S. 93.
258 Frances FitzGerald, *Cities on a Hill. Journeys Through Contemporary American Cultures*. New York, Simon and Schuster, 1986, S. 135.
259 Vgl. z.B. Lawrence Mead, *Beyond Entitlements*. New York, Free Press, 1986.
260 Crawford, *Thunder on the Right,* S. 116.
261 George Gilder, *Wealth and Poverty*. New York, Basic Books, 1981, S. 101.
262 Charles Murray, *Losing Ground. American Social Policy, 1950–1980*. New York, Basic Books, 1984, S. 42–44.
263 »Buchanan Labels Cuomo a ›Reactionary Liberal‹«, *New York Times,* 16. Juni 1985.
264 R. Emmett Tyrrell jr., *The Liberal Crack-Up*. New York, Simon and Schuster, 1984, S. 227.
265 Zitiert in Rusher, *Making of the New Majority Party,* S. 322.
266 Gilder, *Wealth and Poverty,* S. 115.
267 Tyrrell, a.a.O., S. 51.

268 »U.S. Report Asserts Administration Halted Liberal ›Anti-Family Agenda‹«, *New York Times*, 14. November 1986.
269 Robert Greenstein, »Losing Faith in Losing Ground«, *New Republic*, 25. März 1985, S. 12–17.
270 Barbara Ehrenreich und Frances Fox Piven, »Women and the Welfare State«, in *Alternatives. Proposals for America from the Democratic Left*, hrsg. v. Irving Howe. New York, Pantheon Books, 1984, S. 41–60.
271 David T. Ellwood und Mary Jo Bane, »The Impact of AFDC on Family Structure and Living Arrangements«, *Research in Labor Economics* 7, 1987, S. 137–207.
272 Frances Fox Piven und Richard A. Cloward, »Sources of the Contemporary Relief Debate«, in *The Mean Season. The Attack on the Welfare State*, hrsg. v. Fred Block, Richard A. Cloward, Barbara Ehrenreich und Frances Fox Piven. New York, Pantheon Books, 1987, S. 45–108.
273 »Welfare Reform. Projected Effects of Requiring AFDC for Unemployed Parents Nationwide«, General Accounting Office, 22. März 1987.
274 Robert Kuttner, *The Economic Illusion. False Choices Between Prosperity and Social Justice*. Boston, Houghton Mifflin, 1984, S. 246.
275 Kriminalitätsraten vergleicht Elliott Currie in *Confronting Crime. An American Challenge*. New York, Pantheon Books, 1985. Zu Schwangerschaften bei Minderjährigen vgl. Lena Williams, »Teen-Age Sex. New Codes Amid the Old Anxiety«, *New York Times*, 27. Februar 1989. Zum Drogenmißbrauch gibt es keine zuverlässigen Vergleiche, aber die drogenbedingte Kriminalität ist in den USA zweifellos höher als in jedem anderen westlichen Land.
276 Daniel Patrick Moynihan, zitiert in Frances Fox Piven und Richard A. Cloward, »Sources of the Contemporary Relief Debate«, S. 76.
277 Military Domestic Education Project, *From the Poor to the Pentagon*. Washington, Center on Budget and Policy Priorities and the Defense Budget Project, 1983, S. 51.
278 David A. Stockmann, *Der Triumph der Politik. Die Krise der Reagan-Regierung und ihre Auswirkung auf die Weltwirtschaft*. Deutsch v. Hans-Jürgen Baron von Koskull, Ulrich Rödel und Werner Meißner. München, 1986.
279 Seymour Martin Lipset, »The Elections, the Economy, and Public Opinion, 1984, *PS. The Journal of the American Political Science Association* 18, Nr. 1, S. 28–38.
280 Vicente Navarro, »The 1984 Election and the New Deal. An Alternative Interpretation«, *Social Policy* 15, Nr. 4., 1985, S. 3–10.
281 »Poverty. Toll Grows Amid Cutbacks«, *Los Angeles Times*, 31. Juli 1985.
282 Ebd.
283 Frances Fox Piven und Richard A. Cloward, *The New Class War*. New York, Pantheon Books, 1982.
284 Randall Rothenberg, *The Neoliberals. Creating the New American Politics*. New York, Simon and Schuster, 1984, S. 17.
285 Robert Kuttner, »The Welfare Strait«, *New Republic*, 6. Juli 1987, S. 20–25.
286 Dennis Farney und Jeffrey H. Birnbaum, »Democrats Repackage Liberalism«, *Wall Street Journal*, 25. April 1988.
287 Russell Baker, »Some Liberal Thinking«, *New York Times Magazine*, 12. Januar 1986, S. 14.
288 »A Liberal by Any Other Name May Get More Votes«, *New York Times*, 24. November 1985.
289 Sar A. Levitan, zitiert in »A Defender of the Welfare System«, *New York Times*, 31. Juli 1985.
290 Fred Siegel, »Populism, Persuasion, and Accountability«, *Present Tense*, Winter 1986, S. 28–33.

291 Chuck Lane, »The Manhattan Project«, *New Republic*, 25. März 1985, S. 14f.
292 Sidney Blumenthal, *The Rise of the Counter-Establishment. From Conservative Ideology to Political Power*. New York, Times Books, 1986, S. 7.

## *Kapitel 5*

293 Hendrik Hertzberg, »The Short Happy Life of the American Yuppie«, *Esquire*, Februar 1988, S. 100.
294 »The Year of the Yuppie«, *Newsweek*, 31. Dezember 1984, S. 14.
295 »The Big Chill (Revisited), or, Whatever Happened to the Baby Boom?« *American Demographics* 7. Sept. 1985, S. 22–25.
296 Alex Herd, »Yuppie Love«, *New Republic*, 28. Januar 1985, S. 10.
297 »Beatniks, Preppies, and Punkers. The Love Affair With Labels«, *U.S. News and World Report*, 16. September 1985, S. 63.
298 Vgl. Bennett Harrison und Barry Bluestone, *The Great U-Turn. Corporate Restructuring and the Polarizing of America*. New York, Basic Books, 1988, S. 5, sowie Stephen J. Rose, *Social Stratification in the U.S.* Baltimore, Social Graphics, 1983.
299 David Wessel, »U.S. Rich and Poor Increase in Numbers. Middle Loses Ground«, *Wall Street Journal*, 22. September 1986, S. 1. Vgl. auch Barbara Ehrenreich, »Is the Middle Class Doomed?« *New York Times Magazine*, 7. September 1986, S. 44.
300 Barbara Ehrenreich, ebd.; vgl. auch Isabel V. Sawhill und Charles F. Stone, *Economic Policy in the Reagan Years*. Washington, Urban Institute, 1984.
301 »America's Hidden Poor«, *U.S. News and World Report*, 11. Januar 1988, S. 18.
302 »Best-Paid Executive: $ 12.7 M«, *Newsday*, 26. April 1986, S. 9.
303 Daniel F. Cuff, »Those Well-Paid Executives«, *New York Times*, 2. Mai 1984.
304 Patricia Leigh Brown, »By Air and Land, They Got to the Forbeses'«, *New York Times*, 30. Mai 1987.
305 Vgl. Phillip Longman, »The Mortgaged Generation. Why the Young Can't Afford a House«, *Washington Monthly*, April 1986, S. 11–15.
306 Frank S. Levy und Richard C. Michel, »The Economic Future of the Baby Boom«, Bericht für den Gemeinsamen Wirtschaftsausschuß des Senats und des Repräsentantenhauses, 7. Dezember 1985.
307 Diese Feststellung traf als erster Robert Kuttner in dem Aufsatz »The Declining Middle«, *Atlantic Monthly*, Juli 1983, S. 60.
308 Katherine L. Bradbury, »The Shrinking Middle Class«, *New England Economic Review*, September/Oktober 1986, S. 41.
309 Robert Pear, »Middle Class Shrinks as Poverty Engulfs More Families, Two Studies Show«, *New York Times*, 11. Dezember 1983.
310 Katherine L. Bradbury, a.a.O., S. 45.
311 »The Middle Class Moves Higher Up the Economic Ladder«, *Newsday*, 21. Juni 1988.
312 »The Debate Is On: Does College Pay?« *USA Today*, 29. November 1984.
313 Barry Bluestone und Bennett Harrison, *The Deindustrialization of America. Plant Closings, Community Abandonment, and the Dismantling of Basic Industry*. New York, Basic Books, 1982.
314 Kenneth B. Noble, »Millions Who Lost Plant Jobs Lose Pay in Shift to Services«, *New York Times*, 7. Februar 1986.
315 »Former Steelworker's Income Falls by Half«, *New York Times*, 31. Oktober 1984.
316 Vgl. David Bensman und Roberta Lynch, *Rusted Dreams*. New York, McGraw Hill, 1987.

317 Harrison und Bluestone, a.a.O., S. 113.
318 Mitteilung des Gewerkschaftsfunktionärs Gary Stevenson, Director of Organizing, AFSCME, District Council 1707.
319 Richard B. Freeman, zitiert in Thomas A. Lyson und Gregory D. Squires, »Some Planned to Be Sociologists. The Changing Fortunes of New PhD's in Today's Academic Labor Market«. Vortrag anläßlich der 29. Jahrestagung der *Society for the Study of Social Problems,* Boston, September 1979.
320 »A Warning to Academia«, *Boston Globe,* 30. März 1985.
321 Dies gilt zumindest für die Branchen in New York, die Saskia Sassen-Koob untersucht hat. Vgl. *The Mobility of Labor and Capital.* New York, Cambridge University Press, 1988, S. 150–52.
322 Bernard Wysocki, »A Corporate Recruiter Searches the Campus for ›The Right People‹«, *Wall Street Journal,* 27. März 1979.
323 Gene I. Maeroff, »Shifting Away from the Liberal Arts«, *New York Times,* 26. März 1985.
324 »The Decline of Higher Learning«, *New York Review of Books,* 13. Februar 1986, S. 35.
325 »More Foreigners Are Seeking Ph.D.s in the U.S.«, *New York Times,* 20. Juli 1988.
326 »The Year of the Yuppie«, a.a.O., S. 19.
327 »More College Freshmen Plan to Teach«, *New York Times,* 12. Januar 1987.
328 »Students Are Taking Care of Business«, *USA Today,* 10. Dezember 1984.
329 Peter Carlson, »Getting High on Miss Piggy and Lee Iacocca«, *Washington Post Magazine,* 7. Dezember 1986, S. 36.
330 *New York Times,* 24. September 1976.
331 Alvin L. Schorr, »Family Wage: Gone«, *New York Times,* 12. Dezember 1983.
332 Barbara Ehrenreich und Deirdre English, *For Her Own Good. 150 Years of the Experts' Advice to Women.* Garden City, N.Y., Anchor/Doubleday, 1978, Kap. 3.
333 Zitiert in Richard Harrison Shryock, *Medicine in America. Historical Essays.* Baltimore, Johns Hopkins, University Press, 1966, S. 185.
334 Robert Clarke, Ellen Swallow. *The Woman Who Founded Ecology.* Chicago, Follett, 1973.
335 Vgl. Barbara Ehrenreich und Deirdre English, *Witches, Midwives, and Nurses. A History of Women Healers.* New York, Feminist Press, 1972, und *Complaints and Disorders. The Sexual Politics of Sickness.* New York, Feminist Press, 1973.
336 Perri Klass, »Are Women Better Doctors?« *New York Times Magazine,* 10. April 1988, S. 32.
337 Cathy Trost, »The New Majorities«, *Wall Street Journal,* 24. März 1986.
338 Grace Kleinbach, »Social Class and Medical Education«, Department of Education, Harvard University, 1976, zitiert auch in Vicente Navarro, *Medicine Under Capitalism.* New York, Prodist, 1976, S. 144.
339 Vgl. *Hard-Hatted Women,* hrsg. v. Molly Martin. Seattle, Seal Press, 1988.
340 Barbara Ehrenreich, *The Hearts of Men. American Dreams and the Flight from Commitment.* New York, Doubleday, Anchor, 1983. *Die Herzen der Männer – Auf der Suche nach einer neuen Rolle.* Deutsch von Liane Uecker. Reinbek, Rowohlt, 1984.
341 Herb Goldberg, *The New Male. From Self-Destruction to Self-Care.* New York, Morrow, 1979.
342 Barbara Ehrenreich, »Is There a New Man?« *New York Times Magazine,* 15. Mai 1984. Mein Dank gebührt Harriet Bernstein, die die meisten Interviews für diesen Artikel führte.
343 David Bloom, zitiert in »Is The Middle Class Shrinking?« *Time,* 3. November 1986, S. 55.

344 Ellen Graham, »My Lover, My Colleague«, *Wall Street Journal,* 24. März 1986.
345 Friedan, *Der Weiblichkeitswahn,* S. 202.
346 Ben J. Wattenberg, *The Birth Dearth.* New York, Pharos, 1987.
347 Von einer Journalistin, die ihren Beruf aufgab, weil ihr Kind in der Schule versagte, berichtet Mary Fay Bourgoin in »You Can't Be a Mother and ›Have It All‹«, *Washington Post,* 27. November 1983.
348 Betty Friedan, *The Second Stage.* New York, Summit Books, 1981, S. 27f. *Der zweite Schritt. Ein neues feministisches Manifest.* Leicht gekürzte Fassung. Deutsch v. Margaret Carroux. Reinbek, 1982, S. 17.
349 Ebd., S. 18.
350 Vgl Ruth Sidel, *Women and Children Last. The Plight of Poor Women in Affluent America.* New York, Viking Press, 1986, Kap. 3.
351 Catherine R. Stimpson, »Fretting Together«, *Nation,* 7. Februar 1987, S. 149f.
352 Suzy Bolotin, »Voices From the Post-Feminist Generation«, *New York Times Magazine,* 17. Oktober 1982.
353 Barbara Ehrenreich, »The Next Wave«, *Ms.,* Juli/August 1987, S. 166.
354 »Despite Collapse of Stocks, Luxury Sales Bounce Back«, *New York Times,* 7. Juni 1988.
355 Stephen J. Rose, *Social Stratification in the U.S.,* S. 35f.
356 Michael Kinsley, »Arise, Ye Yuppies!« *New Republic,* 9. Juli 1984, S. 4.
357 Zitiert in David E. Shi, *The Simple Life. Plain Living and High Thinking in American Culture.* New York, Oxford University Press, 1985, S. 269.
358 Vgl. T. Jackson Lears, *No Place of Grace. Antimodernism and the Transformation of American Culture.* New York, Pantheon Books, 1981, Kap. 2.
359 Zitiert bei Shi, a.a.O., S. 268f.
360 Bruce Steinberg, »The Mass Market Is Splitting Apart«, *Fortune,* 28. November 1983.
361 »Where Sears Has Stumbled«, *New York Times,* 5. Juni 1986.
362 »What's Hot, What's Not«, *Miami Herald,* 13. Januar 1985.
363 Deborah Silverman, *Selling Culture.* New York, Pantheon Books, 1986, S. 11.
364 Benita Eisler, *Class Act.* New York, Franklin Watts, 1983, S. 274.
365 »The Year of the Yuppie«, S. 18.
366 Vgl. Barbara Ehrenreich, »Is There a New Man?« a.a.O.
367 Hertzberg, »Short Happy Life«, a.a.O., S. 101.
368 Zitiert in Hertzberg, »Short Happy Life«, a.a.O., S. 102.
369 Bill Barol, »The Eighties Are Over«, *Newsweek,* 4. Januar 1988, S. 44.
370 Stevie Pierson, »Are You a Yuppie?« *Metropolitan Home,* April 1985, S. 60.
371 Heard, »Yuppie Love«, a.a.O., S. 10.
372 Janice Harayda, »It's Time People Stopped Putting Down Yuppies«, *Glamour,* Oktober 1987, S. 40.
373 Peter Baida, »Confessions of a Reluctant Yuppie«, *American Scholar,* Winter 1985–86, S. 45.
374 Joanne Lipman, »The Going Gets Tough and Madison Avenue Dumps the Yuppies«, *Wall Street Journal,* 9. Dezember 1988.
375 Pete Hamill, »Doing Good«, *New York,* 13. Oktober 1986, S. 35.
376 Barol, »The Eighties Are Over«, a.a.O., S. 48.
377 Arthur Schlesinger jr., zitiert in Barol, »The Eighties Are Over«, a.a.O., S. 48.
378 Paul S. Hewitt, »Something's Gone Terribly Wrong with Being ›Rich‹«, *Los Angeles Herald Tribune,* 7. Januar 1989.
379 Brooke Kroeger, »Feeling Poor on 600,000 a Year«, *New York Times,* 26. April 1987.

380 James Fallows, »The New Stars of Washington«, *New York Review of Books,* 12. Juni 1986, S. 41.

381 Thomas Byrne Edsall, *The New Politics of Inequality.* New York, Norton, 1984, S. 60–62.

382 Mark Rudd, zitiert in Barbara und John Ehrenreich, »The Professional-Managerial Class«, in *Between Labor and Capital,* hrsg. v. Pat Walker. Boston, South End Press, 1979, S. 38.

383 George Gilder, *Wealth and Poverty.* New York, Basic Books, 1981.

384 Anthony Bianco, »Playing with Fire: As Speculation Replaces Investment, Our Economic Future Is at Stake«, *Business Week,* 16. September 1985, S. 78–90.

385 Robert B. Reich, »Leveraged Buyouts: America Pays the Price«, *New York Times Magazine*, 29. Januar 1989, S. 32.

386 Vgl. Lewis H. Lapham, *Money and Class in America. Notes and Obeservations on a Civil Religion.* New York, Weidenfeld and Nicholson, 1987; Vance Packard, *The Ultra-Rich. How Much Is Too Much?* Boston, Little, Brown, 1989. Deutsch v. Ursel Reinecke: *Die Ultra-Reichen. Anatomie eines amerikanischen Phänomens.* Düsseldorf/Wien, 1990; Nelson W. Aldrich jr., *Old Money. The Mythology of America's Upper Class.* New York, Knopf, 1988.

387 Vgl. Jo-Ann Mort, »The Vanishing Labor Beat«, *Nation,* 21. November 1987, S. 588–90.

388 Vgl. z.B. Michael Harrington, *The Long-Distance Runner.* New York, Henry Holt, 1988.

389 Alvin Gouldner, *The Future of Intellectuals and the New Class.* New York, Seabury Continuum, 1979, S. 29.

390 John Kenneth Galbraith, *Leben im Überfluß,* S. 360.

*Nachbemerkung*

# Abschied von der Me-Decade?

Auch in der Bundesrepublik geht die Klage um den Verlust selbstverständlich geglaubter Positionen an die Neokonservativen im Lager der einst liberalen Mittelschicht um. Ehrenreichs Analyse der sozialen und kulturellen Krise klingt in weiten Bereichen vertraut und vergleichbar.

Ihr furioser Auftakt, die Gleichsetzung der historischen Entdeckung Amerikas mit der Entdeckung der Armen durch das Mittelschichtsamerika der frühen sechziger Jahren, weist ja, neben dem ironischen Hinweis auf die Naivität und gesellschaftliche Borniertheit der »Entdecker«, vor allem auf einen vergleichbaren Aspekt der Kolonisierung hin, nämlich den Versuch, die psychohistorische Identität der »Entdeckten« auszulöschen, durch ihre Unterwerfung unter die eigenen Klassen- und Standesinteressen und der daraus folgenden Erhöhung der eigenen Mission.

Eine vergleichbare »professional-middle-class« entstand in Westdeutschland erst in den späten sechziger Jahren in Folge der Demokratisierung und Modernisierung der bundesrepublikanischen Gesellschaft. Die gesellschaftliche Modernisierung fußte in Westdeutschland vor allem auf einer Mobilisierung der sog. Bildungsreserven im Zuge der breitangelegten Sozial- und Bildungsreform.

Erst da bildeten Sozialarbeiter, Medienfachleute, Sozialplaner und Lehrer eine »neue« Mittelklasse, die als »kritische Masse« in den Institutionen zum personalen Träger gesellschaftlicher Modernisierung wurde. Der Begriff »Bildung« avancierte in diesem Zeitraum zum Zauberwort. Die bestehende Gesellschaftkritik der »neuen« Mittelschicht mußte in Bildung umgesetzt werden.

Diese professionelle »neue« Mittelklasse, die in Deutschland auf den Zeitgeist der Studentenbewegung rekurrierte, verstand sich, hierin der amerikanischen durchaus verwandt, als Agent der kulturellen Erneuerung und Kämpfer für soziale Gerechtigkeit und Chancengleichheit, die sie im vielzitierten »Marsch durch die Institutionen« Realität werden lassen wollte.

Allerdings läßt sich die deutsche Mittelschichtselite nur vor dem spezifisch »etatistischen« Hintergrund des Deutschen Bürgertums verstehen.

Die nationalstaatliche Idee des deutschen Bürgertums war ja nicht im Sinne des klassischen Liberalismus definiert. Da die liberalistischen Tendenzen der bürgerlichen Nationalbewegungen sich 1870/71 bei der Gründung des deutschen Nationalstaates nicht durchsetzen konnten, wurde die Rechtfertigung staatlicher Macht im Geiste Hegels prägend für das deutsche Bürgertum.

Kein Zufall also, daß gesellschaftliche Konflikte in Deutschland fast immer in Forderungen an den Staat münden. Diese Tradition, daß der deutsche Nationalstaat immer mehr als nur ein klassischer Interventionsstaat im Dienste der kapitalistischen Wirtschaftsentwicklung war, ließ einen übermächtigen Staat entstehen, in dem weder das Bürgertum noch die sich im Zuge der industriellen Modernisierung herausbildenden Mittelschichten der Angestellten und technischen Intelligenz eine »politische Mitte«, ähnlich wie in den USA, bilden konnten. Wenn sich die Nation nur über den Staat verstand, war es nur folgerichtig, daß der bundesrepublikanische Staat die gesellschaftliche Modernisierung und die damit verbundene Bildungs- und Sozialreform selbst in die Hand nahm.

Nicht wenige Aktivisten der Studentenbewegung brachten ihre sozialen Erfahrungen aus der Revolte in bildungs- und sozialpolitische Berufsfelder des öffentlichen Dienstes ein. Diese, der demokratischen Modernisierung verpflichtete Schicht, »entdeckte« die Armen, die Ausländer oder die psychisch Kranken, mit dem Ethos ihrer sozialstaaatlichen Professionalität und nicht, wie ihre amerikanischen Kollegen, mit dem Pathos revolutionärer Entdecker.

Es konnte auch nicht überraschen, daß die konservative Gegenbewegung in der Bundesrepublik weniger als Kritiker dieser neuen

Mittelschicht auftrat – wie in den Vereinigten Staaten –, sondern als Erneuerer des Sozialstaats.

Nicht die Vorherrschaft oder der Verrat einer Klasse, sondern das »richtige« sozialstaatliche Konzept waren und sind der Gegenstand heftiger politischer Auseinandersetzungen. Aus diesem Grunde fand auch Schelskys Polemik gegen die linksliberale professionelle Mittelklasse und deren angebliche Priesterherrschaft, vorgetragen in seinem Buch *Die Arbeit tun die anderen,* kaum einen nennenswerten gesellschaftlichen Nachhall. Auch die deutschen Neokonservativen sind eben eindeutig von sozialstaatlichen Traditionen geprägt. Entsprechend beziehen sich deren Forderungen auch immer auf eine konservative Erneuerung und nicht auf einen Abbau des Sozialstaats.

In Deutschland sind die strukturellen Ursachen für die Konjunktur neokonservativer Werte offensichtlich. Der individuelle Kampf um die Sicherung des ökonomischen und kulturellen Lebensniveaus, die hektische Suche nach dem authentischen Erlebnis und die Ästhetisierung der individuellen Lebenswelt haben die professionelle Mittelschicht aus der politischen Mitte vertrieben.

Es lassen sich zur Zeit zwei parallele Phänomene, die Mittelschicht betreffend, ausmachen: zum einen die beschriebene Angst des Einzelnen vor dem Verlust des ökonomischen, sozialen Status, andererseits aber wirkt die Kraft der sozialstaatlichen Bindung fort und wirkt so als Rückversicherung vor dem bodenlosen Absturz. So gehen das Streben, den eigenen soziokulturellen Status zu schützen, und das »sozialstaatliche Gewissen«, anders als in den Vereinigten Staaten, Hand in Hand.

Angesichts der wachsenden sozialen Spannungen und Polarisationen im wiedervereinigten Deutschland steht allerdings die Hoffnung auf die Verläßlichkeit der »sozialstaatlichen Mitte« zunehmend in Zweifel. Es hat aber auch den Anschein, als ob in Deutschland angesichts der enormen Probleme in den neuen Bundesländern die professionelle Mittelklasse wieder gebraucht wird. Sind dort nicht gerade ihre Tugenden, wie sozialintegratives Gespür, die Fähigkeit, Öffentlichkeit herstellen zu können etc., die sie in den siebziger Jahren auszeichneten, dringend erforderlich? Ist eine gleichgewichtige

Entwicklung in den neuen Bundesländern denkbar ohne die »Heranbildung« einer dem sozialstaatlichen Denken verpflichteten professionellen Mittelschicht? Und ohne massive jahrzehntelange Unterstützung durch Sozial- und Infrastrukturprogramme?

Das Ausbleiben von weitreichenden sozialen Reformprogrammen in den USA hat eine verlorene Generation junger Schwarzer und Hispanics hervorgebracht, deren sozialer Ausbruch in den Ghettos von Los Angeles, Atlanta, Seattle, Tampa und anderen Großstädten ganz unzweifelhaft das Ende einer Epoche symbolisiert. Die Bilder der blutigen Unruhen, die im April 1992 um die Welt gingen, sandten auch noch in den letzten Winkel der Vereinigten Staaten die Botschaft von den katastrophalen Folgen einer zerstörerischen Politik, die glaubte, die immer tiefer werdende Spaltung der amerikanischen Gesellschaft in Arm und Reich ignorieren zu können. Nach einem achtjährigen wirtschaftlichen Boom unter der Regierung Reagan, nach dem Gewinn des Kalten Krieges und dem siegreichen Golfkriegsabenteuer beginnt die amerikanische Öffentlichkeit im Wahlkampfjahr 1992 das Ausmaß der sozialen und infrastrukturellen Zerstörung der sog. Reaganomics zu begreifen. Der plötzliche Aufstieg des demokratischen Governeurs Bill Clinton, mit einer an die innenpolitisch liberalen und linken Positionen der Kennedy-Ära anknüpfenden Programmatik und seiner auf die Mittelschicht zielenden Aufbruchseuphorie, signalisiert diesen Wandel. Die Chancen einer solchen Reformbewegung sind allerdings angesichts der derzeitigen existenziellen Herausforderungen, beispielsweise der dringend notwendigen Modernisierung der total obsoleten und verotteten Infrastruktur vieler amerikanischer Großstädte, von der Kanalisation bis zu den öffentlichen Verkehrsmitteln, noch ungewisser als die ihres historischen Vorbildes.

Barbara Ehrenreich antizipiert in diesem Buch eine soziale Bewegung, die die liberalen Traditionen und das gesellschaftliche Engagement der intellektuellen Mittelschicht zu revitalisieren vermag.

*Lothar Böhnisch / Klaus Blanc*

Der Übersetzer dankt Astrid Lenz und Johanna Kolf für ihre gelungenen Entwürfe (Kapitel 5 und 6) und Caroline Göhler für den sorgfältigen Nachweis zitierter Ubersetzungen.

Erste Auflage 1992
Erstes bis fünftes Tausend
© der deutschen Ausgabe: Verlag Antje Kunstmann GmbH, München 1992
© der Originalausgabe: Barbara Ehrenreich, 1989
Die Originalausgabe erschien unter dem Titel *Fear of Falling* bei
Harper Collins, New York
Lektorat: Klaus Blanc
Umschlag: Michel Keller, München,
unter Verwendung eines Bildes von Howard Kanovitz
Satz: Frese, München
Druck und Bindung: Clausen & Bosse, Leck
ISBN 3-88897-063-6